Deutsche Standards

Edition Weitbrecht

DEUTSCHE STANDARDS

Herausgegeben von Jörg Krichbaum

mit Texten von
Günther Anschütz, Jörg Krichbaum,
Peter Prange, Dorothea Röckerath,
Norbert Schürgers, Wiebke Schmaltz
und Dieter Toder

Fotos von Udo Klein u. a.

Edition Weitbrecht

Im Terrain sogenannter Realität fahren die Standards Karussell. Gleichgültig, welche Polaritäten man anführt, ständig stellt sich heraus: die traditionellen Gegenteile sind verschwunden. Banales und Tiefsinniges, Gutes und Schlechtes, Maske und Gesicht, Kunst und Marketing, Mystik und Design, Vergangenheit und Zukunft, Dichtung und Wahrheit, was auch immer bislang angesprochen wurde, das alte Grundproblem der Philosophie, das ihre Existenz legitimierte, ist aufgehoben: Sein und Schein, Original und Kopie, kurz: Realität und Illusion, und mit ihnen sind all diese Polaritäten identisch geworden. Die ehemaligen Gegenteile haben sich wechselseitig durchdrungen, stehen gar zusammen auf derselben Seite, und ihnen gegenüber befindet sich jenes Nichts, das als zukünftiger Gegenpol erst einen Namen finden muß.

Joachim Koch

Wenn man einige Teile eines Systems kennt und weiß, *was wie* mit *wem* zusammenhängt, so kann man daraus schon eine Menge über das System erfahren: über seine Stabilität, seine Entwicklungsmöglichkeit und über die Bedeutung einiger seiner Elemente als Regler, Grenzwert oder Stellglied. Doch wie sich im einzelnen ein solches Wirkungsgefüge verändert, läßt sich nicht vorhersagen, weil jedes System offen und somit ständigen Störungen ausgesetzt ist. Es entstehen Rückkoppelungen und damit Zeitverzögerungen, die auch bei genau dosierten Eingriffen in ein vernetztes System nur durch Ausprobieren zu erkennen sind.

Frederic Vester

Inhalt

Die Reihenfolge der an dieser Stelle aufgeführten Produkte hat nicht die Bedeutung einer Rangfolge. Hinsichtlich der Fotografien gilt, daß sie nicht bestrebt sind, das jeweilige Produkt maßstabgetreu wiederzugeben, sondern lediglich versuchen, es optimal ins Bild zu setzen.

Was ist eigentlich ein Standard? 10
Der Alleskleber – UHU 12
Die Allschnittmaschine – GRAEF EH-170T 14
Der Aluminiumkoffer – RIMOWA 16

Das Backpulver – DR. OETKER BACKIN 18
Die Batterie – VARTA MIGNON 20
Die Bausparkasse – WÜSTENROT 22
Der Belichtungsmesser – GOSSEN LUNASIX 3 24
Das Besteck – WMF SPATEN 26
Der Bleistift – FABER-CASTELL 28
Der Bohrhammer – BOSCH PBH 30
Die Brille – RODENSTOCK 32

Der Computer – NIXDORF 8870 34
Die Creme – NIVEA 36

Der Druckknopf – PRYM 38
Der Dübel – FISCHER 40

Das Einkochglas – WECK 42
Die Enzyklopädie – BROCKHAUS 44

Das Familienspiel – MENSCH-ÄRGERE-DICH-NICHT 46
Der Faserschreiber – EDDING 3000 48
Der Fernseher – LOEWE ART 1 50
Der Flügel – BECHSTEIN 52
Die Fluggesellschaft – LUFTHANSA 54
Der Füllfederhalter – MONTBLANC-MEISTERSTÜCK 56
Die Funkuhr – JUNGHANS RC 2 58

Die Geschirrspülmaschine – MIELE 60
Die Glühlampe – OSRAM DULUX EL 62
Das Gummibärchen – HARIBO 64

Die Haferflocken – KÖLLNFLOCKEN 66
Die Haushaltsschere – ZWILLING 68
Die Haushaltswaage – SOEHNLE CULINA 70
Das Hotel – VIER JAHRESZEITEN HAMBURG 72
Das Hotelgeschirr – SCHÖNWALD 1898 74
Das Hustenbonbon – EM-EUKAL 76
Der Hut – MAYSER 78

Inhalt

Die Kaffee-Filtertüte – MELITTA 1x4 80
Das Kartenspiel – ASS/SKAT 82
Der Keks – LEIBNIZ 84
Der Klarsichtklebefilm – TESAFILM 86
Der Klebestift – PRITT 88
Die Kleinstcamera – MINOX 90
Die Kochfläche – SCHOTT/CERAN 92
Das Kölnisch Wasser – 4711 94
Der Kontaktkleber – PATTEX 96
Der Kopfhörer – SENNHEISER HD 540 REFERENCE 98
Die Kopfschmerztablette – ASPIRIN 100
Das Korrekturfluid – TIPP-EX 102
Der Kraftstoff – ARAL 104
Die Künstlerfarbe – SCHMINCKE/MUSSINI 106

Der Lodenmantel – LODENFREY 108

Der Magenbitter – UNDERBERG 110
Das Marzipan – NIEDEREGGER 112
Das Mehl – AURORA 114
Der Melissengeist – KLOSTERFRAU 116
Die Meß-Sucherkamera – LEICA M6 118
Das Mineralwasser – APOLLINARIS 120
Das Motorrad – BMW K 100 122
Die Motorsäge – STIHL 034 AVS 124
Die Mundharmonika – HOHNER 126
Das Mundwasser – ODOL 128

Das Nähgarn – GÜTERMANN 130

Das Oberhemd – VAN LAACK 132
Der Ordner – LEITZ 134

Das Papiertaschentuch – TEMPO 136
Das Pfefferminzbonbon – VIVIL 138
Das Pflaster – HANSAPLAST 140

Der Rasenmäher – WOLF SENATOR 42E 142
Der Rasierapparat – BRAUN SIXTANT 144
Der Regenschirm – KNIRPS 146
Die Rundstricknadel – INOX 148

Die Sanitär-Armatur – FRIEDRICH GROHE FLORIDA 150
Die Sanitärkeramik – IDEAL STANDARD PLAYA 152
Der Scheinwerfer – HELLA 154
Der Schnellkochtopf – FISSLER VITAVIT L 156
Die Schokolade – LINDT 158
Die Schuhcreme – ERDAL-REX 160
Der Senf – LÖWENSENF 162
Die Skibrille – UVEX 164
Das Speisesalz – BAD REICHENHALLER MARKENSALZ 166
Die Spielzeugeisenbahn – MÄRKLIN 168
Der Sportschuh – ADIDAS 170
Der Sportwagen – PORSCHE 911 172
Das Spülmittel – PRIL 174
Der Stadtplan – FALK 176
Der Stuhl – THONET S 33 178
Die Suppenwürze – MAGGI 180

Das Taschenwörterbuch – LANGENSCHEIDT 182
Der Teddybär – STEIFF 184
Der Teebeutel – TEEFIX 186
Die Thermoskanne – ALFI JUWEL 188
Die Tinte – PELIKAN 4001 190
Der Tuschefüller – ROTRING RAPIDOGRAPH 192

Das Universalmikroskop – CARL ZEISS 194

Die Waschmaschine – AEG LAVAMAT 196
Das Waschmittel – PERSIL 198
Der Wasserfilter – BRITA AQUALUX 200
Der Weltatlas – DIERCKE 202
Das Wörterbuch – DUDEN 204

Die Zahnpasta – BLEND-A-MED 206
Der Zirkel – HAFF 208
Der Zwieback – BRANDT 210

Namensregister 212
Fotonachweis 215

Was ist eigentlich ein Standard?

Als vor mehr als einem Jahrzehnt der VW-Käfer durch ein technisch anspruchsvolleres Modell ersetzt werden sollte, war allen beteiligten Managern, Ingenieuren und Designern von vornherein klar: daß es ihnen gelingen mußte, wieder ein Auto zu konstruieren, welches von allen „Schichten" der Bevölkerung akzeptiert werden würde. Denn der VW-Käfer war im Laufe der Zeit eine Art Standard geworden. Mit diesem Wagen konnte jeder fahren, ohne damit irgendeinen Hinweis auf seine geschmacklichen, sozialen oder finanziellen Dispositionen zu geben.

Wenn ein Produkt, ein Markenartikel, eine Sache schlechthin zu einem Standard wird, muß zuvor etwas Entscheidendes geschehen sein: eine Mehrheit muß sich ohne Absprache darauf geeinigt haben, daß diese Sache zweifelsfrei als pars pro toto anzusehen ist, als Teil also, das für die Sache selber stehen kann. Ein solcher Prozeß kann bisweilen Jahrzehnte dauern. Und es ist außergewöhnlich schwer, ihn z. B. durch eine gezielte Marketingstrategie zu beschleunigen. Und nachgerade unmöglich dürfte es sein, ein Produkt oder ein Objekt von vornherein als Standard zu inszenieren.

Wer sich eines Standards bedient oder sich zu einem Standard bekennt, sagt damit nichts über seine Persönlichkeit, seine politische Meinung oder seine Weltanschauung aus. Den *Kölner Dom* als den deutschen Dom schlechthin zu empfinden, setzt nicht voraus, daß man Kölner ist oder der katholischen Glaubensgemeinschaft angehört. Eine Tube *UHU,* eine Dose *Nivea,* ein Fläschchen *Klosterfrau Melissengeist* zu kaufen, definiert den Käufer nicht als kenntnisreich oder bewußt wählenden Konsumenten, bestenfalls als jemanden, der, wie man so schön sagt, absolut sichergehen will.

Standards (d. h. Produkte, Objekte und natürlich auch Firmen, die zu einem Begriff geworden sind) beeinflussen unser Leben in nahezu permanenter Weise, denn sie wirken wie eine Art Ur-Meter, an dem unbewußt für alles andere Maß genommen wird. Standards stellen also eine spezifische Art von Qualität dar, die durch „bessere" Qualitäten in ihrer Bedeutung nicht beeinträchtigt werden können.

So wird es mit Sicherheit noch schönere Füllfederhalter geben als das *Meisterstück* von Montblanc, oder feinere Taschentücher als die von *Tempo,* oder teurere Limousinen als die von *Mercedes,* nur, es handelt sich dann nicht um Standards, an ihnen wird nicht Maß genommen. Die jeweils schwerere, feinere, leichtere Sache verkörpert entweder ein Zuviel oder ein Zuwenig, je nach Blickwinkel, wie ein anderes Ur-Meter, das zwar aus purem Gold gefertigt, aber viel zu temperaturempfindlich und außerdem um einen ganzen Millimeter zu lang geraten ist.

Standards entstehen nicht in einem Augenblick. Ihre Geschichte ist lang und in jedem Falle abhängig davon, ob wir, die Betroffenen, sie akzeptieren. So entspricht beispielsweise die akzeptierte Standardgröße für eine Packung Kaffee genau einer Menge von 500 Gramm Kaffee. Bei Butter entspricht sie einer Menge von 250 Gramm. Bei Wein einer Menge von 0,7 Litern. Obwohl die Hersteller des öfteren versuchten, andere Konfektionierungen anzubieten.

Beispiele wie diese machen deutlich, daß Standards auch etwas mit Gewohnheiten oder Bedürfnissen zu tun haben. In anderen Fällen spielen auch Erfahrungen und Erkenntnisse mit hinein, die Sicherheit versprechen. Aus diesem Grunde greift die Mehrzahl von uns bei Kopfschmerzen zu *Aspirin,* trinkt bei Magenverstimmung *Underberg* und verschenkt *4711* als Kölnisch Wasser unabhängig davon, ob der Mann der Beschenkten Hemden von *Van Laack* trägt, sich den Bart mit einem *Braun*-Rasierer schneidet oder seine Suppe mit *Maggi* würzt.

Standards „Made in Germany" haben eine besondere Tradition. Und wenn man einen Blick auf die in diesem Buch aufgeführten Produkte und Objekte wirft, so meint man sogar zu erkennen, daß diese besondere Tradition vor allem eine gestalterische Dimension hat. Man könnte fast zu dem Urteil kommen, daß alles, was in Deutschland zu einem Standard wurde (oft gegen landläufige Meinung) neben dem inhaltlichen Wert in erster Linie einen überraschend hohen ästhetischen Wert verkörpert, der in der Flasche von *Odol* ebenso deutlich sichtbar wird wie im Butterkeks von *Leibniz,* in der Mundharmonika von *Hohner* oder in der Thermoskanne von *Alfi.*

Und noch etwas dürfte typisch sein für unsere Standards: daß man häufig nicht mehr den tatsächlichen Produktbegriff zu nennen weiß, sondern nur noch den Namen, d. h. den Markennamen, den das Produkt von seinem Erfinder oder Hersteller bekommen hat. Oder wüßte jemand auf Anhieb die korrekte Bezeichnung für das zu nennen, was *Tipp-Ex* oder *Pritt* oder *tesafilm* eigentlich ist?

Selbstverständlich gibt es sehr viel mehr deutsche Standards als die, die in diesem Buch versammelt wurden. Die Auswahl von exakt 100 mag als Wunsch akzeptiert werden, dieses Projekt nicht ausufern zu lassen, bzw. den Blick auf gerade jene Standards zu lenken, die uns besonders interessant und aufschlußreich erschienen – und über die es in der Mehrzahl der Fälle so gut wie keine Informationen gab ...

Dies war und ist die erste Intention des vorliegenden Buches: die hinter den Produkten stehende Geschichte offenzulegen und verfügbar zu machen, über die Personen zu berichten, die mit diesen Produkten in Verbindung standen, und von den Firmen zu sprechen, die diese Produkte produzieren. So gesehen entwerfen die folgenden Seiten das Marken-Bild eines Landes, das sich neben aller vielzitierten Technik-Besessenheit zugleich auch in der Lage sieht, sich mit H0-Eisenbahnen, Körpercremes und Gummibärchen zu beschäftigen. Wodurch für viele ganz zweifellos ein sympathischeres Image entstehen mag, als dies gemeinhin für möglich gehalten wird.

Jörg Krichbaum
Stuttgart, 1988

UHU

„Im Falle eines Falles ...“ Jedes Kind in Deutschland weiß, wie dieser Vers endet. Doch klebt *UHU* wirklich alles? Der geniale Konstrukteur Graf Zeppelin jedenfalls war von der Gültigkeit des berühmten Werbeslogans überzeugt: Beim Bau seines größten Luftschiffs, der „Hindenburg“, setzte er sein ganzes Vertrauen in den damals noch jungen Klebstoff. *UHU* sollte sein Vertrauen in den Lüften belohnen.

In der Postgasse des mittelbadischen Städtchens Bühl war es für die fünfköpfige Belegschaft der Chemischen Fabrik Ludwig Hoerth ein Arbeitstag wie jeder andere im Jahr 1932. Mit einem Häuflein treuer Mitarbeiter versuchte Hugo Fischer trotz der Weltwirtschaftskrise die Produktion in seiner kleinen Büroartikelfabrik aufrecht zu erhalten. Der Senior August Fischer saß derweilen in der Stille seines Labors und experimentierte. An diesem Tag aber gelang dem alten Herrn eine überzeugende Erfindung, die bald ihren Siegeszug um die ganze Welt antreten sollte.

Nach vielen Versuchen war es August Fischer geglückt, auf Kunstharzbasis einen glasklaren Klebstoff zu entwickeln, der praktisch alles schnell und dauerhaft verbinden konnte, was es in Haushalt, Schule und Büro zu kleben galt: Papier und Pappe, Holz, Stoff, Leder, Porzellan und Keramik. Und die Klebstelle hielt nicht nur, sie blieb auch elastisch, war wasserfest, säurefrei und beständig gegen verdünnte Säuren, Laugen, Benzin und Öl. Kurzum: August Fischer hatte einen echten Alleskleber erfunden.

Im selben Jahr 1932 kam dieser Klebstoff bereits in der charakteristischen gelben Tube mit dem schwarzen Schriftzug auf den Markt. Vater und Sohn hatten erkannt, daß ihr Produkt alle Chancen besaß, ein großer Markenartikel zu werden. Dem Brauch der Branche folgend, wählte Hugo Fischer, der geschäftstüchtigere der beiden, als Wappentier einen Raubvogel, der damals im nördlichen Schwarzwald noch anzutreffen war: den Uhu.

In dem kleinen Familienbetrieb mußte zunächst jeder alles machen. Der Rohstoff wurde mittels Stahlkugeln im Behälter etwa drei Tage lang immer wieder umgestülpt. Die erste Abfüllmaschine war ein gasflaschenähnliches 15-Liter-Luftdruckgerät, mit dessen Hilfe per Hand die ersten Bleituben – 2000 bis 3000 Stück am Tag – nach Augenmaß mit etwa 10,5 g *UHU* gefüllt wurden. Die Rezeptur aber war nur den beiden Chefs und dem Produktionsleiter bekannt.

In wenigen Jahren wurde *UHU* zum Gattungsbegriff für Haushaltskleber. Dies hatte die Firma nicht zuletzt einer gelungenen Werbemaßnahme zu verdanken, deren Tradition auch heute noch gepflegt wird: Kindergärten bekamen den Ausschuß der Produktion gratis und sorgten so dafür, daß in der Kindersprache das Wörtchen Klebstoff bald durch *UHU* ersetzt wurde.

Auch heute haftet kein anderer Klebstoff so nachhaltig im Bewußtsein der deutschen Verbraucher wie *UHU*. Dazu haben ganz wesentlich auch die weiteren Artikel beigetragen, die sich im Laufe der Jahre zu dem klassischen Alleskleber hinzugesellten, vom Zwei-Komponenten-Kleber „*UHU* plus“ über den Papierklebestift „*UHU* stic“ bis hin zum „*UHU* sekundenkleber“. Sie alle sorgen dafür, daß es auch nach weiteren 50 Jahren heißen wird: „Im Falle eines Falles ...“

Tabelle zum Finden des richtigen Klebstoffs
UHU-Klebstoffe:
UHU®
ALLES-
KLEBER
UHU®
ALLESKLEBER
Jetzt NEU
Klebt
schneller
So klebt man fachmännisch: UHU einseitig
auftragen, andrücken – fertig. Bei harten
Gegenständen beide Klebestellen (trocken

Graef EH-170T

Brot und Wurst, Schinken und Käse kauft man am besten am Stück. Denn so bleiben sie frisch und bewahren ihr volles Aroma. Um Wurst und Käse daheim aber genauso appetitlich aufzuschneiden wie die Fachverkäuferin an der Ladentheke, gibt es ein Gerät, das sich in deutschen Haushalten schon 100.000fach bewährt hat: Die Elektro-Allschnittmaschine *EH-170T* von Graef.

Hermann Graef war ein ausgesprochener Tüftler. Als er 1921 seine erste Werkstatt eröffnete, entwickelte und produzierte er die unterschiedlichsten Artikel: von Gardinenstangen über Spielzeug bis zu Automaten für die Herstellung von Heftzwecken. Bei einem Rundgang über die Kölner Haushaltswarenmesse wurden im Jahre 1952 die Söhne des Firmengründers auf handbetriebene Schneidemaschinen aufmerksam. Da sie in ihrem Betrieb ja Metall verarbeiten konnten, begannen sie mit der Konstruktion einer flachliegenden Maschine zum Schneiden von Wurst und Schinken.

Dieses Gerät, das Modell G-160, wurde zu einem großen Erfolg. Doch die Brüder Graef wollten mehr. Da es Mitte der 60er Jahren noch keine Elektro-Allesschneider für den Haushalt gab, beauftragten sie ihre Entwicklungsabteilung mit der Konstruktion eines motorgetriebenen Geräts speziell für die private Küche. 1967 brachte Graef die erste elektrische Haushalts-Allschnittmaschine in Metallausführung auf den Markt, die *EH-170T*. Diese Maschine zeichnete sich besonders durch die schräge Anbringung des Motors zum Messer aus, damit die geschnittenen Scheiben nicht am Gehäuse zerbrechen konnten, eine Konstruktionsidee, die vom Deutschen Patentamt geschützt wurde.

In den vergangenen 20 Jahren konnte die *EH-170T* durch viele Verbesserungen im Detail noch leistungsfähiger gemacht werden. Ausgestattet mit der Technik von Gewerbemaschinen, ist sie eine allzeit zuverlässige Küchenhilfe. Die stabile und starre Ganzmetallkonstruktion garantiert einen präzisen und gleichmäßigen Schnitt – ob man nun Leberkäse fingerdick oder Rauchfleisch hauchdünn aufschneiden will.

Um die Hausfrau zuverlässig vor Unfällen zu schützen, besitzt die Maschine eine Sicherheits-Automatik. Das Gerät läuft nur, wenn die Schalttaste am Schlitten mit dem Daumen gedrückt wird. Nimmt man die Hand fort, steht die Maschine sofort still.

Zum Einbau der Maschine in die moderne Küche liefert Graef zwei spezielle Einbaudübel. Damit steht das Gerät im Betrieb unverrückbar fest, läßt sich zum Reinigen aber leicht abheben.

Die *EH-170T* ist die leiseste Allschnittmaschine auf dem Markt. Der starke und konstant laufende Motor entwickelt nur 49 Phon. Der Schlitten und das Messer sind aus Edelstahl rostfrei, also hygienisch, pflegeleicht und unverwüstlich. Damit der Aufschnitt schnell und praktisch serviert werden kann, gleiten die Scheiben direkt vom Messer auf das unter der Maschine stehende Tablett.

Heute bietet Graef neben dem Ursprungsmodell *EH-170T* ein breites Programm elektrischer Schneidemaschinen von 170 mm bis 300 mm Durchmesser für den privaten Haushalt, Metzgereien, Gastronomie und Lebensmittelhandel an. Die Geräte aus dem westfälischen Arnsberg werden in ganz Europa und sogar in Übersee verkauft. Damit bringen Maschinen von Graef weltweit Brot, Wurst und Käse appetitlich auf den Tisch.

Die Allschnittmaschine

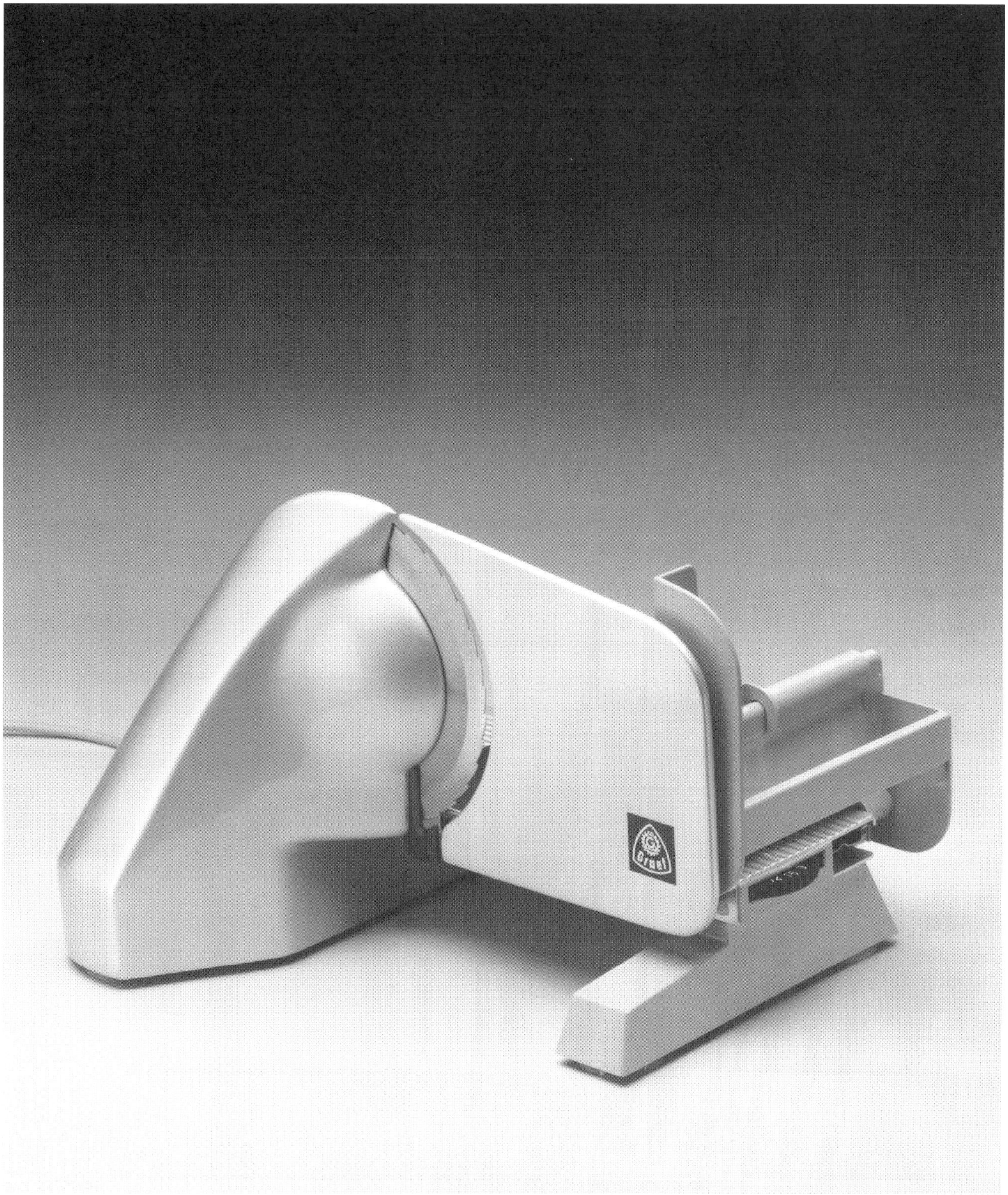

Aus Schaden wird man klug. Als ein Bombenangriff im Zweiten Weltkrieg die Kölner Kofferfabrik Morszeck zerstörte, überstanden nur die Aluminiumvorräte den Brand. Leder, Stoffe und Holz, all die anderen Materialien, aus denen die Koffer gefertigt wurden, waren in den Flammen aufgegangen. Bei Besichtigung der Anlagen aber überkam den Firmeninhaber Richard Morszeck eine Vision, die den künftigen Erfolg seines Unternehmens sichern sollte: ein Koffer aus Aluminium.

Bereits seit einem halben Jahrhundert wurden bei Morszeck Koffer hergestellt. Richards Vater Paul hatte den Familienbetrieb 1898 gegründet. Die wohlhabende Kundschaft kaufte meist Koffer für das damals noch junge Automobil. Begab man sich jedoch auf eine Schiffsreise oder fuhr mit dem Orient-Express nach Istanbul, so packte man einen stabilen, großformatigen Bahn- oder Überseekoffer.

Ein solcher Überseekoffer war es auch, der als erster aus Aluminium gefertigt wurde. Sein Rillendesign erinnerte an die JU 52, das deutsche Verkehrsflugzeug der 30er Jahre. Am 28. Juli 1941 wurde der Markenname Rimowa ins Handelsregister eingetragen, als Abkürzung von „Richard Morszeck Warenzeichen".

Ende der 40er Jahre entstand der erste Handkoffer aus Aluminium. Zunächst stieß sein ungewöhnliches Aussehen bei manchen auf Ablehnung, doch überzeugte er immer mehr Kunden durch seine Robustheit. Verbesserungen an Design und technischen Details machten ihn bald zu einem ausgesprochenen Modeartikel.

Als Ausgangsmaterial dienen Platten aus einer Aluminium-Magnesium-Legierung. Eine Spezialwalze verleiht ihnen sodann die typische Rillenstruktur, die nicht nur vor Kratzern schützt, sondern auch die Stabilität erhöht. Diese Kombination aus Legierung und Struktur macht den wichtigsten Vorteil des Aluminium-Koffers von Rimowa aus: Bei geringem Eigengewicht und hoher Stabilität ist er der ideale Flugkoffer.

Oft bewirken persönliche Erfahrung und eigenes Engagement die besten Ideen. Das zeigt auch die Entstehung des Fotokoffers von Rimowa. Als begeisterter Hobbyfotograf suchte Dieter Morszeck, Enkel des Firmengründers und heute geschäftsführender Gesellschafter des Unternehmens, zu Beginn der 70er Jahre ein passendes Behältnis für seine Ausrüstung. Stabil und wasserdicht sollte es sein. Also baute er einen Fotokoffer aus Aluminium. Ein Test mit dem Gartenschlauch ergab jedoch, daß er keineswegs wasserdicht war. Deshalb entwickelte Dieter Morszeck eine Innenschale, die den Koffer nach außen hermetisch abschloß.

1976 stellte er sein neues Produkt der Fachwelt vor. Bis heute ist dieses Modell von Rimowa der einzige wasserdichte Aluminium-Fotokoffer der Welt und wird darum von Fotografen aus aller Herren Länder gekauft. Während der vergangenen 10 Jahre hat er sich bei tropischer Hitze ebenso bewährt wie im Wüstensand der Sahara oder im ewigen Eis des Himalaja.

„Den größten Koffer der Welt" aber hat Rimowa für sich selbst gebaut. Seit 1986 sitzt die Hauptverwaltung in einem mattsilbrigen Gebäude mit dem typischen Rillendesign. Natürlich ist die Fassade ganz aus Aluminium: ein angemessener Auftritt für den ältesten und wohl bedeutendsten Hersteller von Aluminiumkoffern in Europa.

RIMOWA

Dr. Oetker Backin

Wollte eine Hausfrau im letzten Jahrhundert sicher gehen, daß ihr Kuchen gelang, so mußte sie sich in eine Apotheke bemühen. Nur dort konnte sie Hirschhornsalz kaufen, das den Teig auftrieb und locker machte.

Ein Apotheker besonderer Art war Dr. August Oetker, der 1891 die Aschoffsche Apotheke im Herzen von Bielefeld erwarb. Aus seinem Vaterhaus war er von Kind an mit der Bäckerei vertraut. Daher wußte er, wieviel Mühe und Zeit die Hausfrau für die Hausbäckerei aufwenden mußte. Hier Abhilfe zu schaffen und ein Triebmittel zu erfinden, das den Hausfrauen nicht nur das Backen erleichtern, sondern auch das Gelingen der Gebäcke gewährleisten sollte, war bald das Ziel, das er unermüdlich verfolgte.

Ein Backpulver zum Lockern von Teigen hatte 60 Jahre zuvor schon Justus von Liebig erfunden, doch wies seine Mischung zwei entscheidende Nachteile auf: zum einen war sie relativ teuer, zum andern vertrug sie wegen ihrer raschen Verderblichkeit keine Lagerung. Aus beiden Gründen war also Liebigs Erfindung als Backhilfe für den Alltag untauglich.

Um vor neugierigen Blicken sicher zu sein, zog sich August Oetker in eine winzige Kammer hinter seiner Apotheke zurück. In dieser „Geheimbutze", wie er sie nannte, stellte er täglich Experimente mit verschiedenen Mischungen an, um ein Triebmittel zu finden, das den drei Grunderfordernissen – Teiglockerung, Haltbarkeit und Geschmacksfreiheit – in befriedigender Weise entsprach. Alles in allem dauerte es zwei Jahre, bis es ihm gelang, ein wirklich einwandfreies Backpulver zu entwickeln, das bei einfachster Anwendung einen sicheren Erfolg verbürgte. Endlich aber stand fest, daß eine Mischung „ohne Fehlzündung", wie er sich ausdrückte, gefunden war. Dieser Mischung gab er den Namen *Backin.*

Bei seinen Experimenten in der „Butze" war Dr. August Oetker aber noch ein weiterer Gedanke gekommen. Nachdem er die richtige Komposition entdeckt hatte, begann er *Backin* in kleinen Mengen abzufüllen, so daß es für einen gebräuchlichen Kuchen mit etwa 500 g Mehl fertig bemessen war. Dies war ein Einfall von großer Tragweite. Jetzt zeigte sich, daß in August Oetker nicht nur ein erfinderischer Wissenschaftler steckte, sondern auch ein hellsichtiger Unternehmer. Sein Ziel war es, ohne fremde finanzielle Hilfe sein Backpulver im eigenen Betrieb herzustellen und zum Festpreis von 10 Pfennigen im ganzen Land zu verkaufen. Mit dieser Idee war die deutsche Backpulverindustrie geboren.

Bis in unsere Tage kommt *Backin* in der von Dr. August Oetker 1892 entdeckten Rezeptur in den Handel. Bereits um die Jahrhundertwende tauchte auch der heute wohlvertraute Hellkopf auf dem Tütchen auf, durch den die Hausfrau in das Markenzeichen einbezogen wurde, und das bald als Qualitätszeichen auf allen Produkten des Hauses erschien. In den 50er Jahren dann wurde er mit dem Markennamen Dr. Oetker zu einem einheitlichen Emblem verschmolzen. Ab 1986 ziert nun wieder der ursprüngliche Schriftzug *Original Backin* die Verpackung. Und wie vor nunmehr fast 100 Jahren bietet Dr. Oetker auch heute noch auf der Rückseite eines jeden Tütchens Rezeptvorschläge an, mit deren Hilfe Generationen von Hausfrauen die Kunst des Kuchenbackens erlernten.

Dr.Oetker
GUTES BACKEN
Original
Backin
Backpulver
Backvorschlag

Varta Mignon

Am 21. Juli 1969 betrat Neil Armstrong als erster Mensch den Mond. Der kleine Schritt des Astronauten war einer der großen Fortschritte der Menschheit. Gelingen konnte er nur, weil technische Spitzenprodukte perfekt miteinander arbeiteten. Dazu gehörte auch, daß eine kleine Batterie die Fotokamera des Amerikaners sicher und zuverlässig mit Energie speiste. Nicht zufällig hatten die Verantwortlichen der NASA sich für eine VARTA-Batterie entschieden.

Die Geschichte der Firma Varta beginnt eigentlich schon 100 Jahre vor ihrem Gründungsdatum, genauer: im Jahre 1789. Damals machte Luigi Galvani seine berühmten elektrischen Experimente mit Fröschen. Nur zehn Jahre später konstruierte der Physiker Alessandro Volta mit seiner „Voltaschen Säule" die erste brauchbare Quelle der neuentdeckten Energie. Doch da diese Urform der Batterie sich nur einmal entladen ließ, blieben ihre Anwendungsmöglichkeiten sehr begrenzt. 1805 schließlich gelang es Johann Wilhelm Ritter, das Manko zu beheben. Dies war die Geburtsstunde des Akkumulators, des wiederaufladbaren Energiespeichers.

Elektrizität als Licht- und Antriebsquelle konnte in großen Mengen erst produziert werden, nachdem Werner von Siemens 1866 den elektromagnetischen Generator entwickelt hatte. Rund zwanzig Jahre später, am 27. Dezember 1887, gründete Adolph Müller in Hagen eine Firma, die Akkumulatoren herstellte, aus denen Strom ohne Spannungsschwankungen gewonnen werden konnte. Diese auf einer Erfindung des Belgiers Henri Tumor aufbauenden Anlagen setzten sich bald gegen alle anderen durch. Schon 1890 entstand so aus der kleinen, seit 1888 in einer alten Hammerschmiede untergebrachten Produktionsstätte die „Akkumulatorenfabrik-Actiengesellschaft", kurz AFA genannt, in deren Aufsichtsrat Industriemagnaten wie Siemens, Fürstenberg und Rathenau saßen.

Zu Beginn des 20. Jahrhunderts gründete die AFA neben vielen Niederlassungen im Ausland eine Tochtergesellschaft in Deutschland, deren Name zum Inbegriff für qualitativ hochwertige Batterien werden sollte: „Die Vertrieb, Aufladung, Reparatur transportabler Akkumulatoren GmbH" – abgekürzt „VARTA". In den 20er Jahren erkannte die Unternehmensleitung die Zeichen der Zeit und erschloß durch den Aufkauf anderer Elektrofabriken neue Märkte. Schon bald war sie in der Lage, sämtliche Anwendungsgebiete der Batterietechnik mit ihren Produkten abzudecken.

Heute ist die VARTA einer der führenden Batteriehersteller der Welt. In 24 Werken erwirtschaften rund 13.000 Mitarbeiter einen Jahresumsatz von über 1,8 Milliarden Mark. Der Verkaufsschlager der Sparte Gerätebatterien ist seit Jahren die kleine *Mignon*-Batterie. Sie ist ebenso handlich und leicht wie leistungsstark und darum vielfältig einsetzbar.

Mignon-Rundzellen finden sich etwa in Fotoblitzgeräten, Filmkameras und den so beliebten Walkmen. Mit ihrer 100jährigen Erfahrung auf dem Gebiet der Energiespeicherung entwickelt VARTA im firmeneigenen Forschungszentrum – dem größten seiner Art in Europa – heute Batterie-Ideen für die Zukunft. Wann die Amerikaner wieder auf dem Mond landen werden, ist ungewiß. Sicher ist aber, daß VARTA schon jetzt die Batterien bereitstellen kann, die ein solches Unternehmen erfordert.

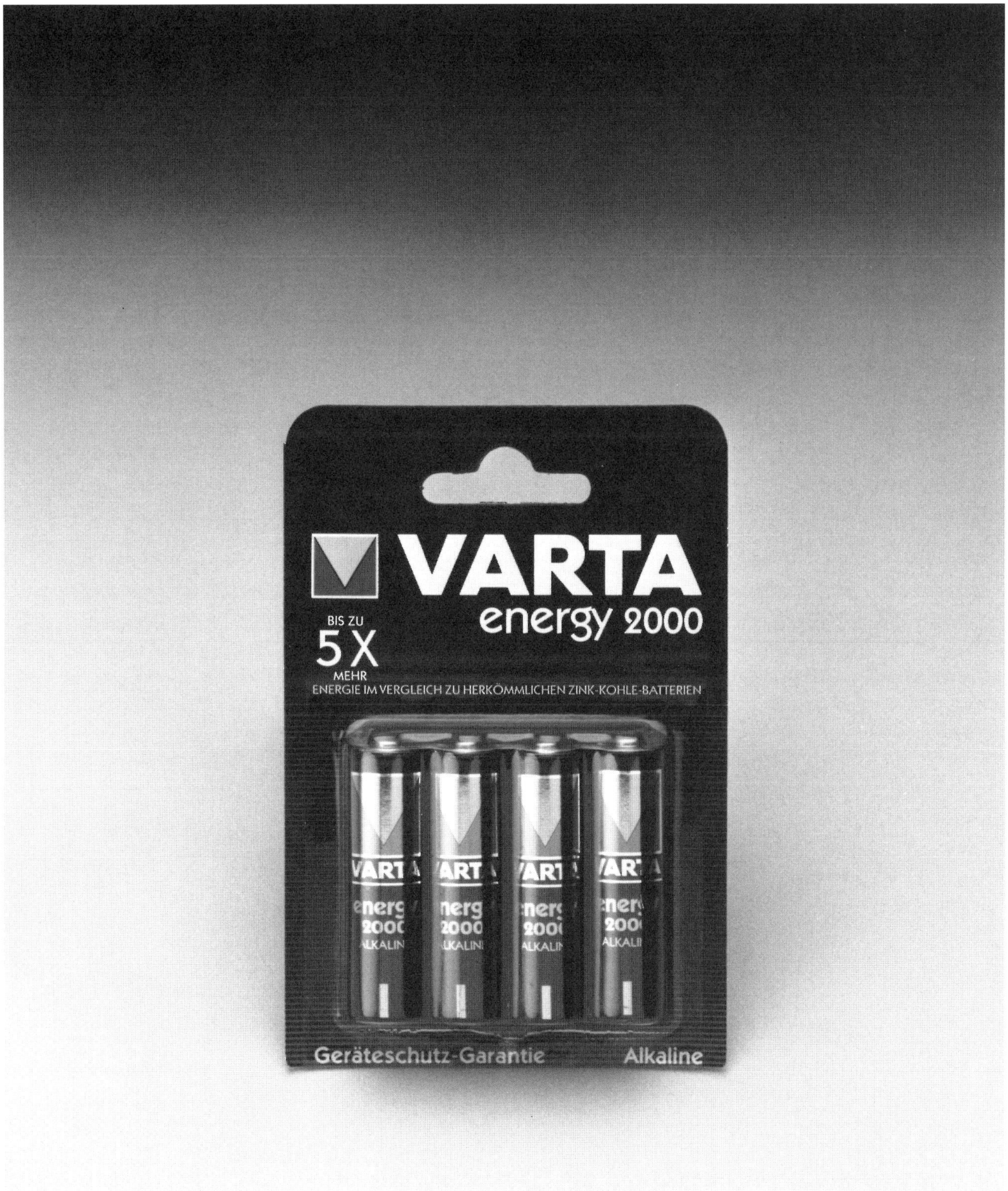
VARTA
energy 2000
BIS ZU
5 X
MEHR
ENERGIE IM VERGLEICH ZU HERKÖMMLICHEN ZINK-KOHLE-BATTERIEN
Geräteschutz-Garantie
Alkaline

Weit und breit gilt das Bausparen als eine urschwäbische Erfindung. Dabei stammt der Gründer der ersten deutschen Bausparkasse aus Pommern: Georg Kropp, Sohn eines Segelschiffskapitäns und gelernter Drogist. An seinem Beispiel wird deutlich, wie sehr ein Mensch, der etwas bewegen will, ein Umfeld braucht, in dem seine Ideen wirksam werden können. Georg Kropp fand es in Schwaben: Im Juli 1921 gründete er die gemeinnützige „Gemeinschaft der Freunde", die ab 1924 von dem Walddorf Wüstenrot bei Heilbronn aus das Bausparen in Deutschland durchsetzte und sich bald zur größten deutschen Bausparkasse entwickelte.

Wie so manche bedeutende Idee wurde das Bausparen aus der Not geboren. Nach dem Ersten Weltkrieg waren Wohnungen und Eigenkapital knapp, Mieten und Fremdkapital entsprechend teuer. Kropps genialer Gedanke war nun, die Wüstenroter „Gemeinschaft der Freunde" in Gruppen von je 100 Sparern zu unterteilen, sie zu regelmäßigen Einzahlungen in eine gemeinsame Kasse zu verpflichten und immer, wenn die Baukosten für ein Eigenheim angesammelt waren, diese Summe innerhalb der Spargemeinschaft auszulosen. Zwar gelangten bei diesem Konzept nur wenige glückliche Sparer rasch zum Ziel, doch konnte auch der letzte noch sein Haus früher finanzieren, als er es aus eigener Kraft vermocht hätte.

Wesentlich zur Verbreitung dieser Form kollektiven Zwecksparens trug die Zeitschrift „Mein-Eigen-Heim" bei, noch heute das Hausorgan von Wüstenrot. Ihr Erfolg überraschte selbst Georg Kropp. Hunderte von Interessenten meldeten sich, und eine Woche nach Erscheinen des Blattes, am 7. April 1924, schließt der Bahnhofsvorsteher Johannes Rau den ersten Bausparvertrag ab. Bereits 1925 ist der Durchbruch geschafft: mehr als 10.000 Mitglieder sind der „Gemeinschaft der Freunde" beigetreten. Ende 1928 wird es dem Sparverein in dem schwäbischen Dorf zu eng; er zieht in die ehemalige Residenzstadt Ludwigsburg um und nennt sich fortan Bausparkasse der „Gemeinschaft der Freunde Wüstenrot".

Heute entscheidet bei Wüstenrot natürlich nicht mehr das Los über die Zuteilung, sondern die individuelle Bewertungszahl, auf die der Bausparer aktiv Einfluß nehmen kann. Ob Neubau, Umbau oder Anbau – das moderne Wüstenrot-Rendite-Programm, Ergebnis von sechs Jahrzehnten Bauspar-Erfahrung, paßt sich flexibel allen Wünschen und Möglichkeiten an.

Die Vorstellung Georg Kropps, daß die an Immobilienbesitz interessierten Bürger sich durch eigene Sparanstrengungen selbst helfen müssen, erfuhr nach dem Zweiten Weltkrieg durch staatliche Fördermaßnahmen wichtige Impulse, die sich in der Entwicklung des Hauses Wüstenrot niederschlugen. 1986 hat die Wüstenrot-Gruppe über die Bausparkasse, die hauseigene Bank und Lebensversicherung 7,7 Milliarden Mark bereitgestellt – an jedem Arbeitstag 32 Millionen. Mehr als 4.500 Mitarbeiter betreuen bundesweit rund 4,5 Millionen Bauspar-, Darlehens und Versicherungsverträge. Der Gedanke der Hilfe zur Selbsthilfe, der hinter dem kollektiven Bausparen nach dem Wüstenroter Modell steht, hat Kräfte geweckt und Leistungen freigesetzt, die dem einzelnen, seiner Familie, der Gemeinschaft der Bausparer und letztlich der Gesellschaft insgesamt zugute kommen.

wüstenrot
Bausparkasse
Gemeinschaft der Freunde Wüstenrot
gemeinnützige GmbH
Bausparvertrag
Vertragsnummer
Bausparsumme
Mit freundlichen Grüßen
Ihre Bausparkasse Wüstenrot
(Englert)
(Dr. Seuferle)
wüstenrot

Gossen Lunasix 3

Mitte des 19. Jahrhunderts gab der Photograph Cassan seinen Kollegen den Rat, sich eine Angorakatze im Atelier zu halten. An der Art, wie sich je nach Lichteinfall die Pupillen des Tieres weiten oder verkleinern, lasse sich bestens abstimmen, wieviele Sekunden Belichtung für ein gelungenes Negativ erforderlich sei. In Posen wurde sogar ein Patent für einen derartigen „optischen Belichtungsmesser" angemeldet, der die Pupillengröße des menschlichen Auges auf einem Spiegel maß, um so die Lichtverhältnisse zu objektivieren.

Als Paul Gossen im Jahre 1919 in Baierdorf bei Erlangen seine „Fabrik elektrischer Meßgeräte" gründete, ahnte er noch keinen Zusammenhang zwischen diesem Problem und seiner Tätigkeit. Der Ingenieur begann mit einer Handvoll Mitarbeiter und drei Drehbänken, meß- und regeltechnische Geräte für die gerade aufkommenden Radios und Rundfunkanstalten zu entwickeln. Doch konnte er bereits 1933 auf der Leipziger Messe als einer der ersten Hersteller der Welt einen elektrischen Belichtungsmesser vorstellen.

Fast 100 Jahre nach Entdeckung der licht-elektrischen Eigenschaften von Selenzellen, die Licht proportional in Strom umwandeln, hatte GOSSEN sie nun auch für die Photographie nutzbar gemacht. Das Gerät fand bei Hobby-und Berufsphotographen eine begeisterte Aufnahme. Das 1936 gebaute und mit besserem Bedienungskomfort ausgestattete Nachfolgemodell lief erst mit der Währungsreform aus. Die Belichtungsmesser gaben nach dem Krieg der „Sixtus-Währung" ihren Namen, denn sie waren begehrte Kompensationsartikel auf dem Schwarzmarkt.

Noch bekannter, auch über den europäischen Kontinent hinaus, wurde das nächste Modell, der „Sixtomat". Dieses Gerät hielt sich 25 Jahre im Markt und wurde mit mehr als 2,5 Mio. Exemplaren zum meistgekauften Belichtungsmesser der Welt.

1961 kommt der *LUNASIX* in den Handel. Mit ihm führt GOSSEN eine völlig neue Technik ein: erstmals wird bei einem Belichtungsmesser ein Cadmiumsulfid-Widerstand eingesetzt. Er wird von einer Batterie gespeist und ändert seinen Widerstandswert je nach einfallendem Licht. Dadurch entwickelt das Gerät eine wesentlich höhere Empfindlichkeit und sorgt vor allem bei ungünstigen Lichtverhältnissen für größere Präzision.

Auch der heutige *LUNASIX 3* arbeitet nach diesem Prinzip. Dabei dient er einmal zur Objektmessung, um die Eigenhelligkeit und den Kontrastumfang des Motivs zu ermitteln – das vom Aufnahmeobjekt zurückgeworfene Licht. Zum anderen kann mit ihm das räumlich einfallende Licht auch unabhängig von den Eigenschaften des Objekts gemessen werden. Fünf steckbare Vorsatzgeräte lassen darüber hinaus eine für ganz spezielle Anwendungsgebiete geeignete Meßeinheit entstehen. Zwei Meßbereiche, jeweils für größere und geringere Helligkeit, stehen zur Verfügung und gewähren zweifelsfreie Anzeigewerte in übersichtlicher Anordnung. Eine drehbare Einstellskala gibt beim Übertragen der Zeigerstellung die jeweils richtige Blenden-Zeitkombination an sowie den entsprechenden Lichtwert.

Heutige Photographen dürfen auf eine Angorakatze im Atelier getrost verzichten – zumindest als Belichtungsmesser. Denn im *LUNASIX 3* besitzen sie einen ebenso unkomplizierten wie zuverlässigen Partner für die gelungene Gestaltung ihrer Bild-Ideen.

GOSSEN
Lunasix 3
Zeit
time
ASA
DIN

Die Gabel findet erstmals im 11. Jahrhundert Erwähnung. Petrus Damianus berichtet, eine byzantinische Prinzessin habe dieses neuartige Tischgerät nach Venedig gebracht. Doch verdammt der Kirchenlehrer das gezackte Instrument noch als Ausdruck sündhafter Verweichlichung. In unserer Zeit hingegen ist das Tafelbesteck der Stolz einer jeden Hausfrau. Denn erst das Besteck verleiht einer Tafel wahrhaft festlichen Glanz.

Für den Glanz auf deutschen Tafeln bürgen heute drei Buchstaben: WMF. Im Jahre 1853 gründete in dem württembergischen Städtchen Geislingen an der Steige der Bürger Daniel Straub mit den Gebrüdern Schweizer eine Metallwarenfabrik. Das zunächst „Straub & Schweizer" firmierende Unternehmen stellte aus Plaquématerial „versilberte Gerätschaften" her. Doch das hauseigene Plattierverfahren zeigte erhebliche Nachteile, da die Versilberung des Materials nur vor der Formgebung erfolgen konnte. Eine wesentliche Verbesserung bedeutete das von „A. Ritter & Co., Esslingen" angewandte galvanische Versilberungsverfahren. 1880 schloß sich darum der Geislinger Betrieb mit der Esslinger Firma zur „Württembergischen Metallwarenfabrik" zusammen. Bereits um die Jahrhundertwende galt das junge Unternehmen mit seinen versilberten und vernickelten Tafel- und Ziergeräten, Bestecken, Kupfer- und Messingwaren als das „größte Etablissement seiner Art", dessen Katalog in 12 Sprachen herauskam.

Der Klassiker unter den WMF-Stilbestecken ist die *Spatenform.* Der Ursprung dieses traditionsreichen, von Künstlerhand gestalteten Modells reicht bis ins 17. Jahrhundert zurück. Seine bis heute gültige Form erlangte das Besteck um 1750 in der Werkstatt eines Pariser Goldschmiedemeisters. Von der französischen Hauptstadt aus verbreitete es sich sodann in ganz Europa und eroberte zunächst die begüterten Kreise des Adels und des Großbürgertums. Mit dem zunehmenden Wohlstand breiterer Bevölkerungsschichten im späten 19. Jahrhundert erlebte die *Spatenform* ihren endgültigen Durchbruch. Sie wurde als Ausdruck gepflegter Tischkultur das beliebteste Besteckmuster dieser Zeit. Seitdem hat die Beliebtheit dieses klassischen Bestecks ohne Unterbrechung angehalten.

Das WMF-Stilbesteck *Spatenform* besticht in einem verhaltenen Spiel klarer Grundformen vor allem durch seine unaufdringliche Eleganz. Aus seiner konzentrierten Verschmelzung von Ästhetik und Funktion atmet der Geist eines Patriziertums, das Solidarität und Prachtentfaltung auf so unnachahmliche Weise zu einen verstand. WMF bietet dieses Besteck heute wahlweise in Cromargan und in 90 g perfect-hartversilbert an.

Eine besonders exklusive Ausgestaltung der *Spatenform* ist das gerändelte, hartvergoldete Modell „Augsburger Fadenmuster", ein Besteck von höchster Noblesse und Ausstrahlung für die Festtafel.

De gustibus non est disputandum – über Geschmack läßt sich nicht streiten. Aus diesem Grund führt WMF nicht nur Stil-Bestecke, sondern darüber hinaus ein breites Sortiment moderner Formen und Dekore, entworfen von namhaften Designern.

Gemeinsam bilden sie eine der erlesensten Kollektionen im breitgefächerten Programm der WMF, des nach nunmehr 135 Jahren größten Besteckherstellers in Europa.

Nach wie vor ist der scheinbar „ewig junge" Bleistift das wirtschaftlichste Schreibgerät der Welt. Seine Wiege stand allem Anschein nach in Nürnberg. Dort findet sich im Jahre 1662 erstmals die Berufsbezeichnung „Bleystefftmacher" urkundlich belegt. Die entscheidenden Impulse aber empfing die Bleistiftherstellung durch den Freiherrn und Reichsrat Lothar von Faber, der 1839 in Stein bei Nürnberg die Bleistiftfirma A.W. Faber in vierter Generation übernahm. Mit ihm begann die Geschichte und die weltweite Verbreitung des deutschen Qualitätsbleistifts, wie man ihn heute in unnachahmlicher und unverbesserlicher Formgestaltung kennt: als grünen „Castell 9000" – das Flaggschiff im Faber-Castell Bleistiftsortiment.

Die Qualität eines Bleistifts – seine Schreibhärte und Bruchfestigkeit, Gleitfähigkeit und Deckkraft – hängt entscheidend von der stofflichen Zusammensetzung seiner Mine ab. Dabei hat der „Bleistift" mit Blei nie etwas zu tun gehabt. Graphit ist vielmehr der Stoff, der für den dunklen Abstrich sorgt, während Ton als Bindemittel der Mine Form und Festigkeit verleiht.

Um einen qualitativ hochwertigen Bleistift zu schaffen, griff Lothar von Faber auf Versuche des Franzosen Conté zurück, gemahlenen Graphit und Ton zu mischen und aus dieser Masse geformte Minen zu brennen. Durch dieses Verfahren war es erstmals möglich, Bleistifte in verschiedenen Härtegraden herzustellen, die den unterschiedlichsten Anforderungen beim Schreiben und Zeichnen genügten.

Durch die Einführung rationeller Fertigungstechniken ermöglichte Lothar von Faber die industrielle Herstellung von Bleistiften im großen Stil. In Sibirien erwarb er ein Bergwerk mit dem besten Graphit der Welt. Auf dem Rücken von Rentieren wurde das „schwarze Gold" erst über weites, unwegsames Land, dann auf dem Seeweg nach Nürnberg herbeigeschafft.

Um den Absatz seines Produktes sicherzustellen, legte Faber schon damals Maßstäbe fest, die nach und nach von allen Bleistiftherstellern der Welt übernommen wurden. Die sechseckige Form des Stifts gilt als seine Idee, ebenso die Schaffung der heute noch gültigen Härteskala. In nur wenigen Jahren wurden die Faber-Qualitäts-Bleistifte im In- und Ausland zu einer begehrten Handelsmarke. Um sie vor zahlreichen Nachahmern zu schützen, kennzeichnete Faber sie mit seinem Namen und reichte beim Deutschen Reichstag 1874 die Petition „zur Schaffung eines Markenschutzgesetzes" ein. Dieses Gesetz, dem die deutsche Industrie viel zu verdanken hat, trat ein Jahr später in Kraft. *Faber*-Bleistifte zählen damit zu den ersten Markenartikeln in Europa.

1896 heiratete Lothar von Fabers Enkelin Ottilie den Grafen Alexander zu Castell-Rüdeshausen. Durch diese Vermählung entstand der neue Name des inzwischen weltumspannenden Unternehmens: A.W. Faber-Castell. Dank des patentierten SECURAL-Verfahrens gelang es den Nachfolgern Lothar von Fabers, die Qualität seiner Stifte nochmals deutlich zu verbessern. Versehen mit dem Gütestempel „SV", zeichnen sie sich durch unübertroffene Bruchfestigkeit bei gleichbleibend hoher Minenqualität aus. Darum gilt auch für diese Stifte, die Faber-Castell heute in 19 Härtegraden und einer Stückzahl von über einer Milliarde pro Jahr produziert, was der Maler Max Liebermann bereits um die Jahrhundertwende feststellte: „Die besten Bleistifte macht in Deutschland immer noch Faber."

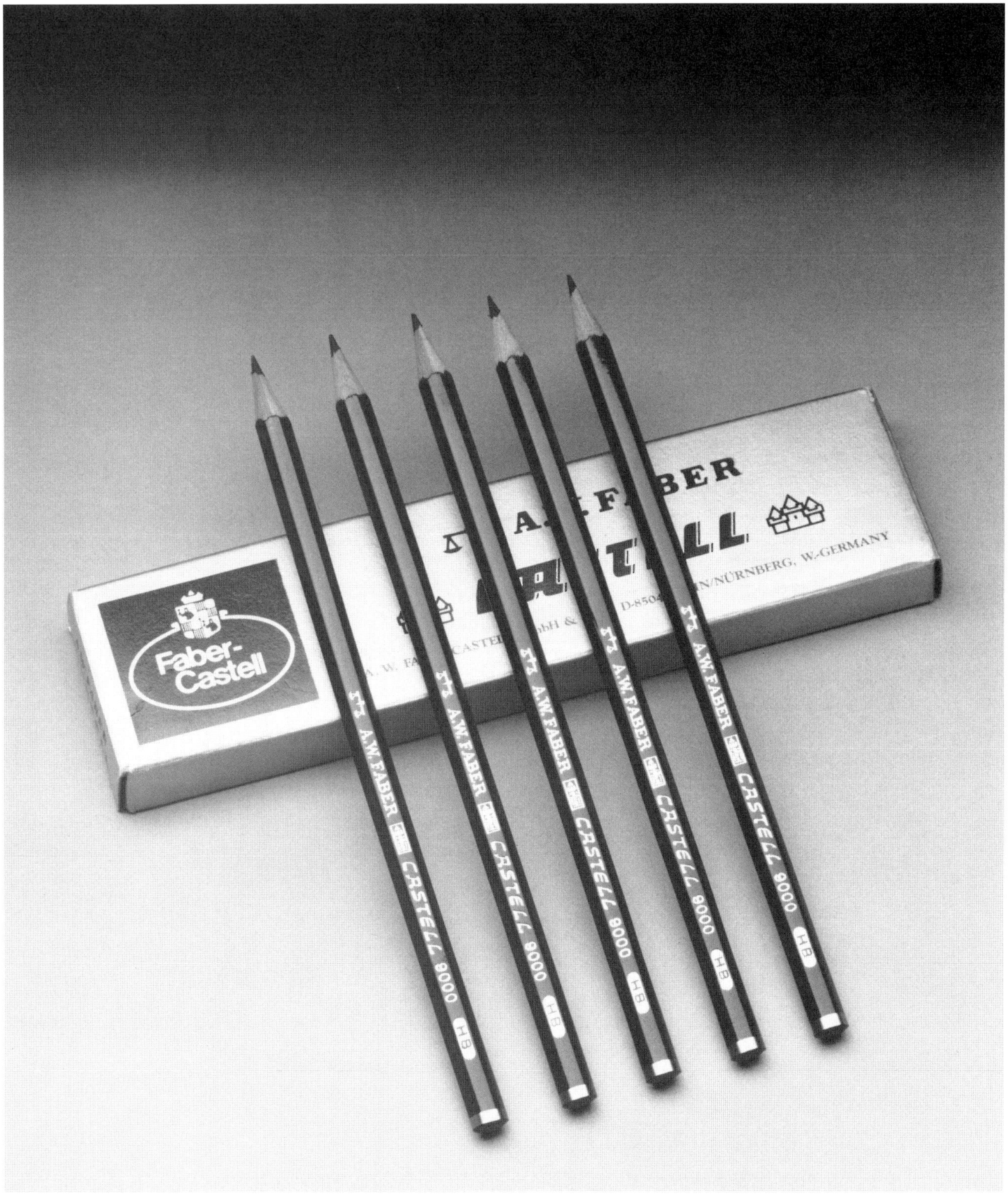
Faber-Castell
A.W.FABER CASTELL 9000 HB
NÜRNBERG, W.-GERMANY

Bosch PBH

Der Hammer ist eines der ältesten Werkzeuge dieser Welt. Mit zunehmender Industrialisierung aber sah der Mensch sich vor immer größere und schwerere Aufgaben der Materialbearbeitung gestellt, die er mit seiner Muskelkraft allein nicht mehr bewältigen konnte. Als Bosch 1931 mit der Entwicklung eines Elektrohammers begann, gab es fast unüberwindliche Schwierigkeiten. Das Hauptproblem lag darin, die noch relativ junge Elektrotechnik betriebstechnisch so stabil und sicher zu machen, daß ein Einsatz des Geräts auch über einen längeren Zeitraum bei den extrem hohen Belastungen gewährleistet war. Doch bereits 1932 konnte Bosch den ersten elektrisch betriebenen Hammer der Welt präsentieren, den Installationshammer UH 1, und mit berechtigtem Stolz verkünden: „Bosch motorisiert die Hand."

Dieser erste elektrische Bohrhammer von Bosch war mit einem Drallschlag-Hammerwerk ausgerüstet: während er bohrte, arbeitete er sich mit kurzen starken Schlägen in die Wand. Nach diesem Prinzip funktionierten auch die Bohrhämmer, die Bosch zu Beginn der 60er Jahre vorstellte. Doch waren sie leichter und hatten einen entscheidenden Vorteil: Luft. Bei diesen Bohrhämmern mit pneumatischem Hammerwerk wird jeder einzelne Schlag über ein Luftpolster auf den Bohrer übertragen. Das macht die Bohrarbeit zum einen viel effektiver, weil die komprimierte Luft die Kraft der einzelnen Schläge enorm verstärkt: der „elektro-pneumatische" Hammer ist in Beton bis zu zehnmal so leistungsstark wie jeder Schlagbohrer. Andererseits arbeitet es sich wesentlich angenehmer, denn das Luftpolster fängt einen großen Teil der Schlagenergie ab, die vorher im Ellbogen landete: Vibration und Geräuschbelastung sind um die Hälfte reduziert.

Bereits bei der Entwicklung des Installationshammers von 1932 hatte Bosch zum Ziel, dem Handwerk eine Maschine bereitzustellen, die ein müheloseres, schnelleres und wirtschaftlicheres Arbeiten im Baunebengewerbe ermöglichte. Das zu bearbeitende Material wurde aber in den letzten Jahrzehnten immer härter, zugleich die Anforderungen an Gewichtsreduzierung und stärkere Leistung immer größer. Noch vor kurzer Zeit hätten Experten einen Bohrhammer unter 2 kg Gewicht nicht für möglich gehalten. Weniger Gewicht bedeutet bei Bosch jedoch nicht weniger, sondern weiterentwickelte Technik. Der nur 1,8 kg schwere *PBH 200 RE* ist mit allem ausgestattet, was einen echten Betonknacker ausmacht. Herzstück dieses leichtesten Bohrhammers der Welt ist das pneumatische Hammerwerk mit Leichtkolben und Rotationsschwinger. Das vollisolierte, ergonomisch gestaltete Gehäuse erlaubt jederzeit ein leichtes, sicheres Arbeiten. Im Handumdrehen läßt sich der *PBH 200 RE* zum Bohren und Schrauben umrüsten. Die elektronische Steuerung sorgt dabei für ein sanftes, punktgenaues Anbohren und ermöglicht zusammen mit dem Rechts-/Linkslauf das gefühlvolle Ein- und Ausdrehen von Schrauben.

Mit dem *PBH 200 RE* bietet Bosch ein handliches Universalgerät, das allen Ansprüchen von Profis wie Heimwerkern genügt: 1986 lief der einmillionste pneumatische Bosch-Hammer der 2-Kilo-Klasse vom Band. Damit hat dieser kleine, umweltfreundliche Hammer bewiesen, daß auch sanftere Technologien härteste Probleme lösen können.

Der Bohrhammer

Rodenstock

Die ersten Augengläser der Welt fertigte vermutlich ein Glasschleifer namens Galvino d'Armato um 1300 in Florenz. Die Verbreitung der Brille in Deutschland als Sehhilfe für jedermann aber ist vor allem das Verdienst eines bayerischen Familienunternehmens: der Optischen Werke G. Rodenstock, die in diesem Jahr ihren 111. Geburtstag feiern.

Mit einem Startkapital von eineinhalb Thalern wurde 1860 der vierzehnjährige Josef Rodenstock aus Thüringen über Land geschickt, um optische Geräte zu verkaufen. Der junge Händler hatte auf Anhieb Erfolg: bald lieferte er bis nach Österreich hinein. 1877 reichte das angesparte Kapital von 30.000 Mark, um sein großes Lebensziel zu verwirklichen: die Gründung einer selbständigen Existenz als Optiker. Das Geschäft in Würzburg führt sich gut ein; die Professoren am Orte lassen bei ihm arbeiten, und Rodenstock bekommt den Titel eines Universitätsmechanikers zugesprochen. Noch vor der Jahrhundertwende wird das Geschäft um eine Filiale in München und einen Schleifereibetrieb im Bayerischen Wald erweitert: die Voraussetzungen zur Großproduktion von Brillengläsern sind damit geschaffen.

So individuell wie die Sehfehler des menschlichen Auges, so vielfältig sind die Möglichkeiten, sie zu korrigieren. Annähernd 400 Mitarbeiter sind heute in den Forschungs- und Entwicklungsabteilungen von Rodenstock damit beschäftigt, neue Verfahren und Techniken zu entwickeln, die eine optimale Versorgung der Fehlsichtigen ermöglichen. Fußend auf diesen Erkenntnissen, werden bei Rodenstock rund 100.000 Brillengläser und feinoptische Linsen pro Tag hergestellt – drei in jeder Sekunde –, um praktisch alle Sehbedürfnisse zu befriedigen: vom normalen Einstärkenglas über Zwei- und Dreistärkengläser sowie Gleitsichtgläser bis hin zu zahlreichen Sonderausführungen. Trotz dieser enormen Produktion aber bleibt jedes Brillenglas von Rodenstock ein Einzelstück: über 4 Millionen Gläser in mehr als 50.000 Ausführungen hält das Lager stets bereit.

Der erste Kunde des Florentiners Galvino d'Armato war sicher glücklich, mit Hilfe der geschliffenen Gläser besser zu sehen. Doch wer sich heute eine Brille aufsetzt, möchte auch gut mit ihr aussehen. Schon in den späten 40er Jahren entschloß sich der Enkel des Firmengründers und heutige Konzernchef, Prof. Dr. Rolf Rodenstock, neben der traditionellen Brillenglasproduktion auch Brillenfassungen herzustellen. Der Durchbruch gelang mit den Zelluloid-Gestellen der 50er und 60er Jahre, darunter die weltbekannten Modelle „Senator", „Rodina" und „Rocco". Alle Farben und Formen in Rechnung gestellt, sind die heutigen Modelle in über 3.500 Ausführungen erhältlich. Rodenstock hat somit entscheidend dazu beigetragen, daß ein Brillenrezept niemanden mehr zu erschrecken braucht.

7.500 Mitarbeiter sind heute bei Rodenstock beschäftigt. Die Grundlage zur Weltgeltung des Unternehmens wurde in den 50er Jahren geschaffen. Innerhalb nur eines Jahrzehnts konnte die Jahresproduktion der Gläser auf 5,5 Millionen verdoppelt werden, während die Zahl der Fassungen um das Achtfache auf 1,4 Milliarden anstieg. Doch nach wie vor beweist jede einzelne Brille von Rodenstock in ihrer Verschmelzung von Qualität und Eleganz, wie individuell ein Massenartikel sein kann.

Die Brille

Nixdorf 8870

Das Computer-Zeitalter hatte gerade erst begonnen, als Heinz Nixdorf, ein 26jähriger Student der Physik und Betriebswirtschaftslehre, 1952 in einer Essener Kellerwerkstatt seinen ersten Rechner baute. Die Rheinisch-Westfälischen Elektrizitätswerke hatten sich von ihm überzeugen lassen, daß dem „Computer" – ein Wort, das es damals in der deutschen Alltagssprache noch gar nicht gab – die organisatorische Zukunft gehöre.

Mit einem Vorschuß von 30.000 DM gründete der junge Nixdorf das „Labor für Impulstechnik" und begann, Rechner auf Röhrenbasis in Serie zu bauen. Seinem ersten Kunden, der RWE, folgten bald weitere im In- und Ausland. Der deutsche Computerpionier begnügte sich aber nicht mit diesen Anfangserfolgen. Schon nach wenigen Jahren konnte er eine beachtliche Produktpalette auf einem Markt anbieten, der eigentlich von Großkonzernen beherrscht wurde: Neben einem elektronisch multiziplierenden Buchungsautomaten und einem elektronischen Tischrechner mit Klartextdrucker – dem ersten auf dem Weltmarkt – legte vor allem ein modular aufgebauter Kleincomputer den Grundstein für ein Unternehmen, das heute über 30.000 Mitarbeiter zählt und damit in drei Jahrzehnten zum drittgrößten Computerhersteller in Europa aufgestiegen ist.

1958 zog Nixdorf mit seinem „Labor" in seine Heimatstadt Paderborn um, wo sich auch heute noch Zentrale und Hauptwerk der Nixdorf Computer AG befinden. Als er 1968 die Wanderer Werke, ein Kölner Büromaschinenunternehmen, aufkaufte und damit eine größere Produktionsstätte, eine eigene Entwicklungsabteilung und vor allem einen etablierten Vertriebsapparat erwarb, war gleichsam über Nacht aus einem namenlosen Zulieferanten für die Großindustrie ein eigenständiger Anbieter geworden.

Der rasante Aufstieg des risikofreudigen Unternehmens war nun nicht mehr zu bremsen: Immer mehr Firmen in aller Welt begannen auf Produkte und Dienstleistungen der Nixdorf Computer AG zu setzen. Als Verkaufsschlager erwies sich das System 820, ein modular aufgebauter Universalcomputer, der einerseits den mittelständischen Unternehmen den wirtschaftlichen Einsatz der elektronischen Datenverarbeitung eröffnete und der andererseits einen neuen Trend zum arbeitsplatzorientierten, dezentralen Computereinsatz in großen Betrieben und Organisationen einleitete.

Zehn Jahre später brachte Nixdorf das Magnetplattensystem *8870* auf den Markt, das sich zu einem der erfolgreichsten Bürocomputer überhaupt entwickelte: Zusammen mit seinem Nachfolgemodell *8870 Quattro* wurde er weltweit bisher über 60.000 Mal installiert. Das System, das in seiner besonders leistungsstarken Version inzwischen nur noch *Quattro* heißt, ist ein digitalorientiertes, sofortverarbeitendes Computersystem, das durch vielfältige Datenträger unterschiedlichsten Kapazitätsanforderungen Rechnung trägt. Von einem Bildschirmarbeitsplatz kann das System bis auf 30 Bildschirme aufgerüstet werden. Die Systemfamilie *Quattro* leistet sogar eine volle Integration von Computer- und Nachrichtentechnik.

1987 erzielte die Nixdorf Computer AG einen Gesamtumsatz von über fünf Milliarden Mark – und die Tendenz ist weiterhin steigend. Damit hat Nixdorf den Beweis erbracht, daß mit innovativen Ideen und unternehmerischem Engagement auch an der Schwelle zum dritten Jahrtausend Wirtschaftswunder durchaus noch möglich sind.

Weiß wie Schnee – mit diesem Vergleich wird im Märchen Schneewittchens Haut gepriesen. Weiß wie Schnee ist auch die Creme, die seit über 75 Jahren die Deutschen zur Pflege ihrer Haut bevorzugen. „Die Schneeweiße", so lautet denn auch ihre wohlklingende Bezeichnung. Dem Verbraucher ist diese Creme allerdings besser unter ihrem lateinischen Namen bekannt: *NIVEA*.

Im Jahre 1911 versuchte Dr. Oskar Troplowitz, Apotheker und Besitzer der pharmazeutischen Laboratorien Beiersdorf in Hamburg, Wasser und zarte Öle zu einer stabilen Creme zu verrühren. Da sich Fett und Wasser aber nicht verbinden, mischte er noch einen besonderen hautverwandten Stoff hinzu. Dieser neuentwickelte Emulgator namens Eucerit ließ jene zarte schneeweiße Creme entstehen, die Troplowitz auf den Namen *NIVEA* taufte.

Als *NIVEA* 1912 auf den Markt kam, war sie die erste Fett- und Feuchtigkeitscreme der Welt. Außer den genannten Ingredienzen enthielt sie noch Glyzerin, ein wenig Zitronensäure und zur feinen Parfumierung Rosen- und Maiglöckchenöl. Obwohl die Creme seither ständig verfeinert und auf den letzten wissenschaftlichen Stand gebracht wurde, am eigentlichen Grundprinzip der Rezeptur hat sich nur wenig geändert. Denn als reine Wasser-in-Öl-Emulsion, der keinerlei Konservierungs-Stoffe beigemischt sind, macht *NIVEA* die Haut glatt und zart, ohne sie zu reizen, und bietet Schutz, Pflege und Feuchtigkeit für jede Haut. Nur wenn besondere Gegebenheiten der über 140 Exportländer es verlangen – tropisches Klima etwa oder lokale Vorschriften –, sind Abweichungen von der ursprünglichen Komposition erlaubt.

Blieb das Produkt selbst unverändert, so haben Herstellung und Vertrieb von *NIVEA* nichts mehr mit den Anfängen zu tun. Wo Troplowitz die Creme noch per Hand anrührte, laufen heute bei Beiersdorf modernste Maschinen auf Hochtouren. Elektronisch überwacht, schaffen sie täglich 60 Tonnen von dem weißen Balsam in die Abfüllmaschinen – das entspricht der Ladung von drei Tanklastzügen.

Das unverwechselbare Markenzeichen von *NIVEA* ist die blau-weiße Blechdose. Bis auf einen schmalen weißen Rand, der 1967 verschwand, präsentiert sie sich nun schon seit über fünfzig Jahren in derselben Gestalt, seit sie 1932 die bis dahin gebräuchliche Tube abgelöst hat. Die charakteristischen weißen Blockbuchstaben auf weißem Grund signalisieren dem Verbraucher nach wie vor die wichtigsten Eigenschaften dieser Hautcreme: Natürlichkeit und Frische.

Dank dieser Kontinuität ist es Beiersdorf gelungen, *NIVEA* zur erfolgreichen Dachmarke für Körperpflege auszubauen, unter der sich eine breite Palette von Produkten ansiedeln konnte – von der Seife bis zum Shampoo. Doch achtet Beiersdorf vor der Einführung eines jeden neuen Satelliten-Artikels stets streng darauf, daß weder die Tragfähigkeit noch die Glaubwürdigkeit von *NIVEA* gefährdet wird. Unter dem Namen *NIVEA* werden nur problemlose Körperpflegemittel zu vernünftigen Preisen verkauft, die besondere Milde und Pflege bieten. In 75 Jahren ist so aus der Universalcreme in der traditionellen blau-weißen Dose die größte Körperpflegemarke der Welt geworden.

Nach der gängigen Lebenszyklus-Theorie für Markenartikel müßte die 1911 geborene *NIVEA* längst entschlafen sein. In Wirklichkeit aber ist *NIVEA* heute vitaler denn je: eine Marke ohne jedes Fältchen.

NIVEA
Creme

Als Kind, so berichtet der berühmte Chirurg Ferdinand Sauerbruch in seinen Memoiren, habe es ihn stets geschmerzt, mit anzusehen, wie in der großväterlichen Schuhmacherwerkstatt seine Mutter den Kunden umständlich und mühsam die Hakenschuhe und Schnürstiefel verschließen mußte. Um Abhilfe zu schaffen, bastelte der Zwölfjährige aus Metallplättchen einen völlig neuartigen Verschluß: einen Druck-Knopf. Doch groß war die Enttäuschung des jungen Tüftlers, als er erfuhr, daß es diesen praktischen Verschluß bereits gab.

Wie viele kleine und nützliche Dinge des Alltags ist der Druckknopf eine Erfindung, die jedermann einleuchtet – nur daruf kommen mußte erst einmal jemand. „Der Federknopf-Verschluß ist dazu bestimmt, das Öffnen und Schließen der Herrenhosen beim Latz zu vereinfachen", steht in der Patentschrift No. 32496 des Kaiserlichen Patentamts vom 5. März 1885 zu lesen. Die Spuren des Erfinders Heribert Bauer haben sich verloren, seine Erfindung blieb. Die Geschichte des Druckknopfs ist darum ein anschauliches Beispiel dafür, daß eine Idee allein nicht ausreicht, um einen neuen Standard zu setzen; nicht weniger wichtig als die Idee ist ihre richtige Vermarktung.

Mit der Geschichte des Druckknopfs aufs engste verflochten ist der Aufstieg der Messingfabrik Prym vom mittelständischen Betrieb zum marktführenden Weltunternehmen mit 3.500 Mitarbeitern. Hiervon zeugt bereits der Name des Knopfs mit dem typischen Klick: *Prym's Zukunft.*

1903 erwirbt die Familie Prym, seit 1653 als Kupferschmiede und Messingfabrikanten im rheinischen Stolberg ansässig, die Lizenz, um noch im selben Jahr die Produktion aufzunehmen. Bereits drei Jahre später wird der erste Fertigungsautomat in Betrieb genommen, der die Feder aus Bronzedraht in das Druck-Federteil des Knopfes einarbeitet. Heute wird das Multitalent der Kurzwaren mit Hilfe computergesteuerter Fabrikationsautomaten in praktisch allen erdenklichen Formen und Farben hergestellt.

Entscheidenden Anteil an einer erfolgreichen Produktvermarktung besitzt die werbewirksame Verpackung. Beinahe ebenso berühmt wie der Druckknopf selbst ist die Druckknopfkarte, auf der *Prym's Zukunft* seit den Anfängen im Handel angeboten wird. Die Motive dieser Pappkarten erstrecken sich von Märchenszenen über exotische Panoramen bis hin zu Darstellungen von Kriegsschauplätzen. Als Dokumentation des bürgerlichen Geschmacks eines ganzen Jahrhunderts besitzen diese Karten heute hohen Sammlerwert.

Verschloß der Druckknopf zunächst ebenso sicher wie unauffällig die Beinkleider der Herren, hat er heute in beinahe jedem Bekleidungsbereich seinen festen Platz. So in markant-dekorativer Version für Sport und Freizeit, oder eher dezent und Ton-in-Ton-eingefärbt bei Blusen und Hemden.

Etwa 700 Millionen Exemplare von *Prym's Zukunft* gehen pro Jahr in aller Herren Länder. Obwohl der Programmumfang der William-Prym-Werke allein im Bereich Metallkurzwaren auf 30.000 Positionen geschätzt wird, macht der Druckknopf ein Viertel des Gesamtumsatzes aus – 60 bis 70 Millionen DM jährlich –, so daß sich der Werbe- und Wahlspruch aus der Gründerzeit bis heute bewahrheitet hat: „Auf Druckknöpfen wandelnd, geht es weiter voran: Prym's Zukunft".

Der Druckknopf

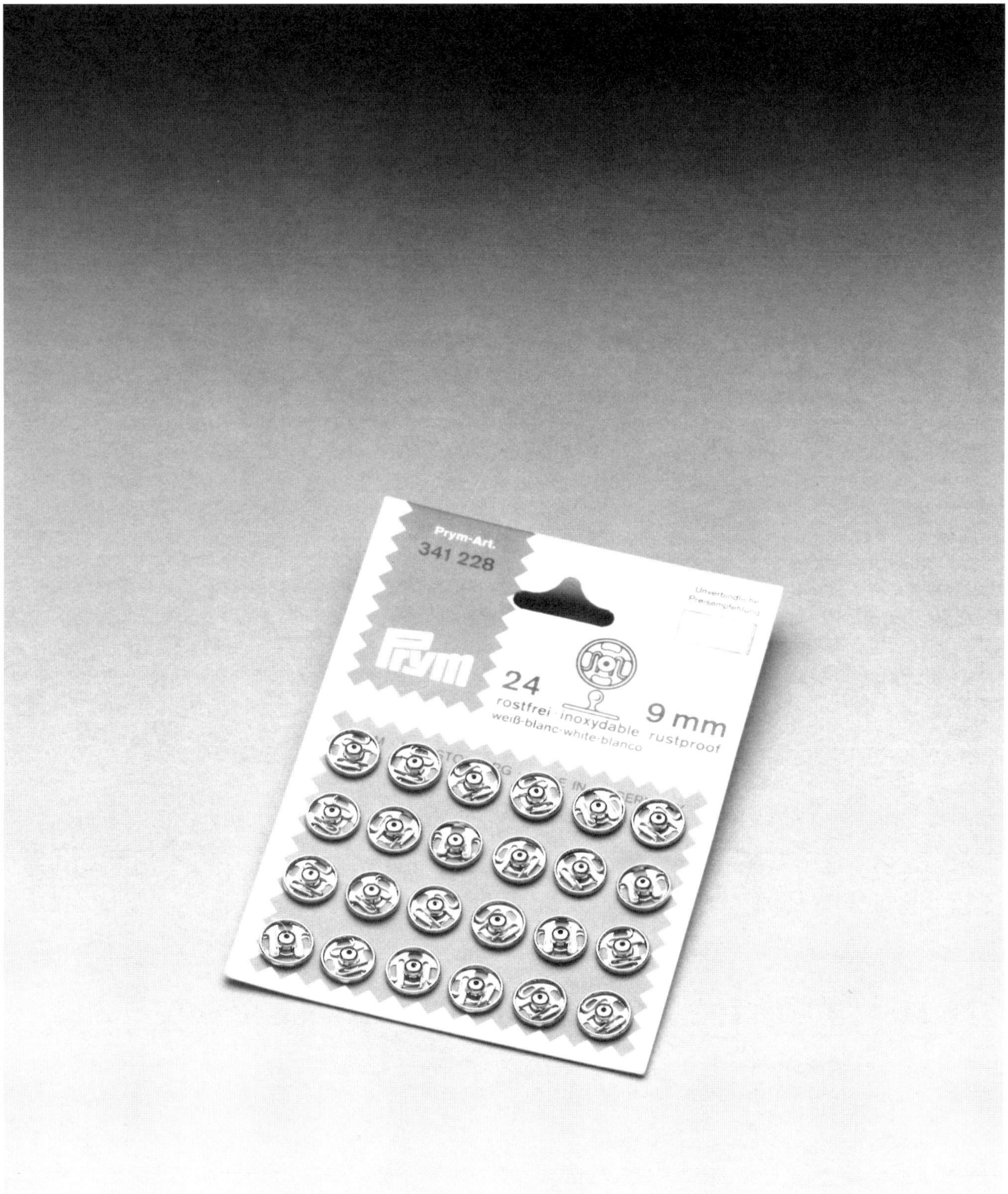

Wollte ein Heimwerker in den 50er Jahren ein Bücherregal aufstellen, eine Lampe befestigen oder einen Hängeschrank anbringen, so verwandelte er im Nu die Wohnung in eine Baustelle: zuerst meißelte er alle nötigen Befestigungspunkte aus der Wand, in die er dann Holzklötzchen als Schraubenhalterung mit Gips einsetzte. Danach mußte meist die ganze Wand renoviert werden.

Als Artur Fischer aus dem Schwarzwalddorf Tumlingen 1953 angeboten wurde, die Herstellung eines britischen Kunststoffdübels zu übernehmen, erkannte er sogleich, daß dieses unscheinbare Ding bislang ungeahnte befestigungstechnische Lösungen in sich barg. Als echter Schwabe besaß er einen angeborenen Instinkt für die richtige Idee zur rechten Zeit. Mit der Entwicklung eines neuartigen Foto-Blitzers war ihm bereits sein erster Schwabenstreich gelungen. Nach gründlichen Versuchen mußte der gelernte Handwerker jedoch einsehen, daß der britische Dübel den Benutzer in der Praxis nur vor neue Probleme stellen würde. Kurzentschlossen machte Fischer sich ans Werk, einen eigenen Dübel zu entwickeln.

1958 kam der graue *fischerdübel S* aus Nylon auf den Markt. Manche Experten schüttelten damals den Kopf darüber, daß ein so wertvoller Kunststoff einfach in der Wand verschwinden sollte. Doch Fischer wußte, was er tat. Nylon zeichnet sich durch hohe chemische und thermische Beständigkeit, enorme Dauerbelastbarkeit, gute Alterungsbeständigkeit und neutrales Korrosionsverhalten gegenüber Metallen aus. Damit bot der Nylon-Dübel ideale Voraussetzungen für eine dauerhaft sichere Montage.

30 Jahre nach seiner Einführung ist der graue *fischerdübel S* der meistproduzierte wie auch der meistkopierte Dübel der Welt. Seine charakteristische Form mit den federnden Sperrzungen zur Drehsicherung und den ausgeprägten Zähnen im Spreizbereich verleihen dem Dübel die hohen Haltewerte und seine bekannte Montagefreundlichkeit. In den Fischer-Werken machte man vor einiger Zeit ein eindrucksvolles Experiment: ein 90 mm langer Dübel der S-Reihe wurde in das Bohrloch eines Fundaments geschoben, eine Schlüsselschraube eingedreht und darin wiederum das Drahtseil eines Baukrans eingehakt. Der Kran zog langsam an – und die Sicherungen, die den Kran vor Überlastung schützen, schlugen durch. Der Dübel trotzte einer Kraft, die sonst fast 100 Zentner (5 t) gehoben hätte.

Der graue *fischerdübel S* hat nicht nur einzelne Befestigungsprobleme gelöst, er hat vielmehr einen eigenen Markt für Befestigungstechnik begründet. Dafür sprechen nicht allein die rund 3000 Patente, die inzwischen die verschiedenen fischerdübel aus Kunststoff, Stahl und Messing schützen, sondern auch die breite Produktpalette mit Lösungen für fast jedes Befestigungsproblem. Ganze Montagearten und -verfahren wurden geändert und auf die Befestigungstechnik mit Dübeln und Ankern umgestellt. Heute hängen an Dübeln riesige Fassaden, Zwischendecken und Stahlkonstruktionen. Für die Sicherheit der Lasten bürgt die amtliche Zulassung vieler *fischerdübel* durch das Institut für Bautechnik in Berlin. fischer besitzt inzwischen die meisten Dübelzulassungen. Der graue S-Dübel ist darum für Heimwerker und Profis in aller Welt längst keine Farbe mehr, sondern ein Garantiezeichen für Qualität und Sicherheit bei der Montage.

Der Dübel

„Die Gedanken liegen oft wie Männlein und Weiblein voneinander getrennt," sagt eine Redensart über das Geheimnis der Kreativität, „doch erst wenn sie zusammenkommen, ist das Pulver erfunden." Genau dies war der Fall bei der Entdeckung des *WECK*-Einkochverfahrens zur Haltbarmachung von Lebensmitteln. Die Voraussetzungen für dieses Patent, das am 24. April 1892 angemeldet wurde, waren teils schon seit Jahrhunderten gegeben: Die Technik, Gläser mittels eines Vakuums zu verschließen, war ebenso bekannt wie das Verfahren, ein Vakuum durch Lufterhitzung zu erzeugen. Auch machte man sich bereits das Prinzip der Hitzekonservierung zunutze, durch das beim Einkochen alle Fäulnisbakterien des Einkochgutes abgetötet werden. Es bedurfte nur noch der Kombination dieser Erkenntnisse zur eigentlichen Erfindung. Sie leistete der Chemiker Rudolf Rempel.

In einem Brief an die Firma WECK sollte seine Frau später schreiben: „Zu diesen ersten Versuchen benützte er Pulvergläser aus dem chemischen Laboratorium, deren Rand er abgeschliffen hatte. Er versah die Gläser mit Gummiring und Blechdeckel und kochte die Nahrungsmittel im Wasserbad, indem er einen schweren Gegenstand auf den Deckel des Glases legte. Die sterilisierte Milch, die er nach Monaten aufmachte, als Besuch ins Laboratorium kam, um Kaffee vorzusetzen, schmeckte wunderbar frisch."

Unter den ersten Kunden, die sich für diese neuartige Technik der Lebensmittelkonservierung interessierten, war Johann Weck, ein entschiedener Vegetarier und Antialkoholiker. Mit badischem Obst und Gemüse, haltbar gemacht in Einkochgläsern, wollte er gegen die Volksseuche Alkohol zu Felde ziehen und erwarb darum nach dem Tod des Erfinders das „Rempelsche Patent". Die kaufmännische Arbeit und Planung, die zur Verbreitung einer Idee dieser Tragweite nötig sind, waren aber nicht seine Stärke. So zog er als Mitarbeiter und später als Teilhaber einen Kaufmann hinzu, Georg van Eyck, um gemeinsam mit ihm am 1. Januar 1900 die Firma J. Weck u. Co. zu gründen.

Nur zwei Jahre später war Georg van Eyck Alleininhaber der Firma, weil sein Partner sich inzwischen neuen Aufgaben zugewandt hatte. Van Eyck stellte Hauswirtschaftslehrerinnen an, die in Kochschulen, Pfarr- und Spitalküchen praktische Einführungen gaben, und verbesserte laufend die Einkochgläser, Gummiringe, Einkochapparate, Thermometer und Hilfsgeräte, die er alle unter der Marke „WECK" herausbrachte.

Mit der Marke *WECK* schuf van Eyck einen der ersten Markenartikel in Deutschland; er ist noch heute kenntlich am Markenzeichen der Erdbeere mit dem eingeschriebenen Namen *WECK*.

Die heutigen *WECK*-Rundrandgläser stellen die logische Fortführung des altbewährten Ein*weck*-Verfahrens dar. Das neue Glas gibt es in der sogenannten „Tulpen-Form" für Obst und Gemüse, in der „Sturz-Form" für Fleisch und Wurst, in der nostalgisch schönen Schmuckform sowie in der Karaffenform als Saftflasche.

Dank eines neuartigen Verschlusses kann das *WECK*-Rundrandglas bis unter den Deckel gefüllt werden. Die frühere Beeinträchtigung der oberen Schichten durch oxydierenden Restsauerstoff wird dadurch vermieden: der gesamte Inhalt bleibt in Farbe, Geschmack und Vitamingehalt gleich schön und vollwertig.

WECK

„Ein gutes trefliches Buch und ein herrlicher Artikkel – bis hero hat es das Unglück gehabt, immer in schlechten Händen zu seyn und aus einer Hand in die andere zu wandern." Es war Liebe auf den ersten Blick, als Friedrich Arnold Brockhaus auf der Leipziger Buchmesse 1808 das halbfertige „Conversations-Lexicon" der Privatgelehrten Göbel und Francke entdeckte. 1.800 Taler setzte der Nachfahre einer Predigerfamilie und gelernte Tuchhändler aufs Spiel, um die Rechte an dem fragmentarischen Kompendium zu erwerben. Zusammen mit Freunden machte er sich ans Werk, selbst die noch fehlenden Beiträge zu schreiben. Als er das „trefliche Buch" endlich vollständig und um zwei Ergänzungsbände vermehrt herausbringen konnte, erwies es sich fürwahr als ein „herrlicher Artickel": von Juni 1812 bis Dezember 1815 hatte Brockhaus 10.000 Exemplare seines Lexikons verkauft.

Brockhaus bewies mit dieser Tat großen verlegerischen Weitblick. Denn er erkannte in dem verunglückten Unternehmen seiner Vorgänger den Stoff zu einem Volksbuch mit ungeheuren Möglichkeiten: „das Wissenswürdigste für allgemeine Bildung aus dem Umfange der Wissenschaft, der Natur, der Kunst und des öffentlichen Lebens auf eine der Gestalt, dem Charakter und dem Bedürfnisse der Zeit entsprechende Art kurz und deutlich darzustellen", lautet die Formel, mit der er den neuen Typ eines jedermann verständlichen Nachschlagewerks entwarf. Diese Formel, die beispielgebend wurde in aller Welt, hat auch nach nunmehr 180 Jahren nichts von ihrer Gültigkeit verloren.

Wer heute die 19. Auflage der *Brockhaus Enzyklopädie* zur Hand nimmt, ist fasziniert, wie rasch dieses Nachschlagewerk in seiner einmaligen Verknüpfung von Wort und Bild zu einer Informationseinheit den Zugriff zum Wissen unserer Zeit eröffnet. 35 Redakteure und über 1000 wissenschaftliche Mitarbeiter zeichnen verantwortlich für diese 24 Bände, die im wahrsten Sinne des Wortes die Welt bedeuten. Auf 17.000 Seiten mit rund 260.000 Stichwörtern und über 35.000 Abbildungen, Karten und Tabellen im Vierfarbdruck bieten sie die umfassendste Aufschlüsselung unserer komplexen Wirklichkeit. Dabei wird jeder der aufwendig ausgestatteten Bände im klassischen Lexikonformat bis zum Druckbeginn aktualisiert, um mit der Herausgabe den tatsächlich neuesten Wissensstand unserer Zeit zu gewährleisten. Doch findet der Leser im *Brockhaus* nicht nur ein Maximum an Detailinformationen, sondern auch eine enzyklopädische Zusammenschau, durch die der Einzelbegriff in einen übergeordneten Sachzusammenhang gestellt wird. Wer einmal der Fährte des praktischen Verweissystems nachspürt, begibt sich auf eine intellektuelle Abenteuerreise durch das Wissen der Menschheit.

Die *Brockhaus Enzyklopädie* in ihrer jüngsten Ausgabe ist die Summe von 180 Jahren erfolgreicher Informationsverarbeitung. Gerade in unserer Zeit, die geprägt wird von einer täglich wachsenden Informationsflut, bedarf es einer zuverlässigen Dokumentation, die es dem Benutzer ermöglicht, das Wesentliche vom Unbedeutenden zu unterscheiden. Und wer den *Brockhaus* aufschlägt, kann sicher sein, auf die meisten seiner Fragen eine bündige Antwort zu erhalten. Und diese spezifische Qualität ist es, die die *Brockhaus Enzyklopädie* zu der wohl bekanntesten und meistgelesenen Enzyklopädie der Welt machten.

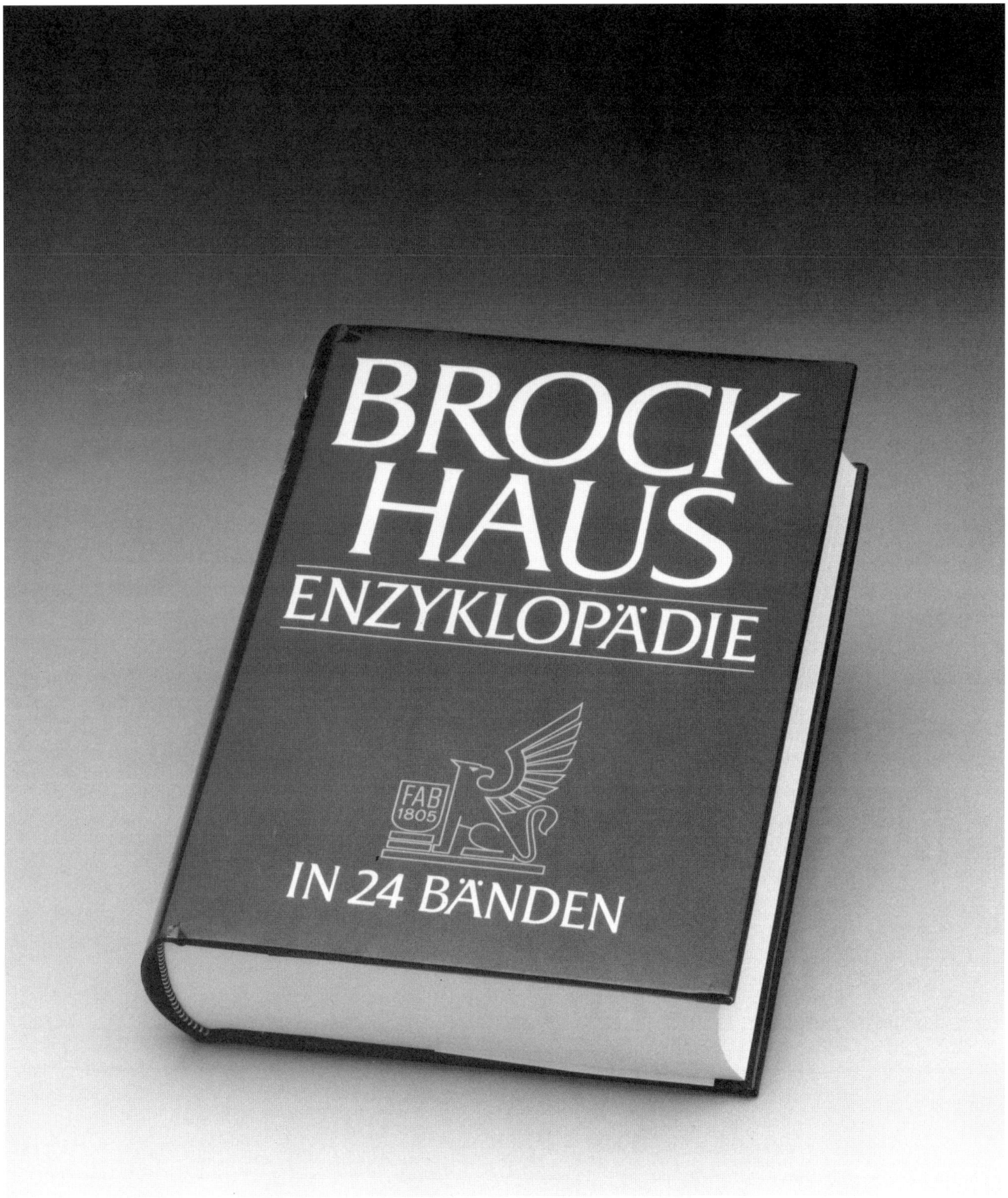
BROCK
HAUS
ENZYKLOPÄDIE
FAB
1805
IN 24 BÄNDEN

Mensch-ärgere-Dich-nicht

Ohne Ärger kann der Mensch nicht leben. Wer sich nicht dann und wann Luft macht, wird bald für sich und andere ungenießbar. Doch nirgendwo kann man sich so schön ärgern wie bei einem Spiel, das dies genau verbieten will: *Mensch-ärgere-Dich-nicht.*

Das neue Jahrhundert ist gerade fünf Jahre alt, und wieder einmal stehen lange, kalte Winterabende bevor. Das Fernsehen gibt es noch nicht, und die ersten Radios können sich nur wenige leisten. Josef Schmidt, ein städtischer Angestellter aus dem Münchner Arbeiterviertel Giesing, muß sich also Gedanken über den Zeitvertreib seiner drei kleinen Söhne machen. Was dem Hobby-Tüftler dabei einfällt, wird 13 Jahre später als Jahrhunderterfindung gefeiert. Und das ist es auch heute noch: *Mensch-ärgere-Dich-nicht,* der Familienspaß auf dem Pappbrett, feierte 1987 nicht nur seinen 75. Geburtstag, sondern auch eine neue Auflagenhöhe von 55 Millionen Spielen.

Dabei hatte Josef Schmidt, als er die ersten Spielbretter aus alten Hutschachteln schnitt, außer von seinen Söhnen und Nachbarkindern nur wenig Beifall bekommen. Und selbst als der kleine Angestellte 1912 in der Münchner Lindenstraße eine Werkstatt aufmachte, um seine Erfindung fortan in Serie zu produzieren, stellte sich der große Erfolg nicht ein. Grund dafür war damals wohl der Ausbruch des Ersten Weltkriegs – eine Zeit, in der den wenigsten Menschen der Sinn nach Spielen stand.

Dennoch kam während dieser düsteren Zeit der Durchbruch. Um verwundeten Frontsoldaten eine Freude zu machen, verschenkte Josef Schmidt 3.000 *Mensch-ärgere-Dich-nicht*-Spiele an die Lazaretts in Deutschland. Von dort aus drang das Würfelspiel mit den bunten Holzkegeln sogar bis in die Schützengräben vor. Und als der Krieg dann endlich vorüber war, wollte jeder das tun, was man laut Spiele-Titel eigentlich nicht tun sollte: sich ärgern! Der Spaß am Ärger überzog das ganze Land, und schon 1920 waren weit über eine Million Spiele verkauft – zu einem Stückpreis von 35 Pfennigen.

Der fröhliche Ärger hielt an, und heutzutage gibt es kaum eine Familie, in der das Spiel um Vorrücken und vor allem Hinauswerfen nicht für abendfüllende Unterhaltung sorgt. In drei von vier bundesdeutschen Haushalten steht der knallrote Karton mit dem finster blickenden Herrn im Regal. Kein anderes Gesellschaftsspiel konnte sich an Popularität je mit *Mensch-ärgere-Dich-nicht* messen. Und nicht nur hierzulande: Die Franzosen spielen auf dem Pappquadrat mit den 72 Kreisfeldern ebenso begeistert wie zum Beispiel auch die Italiener. Und da Spiele nur schwer zu schützen sind, feiert das „Spiel der Spiele" – wenn auch in etwas geänderter Aufmachung – heute überall dort Erfolge, wo Menschen sich so richtig ärgern wollen. Dabei geben die Titel der ausländischen Versionen einen interessanten Aufschluß über die Eigenart der verschiedenen Völker. Während der Amerikaner beim Hinauswurf des Mitspielers nur „Sorry" sagt, strebt der Schweizer eher bedächtig dem Ziel entgegen: „Eile mit Weile".

Aus der einst kleinen Werkstatt Josef Schmidts ist mit den Jahren ein führendes Unternehmen (Schmidt Spiele Eching) am Spielemarkt geworden, das heute rund 500 verschiedene Spiele im Programm hat. Ein Beweis dafür, zu welchen Erfolgen Ärger beflügeln kann!

Das beliebte Original
Mensch ärgere Dich nicht
Schmidt Spiele
Jubiläums-
Ausgabe
Mensch ärgere Dich nicht

Edding 3000

Womit schrieben die Deutschen während der 50er Jahre? Kinder in der Regel mit Griffel und Bleistift, Erwachsene mit Füllfeder oder Kugelschreiber. Im Jahre 1959 entdeckte Volker D. Ledermann bei einem japanischen Geschäftsfreund einen völlig neuen Universalschreiber: einen Stift mit einer Schreibspitze aus Filz. Die Vorzüge solcher „Filzschreiber" konnte Ledermann sogleich mit eigener Hand ausprobieren: sie schreiben sofort, klecksen nicht, lassen sich breit, leicht und schwungvoll auf praktisch jedes Material auftragen, trocknen sekundenschnell und sind, wenn es sein soll, wisch- und wasserfest.

Herr Ledermann erkannte sogleich, daß ein solcher Schreiber auch auf dem deutschen Markt eine große Chance besitzen mußte. Darum wandte er sich an seinen Freund Carl-Wilhelm Edding, der zu der Zeit bereits im Japanhandel tätig war, um zusammen mit ihm Import und Vertrieb dieses neuen Artikels aufzubauen. Obwohl sich das Geschäft gut anließ, sahen die beiden Partner bald ein, daß man in Europa und ganz besonders in Deutschland eine eigene Marke braucht, um langfristig Erfolg zu haben: gemeinsam entwickelten sie den importierten „Lion-Schnellschreiber" weiter und schufen so den Prototyp des deutschen Filzschreibers, den edding No. 1.

Wie viele guten Dinge ist der edding No. 1 ebenso einfach im Wirkungsprinzip wie in der Konstruktion: ein Kunststofflauf mit einem Filterstab als Tuschespeicher, eine Tusche auf Lösungsmittelbasis und eine Schreibspitze aus Filz, die die Tusche aus dem Filterstab ansaugt und auf den Schreibgrund abgibt – das ist alles.

Schriftzeichen ordnen unsere Welt. Dies gilt für die kleinen und große Bereiche unseres Lebens gleichermaßen, wie ein Blick auf die Palette der edding-Schreiber zeigt, die aus dem Grundmodell „No. 1" folgen sollten. Ihr Einsatzbereich ist nahezu unbegrenzt; vor allem aber dienen sie zur Beschriftung von Materialien wie Plastik, Metall und Glas, auf denen andere Schreibgeräte versagen. Der bekannteste ist der nachfüllbare *edding 3000,* dessen Farbskala allein zwanzig verschiedene Töne umfaßt.

Im edding-Programm befinden sich universell einsetzbare Markiergeräte mit den verschiedensten Schreibspitzen von extrem breit bis superfein, permanente und wasserlösliche Modelle, Faserschreiber zum Anfertigen von Schriften, Modezeichnungen, Layouts für Hobbykünstler und Profis, Highlighter zum brillanten Hervorheben von Texten, Tafelschreiber für Schule und Universität, bis hin zu speziellen Markiergeräten, die der Chirurg benutzt, um den Operationsschnitt auf der Haut vorzuzeichnen. Standard und meistverkauftes Modell ist jedoch der *edding 3000.*

Die edding Unternehmensgruppe ist heute eine Aktiengesellschaft mit einem Stammkapital von DM 10.000.000,– und Tochtergesellschaften in Deutschland, USA, England, Südafrika und Japan. Die vergleichsweise geringe Zahl von etwas mehr als hundert Mitarbeitern erklärt sich aus dem Unternehmenskonzept, alle Aufgaben, die nicht unbedingt von edding selbst durchgeführt werden müssen, an leistungsfähige Fremdfirmen zu vergeben. Mit diesem Konzept bleibt der Blick frei für die Zukunft, um auch weiterhin durch die Entwicklung neuer und marktgerechter Produkte entscheidend das Schriftbild der Menschen zu prägen: in Deutschland und in der Welt.

Der Faserschreiber

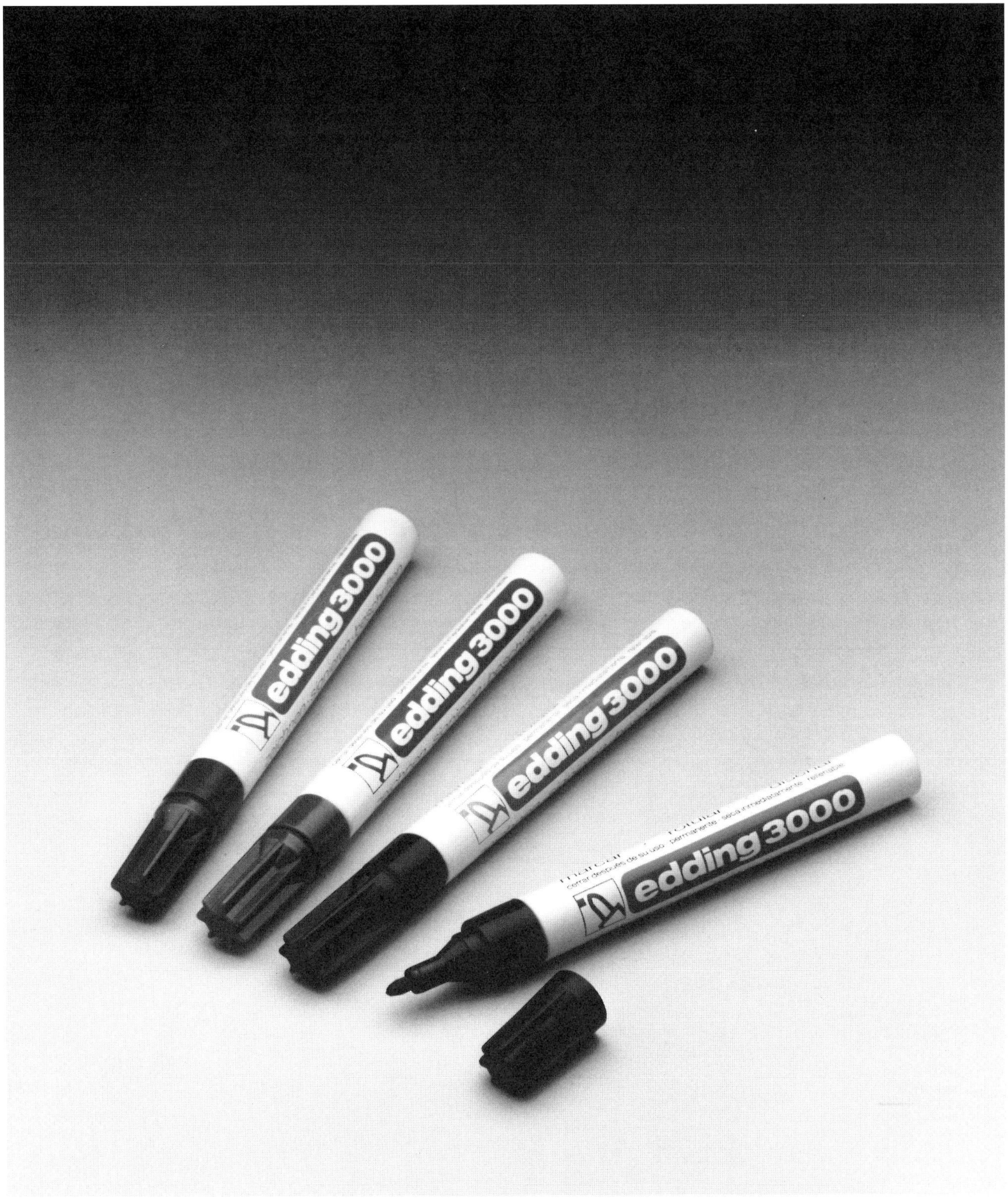

„Drahtloses Sehen. Erfinder eines Apparates wünscht Mitwirkung für Herstellung brauchbaren Modells." Dieses Inserat steht 1923 in der „Times", im selben Jahr, in dem das Radio eben zu tönen lernt und in Deutschland erstmals ein Rundfunkprogramm ausgestrahlt wird. An der Idee einer Übertragung von Ton und Bild arbeiten in diesen Jahren verschiedene Erfinder mit unterschiedlichen Konzeptionen. Einer von ihnen ist Dr. Siegmund Loewe, der 1923 eine kleine Firma gründet, um Kathodenstrahlröhren zu bauen. Schon 1931 ist der entscheidende Durchbruch geschafft: auf der Berliner Funkausstellung präsentiert Loewe den ersten elektronischen Fernsehempfänger mit Braun'scher Röhre, der mit dem gleichfalls von Loewe hergestellten Heimfernseher nur zwei Jahre später zur Serienreife gelangt. Das elektronische Medienzeitalter hat begonnen.

Nach diesen Pioniertaten sind freilich noch viele Innovationen notwendig, um den heutigen Stand der Fernsehtechnik zu erreichen. Auch in der weiteren Entwicklung sind die großen Etappen mit dem Namen Loewe verbunden. Der tragbare Fernseher, dann das große Flachbild, der Stereofernsehton und die flache, rechtwinklige Bildröhre wurden im oberfränkischen Kronach entwickelt. Die Firma hatte es nach dem Krieg hierher verschlagen, weil dem Güterzug mit den geretteten Werksanlagen in Kronach die Kohle ausgegangen war – so wurden damals Standortfragen entschieden!

Als in den 70er Jahren elektronische Massenware aus Fernost die Märkte überschwemmte, setzte man bei Loewe voll auf die besonderen Qualitäten des Hauses und nutzte die Beweglichkeit des mittelständischen Unternehmens, um neue Technik früher als andere in leistungsfähige Geräte umzusetzen. In diesen Jahren formulierte Loewe auch seine neue Produktionsphilosophie: fortschrittliche Technik in fortschrittlichem Design. Gerade weil der Fernseher inzwischen zum alltäglichen Gebrauchsgegenstand geworden war, sollte er zugleich als Ausdruck individueller Wohnkultur gestaltet werden. Denn ein Fernseher muß auch ein gutes Bild abgeben, wenn er gerade nicht läuft.

Der *Loewe Art 1* ist die gültige Umsetzung dieser Philosophie. Von vorne flächig, im Raum ein Monolith, ist er mit seiner klaren Linienführung die ästhetische Verkörperung modernster Hochtechnologie. Für ein präzises Bild mit scharfen Farbkonturen über die gesamte Lebensdauer des Geräts sorgt die Loewe Micro-Digital-Technik. Kabelfernsehen und kabelgeführtes Satellitenfernsehen verarbeitet ein Hyperbandtuner. Für die wichtigsten Fernsehnormen der Welt und für alle Normen Europas ist der *Loewe Art 1* mit einem Multi-Standard-Empfangsteil ausgestattet. Den guten Ton zum guten Bild garantieren die Zwei-Wege-Boxen in 70-Watt-HiFi-Stereoton. Mit der erweiterten Ausführung Art 1 TV-Tel bietet Loewe seit 1986 den ersten intelligenten Fernseher auf dem Markt an. Durch die Verknüpfung von Komforttelefon und Computerintelligenz ist in Kronach ein multifunktionales Endgerät entstanden, mit dem alle derzeit verfügbaren Medien empfangen werden können. Damit ist der *Loewe Art 1* weit mehr als nur ein Fernseher zur Unterhaltung nach Feierabend; er ist ein Kommunikationszentrum für den Dialog mit der Welt. Mit seiner wegweisenden Form ist er in nur 2 Jahren zum „Porsche unter den TV-Geräten" avanciert.

Der Fernseher

Bechstein

„Man sollte Klaviermusik nur für den Bechstein schreiben." Kein Geringerer als der große französische Komponist Claude Debussy stellte dieses Zeugnis einer deutschen Firma aus, die sich im Jahrhundert der Klaviermusik von einem Einmannbetrieb zu einem weltberühmten Unternehmen entwickeln sollte.

1853 legte der junge, mittellose Klavierbauer Carl Bechstein aus dem thüringischen Gotha den Grundstein zur eigenen Fabrik in Berlin. Ein dreiviertel Jahr brauchte er, um seine ersten beiden Instrumente fertigzustellen. Drei Jahre später, 1856, begann er mit dem Bau seiner ersten Flügel nach eigenem Konstruktionsprinzip. Einflußreiche Musikerfreunde, aber auch die Silbermedaille der Londoner Industrieausstellung 1862 trugen dazu bei, den Ruf der Bechsteinschen Klavierbaukunst zu verbreiten und ihr den von französischen, österreichischen und englischen Firmen hart umkämpften Weltmarkt zu erschließen.

Produzierte der junge „Hoflieferant Sr. Majestät des Königs" um diese Zeit an die 300 Instrumente im Jahr, erlebte die Firma in den Jahren bis zum Ersten Weltkrieg eine beispiellose Expansion. Bis 1914 bauten 1.100 Arbeiter jährlich fast 5.000 Klaviere und Flügel. Unter den Sonderanfertigungen waren Rokoko- und Empireklaviere, vergoldete, bemalte oder tropentaugliche, ja sogar ein Schreibtischklavier für den reiselustigen Richard Wagner. Die Kundenliste führte neben den preußischen, englischen und russischen Majestäten die erlauchtesten Adelshäuser Europas auf. Vor allem aber waren es die großen Pianisten, die den Ruf der *Bechstein*-Instrumente begründeten und bis heute bestätigen.

„Bechstein ist das für den Pianisten, was Stradivarius und Amati für den Geiger", erklärte der unermüdliche Vorkämpfer der *Bechstein*produkte, Hans von Bülow. Betrachtet man die vielgepriesenen technischen und interpretatorischen Vorzüge der Instrumente, so treten drei Aspekte hervor: Die mechanische Leichtigkeit, die eminente Klangqualität und eine Haltbarkeit, die „selbst der kräftigsten Behandlung Widerstand" leistet – eine Qualität, die zu Zeiten eines Liszt, der vor Carl Bechsteins Augen einen Konzertflügel der französischen Konkurrenz zertrümmerte, durchaus nicht selbstverständlich war. Und auch heute erweisen sich *Bechstein*-Flügel selbst unter der strapaziösen Dauerbearbeitung moderner Jazzpianisten als äußerst durabel. Über die vorzügliche technische Spielbarkeit, die Feinabstimmung der Registerlagen, Fülle und Nuancenreichtum des Klanges hinaus wird den Instrumenten eine geradezu eigene Art von Sensibilität zugesprochen, welche die besondere Beziehung zwischen Interpret und Instrument unmittelbar zum Ausdruck zu bringen vermag: Für Richard Strauß waren sie darum „die schönsten und feinfühligsten der Welt".

Nachdem die Firma Bechstein sich lange Jahre im Besitz des amerikanischen Baldwin-Konzerns befunden hatte, konnte das Unternehmen im Mai 1986 wieder in deutsche Hände zurückerworben werden. Der neue Eigentümer Karl Schulze tritt als anerkannter Klavierbaumeister in die Fußstapfen des Gründers. Wie in Carl Bechstein vereinigen sich auch in seiner Persönlichkeit fundiertes fachliches Wissen und innovativer Unternehmergeist als beste Garanten für eine klangvolle Zukunft.

C. BECHSTEIN

Als Otto Lilienthal 1891 zu seinem ersten Gleitflug ansetzte, konnte er kaum ahnen, daß eine deutsche Luftfahrtgesellschaft kaum 100 Jahre später mehr als 18 Millionen Passagiere in aller Welt befördern sollte. Doch eben diese Zahl von Gästen konnte die Deutsche Lufthansa AG 1987 an Bord ihrer Maschinen begrüßen.

Die Geschichte des deutschen National-carriers begann am 6. Januar 1926. An diesem Tag wurde die „Deutsche Luft Hansa AG" als Zusammenschluß der „Junkers Luftverkehr AG" mit der „Deutscher Aero Lloyd AG" ins Leben gerufen. Damals war es durchaus keine Selbstverständlichkeit, daß sich Flugzeuge einer deutschen Fluggesellschaft in die Lüfte erheben durften. Nach dem verlorenen Ersten Weltkrieg hatte es zäher Verhandlungen bedurft, um für Deutschland im internationalen Flugverkehr die gleichen Rechte wie die der Siegermächte durchzusetzen.

Mit acht Flugstrecken nimmt die *Lufthansa* ihren Betrieb auf. Doch schon bald fliegen die Maschinen mit dem Symbol des aufsteigenden Kranichs in die ganze Welt hinaus. Am 1. Mai wagt die *Lufthansa* den ersten Passagierlinienflug der Geschichte bei Nacht. Geführt von Signalfeuern findet die Maschine sicher ihren Weg von Berlin nach Königsberg. Die Flugzeit bis Moskau verringert sich auf sensationelle 15 Stunden. Und nur ein halbes Jahr nach Gründung der Gesellschaft starten zwei Junkers G 24 in Berlin nach Peking, um am 30. August in der uralten Kaiserstadt zu landen.

Mit dem Zusammenbruch des Deutschen Reiches erlebt auch die *Lufthansa* ein vorläufiges Ende. Auf Beschluß des Kontrollrats muß sie 1945 den Betrieb einstellen. Erst sechs Jahre später, am 29. Mai 1951, betraut Bundesverkehrsminister Seebohm den Verkehrsleiter der alten Gesellschaft, Hans M. Bongers, mit der Aufgabe, die Möglichkeiten einer künftigen deutschen Luftfahrt zu sondieren. Die Regierung Adenauer hatte frühzeitig erkannt, daß der Wiederanschluß Deutschlands an die Welt den Luftraum nicht aussparen konnte. Knapp zwei Jahre später ist es soweit: Am 6. Januar 1953, dem Geburtstag der Deutschen Lufthansa, wird die neue nationale Fluggesellschaft in Köln aus der Taufe gehoben.

Im harten Wettbewerb des internationalen Fluggeschäfts setzt die *Lufthansa* konsequent auf die Zufriedenheit ihrer Passagiere. Sicherheit, Pünktlichkeit und Komfort bestimmen ihren Ruf auf den Flughäfen der Welt. Doch gerade Sicherheit hat ihren Preis: Wartung und Instandhaltung des technischen Apparates beanspruchen 10 Prozent der Gesamtkosten. Aufwendigere Reparaturen erledigt die Werft in Hamburg, die heute für die Hansestadt größere wirtschaftliche Bedeutung besitzt als der Schiffsbau. Und das Ausmusterungsalter der Lufthansa-Maschinen liegt mit nur 6,3 Jahren gut ein Drittel unter dem weltweit registrierten Durchschnitt.

Die Heimatbasis der 140 Flugzeuge umfassenden Lufthansa-Flotte ist Frankfurt. Dort befindet sich mit dem Lufthansa Cargo Center auch der größte Frachtflughafen der Welt. 50.000 Reisebüros und 3.500 Frachtagenturen arbeiten weltweit mit der Lufthansa zusammen. Aufgrund dieser Nachfrage ist geplant, in den kommenden Jahren die Flotte auf 250 Maschinen zu erweitern. Damit der Kranich sich auch zur Jahrtausendwende weiter im Aufwind bewegt.

ZE
D-ABZE

MONTBLANC-Meisterstück

Ein Füllfederhalter ist weitaus mehr als nur ein Schreibgerät. Wie im Schriftbild selbst gelangt auch in der Wahl einer Füllfeder ein ganz persönliches Bekenntnis zum Ausdruck: der Charakter und die Individualität eines Menschen. Persönlichkeiten, die ästhetische Kultur in perfekter Funktion suchen, entscheiden sich in Deutschland darum fast stets für das *Meisterstück* von MONTBLANC.

Wer um die Jahrhundertwende einen Brief schreiben wollte, der griff meist zum Gänsekiel oder Holzhalter mit Feder. Ein Füllfederhalter mit Tintenkammer war als teurer Luxusartikel nur der betuchteren Gesellschaft vorbehalten. Einem Hamburger Schreibwarenhändler kam es darum in den Sinn, solche vom Tintenfaß unabhängigen Federhalter für sein Geschäft zu produzieren. 1906 tat er sich mit einem ortsansässigen Bankier und einem Berliner Ingenieur zusammen. Die Nachfrage war so groß, daß schon bald eine leistungsfähige Firma ins Leben gerufen werden mußte, die allerdings die Möglichkeiten dieser drei Männer bei weitem überforderte. Die finanzkräftigen Unternehmer Voss, Lausen und Dziambor boten ihe Beteiligung an, und 1908 wurde das Unternehmen gegründet.

Bereits die ersten Produkte der jungen Firma zeigten ein einheitliches Design mit einem roten Abschlußkappenkopf als Kennzeichen. Dem Zeitgeist entsprechend wurde die teure und exklusive Kollektion „Rouge et Noir" getauft. Diese Bezeichnung sollte ein Stück französische Lebensart und Weltläufigkeit vermitteln. Der rote Kappenkopf erwies sich jedoch für die hanseatisch vornehme Kundschaft als zu auffällig und wurde durch einen weißen ersetzt. Ein neuer Name mußte gefunden werden. In einer privaten Runde der Gründer wurde der Name MONTBLANC wie eine Vision gefunden. Der weiße Kappenkopf und später der weiße Stern muteten wie ein schneebedeckter Gipfel an. Der höchste Berg Europas steht gleichzeitig für höchste Qualität.

1924 brachte MONTBLANC das legendäre *Meisterstück* heraus. Wie kaum ein anderer Füllfederhalter vereint er in sich ein Höchstmaß an Eleganz, Prestige und handwerklicher Perfektion. Noch heute gilt das Meisterstück in seiner klassischen Anmutung und in seinem unverwechselbaren Design als Nonplusultra des Schreibwerkzeugs.

Ganz besondere Sorgfalt wird der Feder aus 14- oder auch 18-karätigem Gold mit ziselierter Platinauflage gewidmet. Mehr wie in einer Manufaktur durchläuft die Feder viele von Handarbeit gekennzeichnete Arbeitsgänge, wobei der Federschliff eine besondere Stellung einnimmt. Einzeln, von Hand eingeschrieben, verlassen die Federn das Werk. Als Gütesiegel ist der Goldfeder eines jeden Meisterstücks die Zahl 4810 eingraviert, die Höhe von Europas größtem Bergmassiv, dem Mont Blanc. Die Juwelierausführung des *Meisterstücks* ist unter dem Namen „Solitaire" mit Goldplattierung, in Sterlingsilber oder in 18-karätigem Gold erhältlich. 1983 gelang einem besonders edlen *Meisterstück* sogar die Aufnahme in das Guinessbuch der Rekorde. Hier wird diesem *Meisterstück* mit einem Gehäuse aus massiven 18-karätigen Gold bescheinigt, der kostbarste und teuerste Füllfederhalter der Welt zu sein.

Junghans RC 2

Obwohl wir alle in ihr leben, hat nie ein Mensch sie je gesehen. Zwar muß ein jeder am eigenen Leib erfahren, wie sie verstreicht, aber niemand kann sie beschreiben. Die klügsten Köpfe der Menschheit vermochten sie nicht zu erfassen, dennoch kann jedes Schulkind sie messen: die Zeit.

Das Gesicht der Zeit wurde in Deutschland entscheidend von einem Unternehmen geprägt: der Firma Junghans aus dem Schwarzwaldstädtchen Schramberg. Seit nunmehr 127 Jahren hat sich Junghans der industriellen Fertigung von Qualitätsuhren verschrieben und ist damit die hierzulande älteste Uhrenmarke. Über 3.000 angemeldete Uhrenpatente sowie eine Vielzahl von bekannten Uhren- und Werkentwicklungen beweisen, welchen überragenden Beitrag dieses Unternehmen zum Fortschritt in der Zeitmeßtechnik geleistet hat.

Mit der ersten Funk-Solaruhr der Welt, der RCS 1, brachte Junghans 1986 zum Firmenjubiläum ein Spitzenprodukt moderner Uhrentechnologie auf den Markt. Auf der Basis dieses Modells entwickelten die Schramberger Zeitspezialisten eine völlig neue Funkuhrengeneration, die mit hochkarätiger Technologie ausgestattet ist und dennoch nicht mehr kostet als eine Wohnraumuhr mit herkömmlicher Technik.

Das Kürzel im Namen der *Junghans Funkuhr RC 2* steht für „radio controlled": diese Tischuhr, und das ist einzigartig, empfängt die genaue Zeit über Funk direkt vom offiziellen Zeitzeichensender, der Technischen Bundesanstalt in Braunschweig. Dafür ist in der *RC 2* eine hochsensible Rundum-Antenne eingebaut, mit der das Zeitnormal empfangen wird. Ein ebenfalls in die Funkuhr integrierter Mikroprozessor verarbeitet die in Braunschweig gesendeten Zeittelegramme und steuert die Zeiger. Dadurch ist die Funkuhr *RC 2* die pünktlichste Tischuhr der Welt, denn die Zeitabweichung beträgt in 1 Million Jahren nicht mehr als eine Sekunde. Eine Sender-Ruftaste ermöglicht dabei eine permanente Überprüfung des Empfangs auch unter extremen Empfangsbedingungen.

Die *RC 2* ist aber nicht nur auf die sprichwörtliche Sekunde genau, sie ist auch bedienungsfrei. Da sie über Funk in ständigem Kontakt mit dem offiziellen Zeitzeichensender steht, braucht sie niemals nachgestellt zu werden. Zeitkorrekturen führt sie vollautomatisch aus. Und auch die lästige Umstellung von Sommer- auf Normalzeit und umgekehrt nimmt sie unaufgefordert und ohne weiteres Zutun vor. Ihr Besitzer muß lediglich alle drei Jahre die Batterie auswechseln.

Diese Perfektion spiegelt sich nicht zuletzt im Design wider, denn die *RC 2* soll auch optisch die Zeit verschönern. Junghans bietet Tisch- und Wand-Funkuhren in vielen Design-Varianten an, passend zu verschiedenen Wohnstilen. Dabei vermittelt das Modell mit dem klassischen römischen Zifferblatt vielleicht am sinnfälligsten die Verschmelzung von Tradition und Innovation, wie sie in der *RC 2* Gestalt angenommen hat.

Auch heute können wir keine gültigen Aussagen über das Wesen der Zeit machen. Mit der *Junghans Funkuhr* aber hat sie technologisch und ästhetisch entscheidend an Gesicht gewonnen.

JUNGHANS
RC 2
MADE IN GERMANY
RADIO CONTROLLED

„Wenn Vater abwaschen müßte, kaufte er noch heute eine Miele Geschirrspülmaschine." Mit diesem legendären Slogan warb im Jahre 1929 der Gütersloher Elektrohausgerätehersteller Miele für die erste elektrische Haushalts-Geschirrspülmaschine Europas. Das neu entwickelte Gerät war für die Hausfrau eine große Hilfe – doch ganz so leicht wie heute ging es damals nicht. Der 450 Mark teure Geschirrspüler, äußerlich noch einer Waschmaschine gleich, besaß einen Elektromotor unter dem Metallbottich, der einen Propeller im Innern des Gehäuses antrieb. Hatte die Hausfrau das Geschirr in die Einsatzkörbe eingeräumt, goß sie heißes Wasser in den Innenraum, gab Reinigungsmittel hinzu und stellte den Motor an. Der Propeller schleuderte nun das Wasser wie eine Schiffsschraube hoch an das schmutzige Geschirr. Nach dem ersten Reinigungsgang wurde das Spülwasser abgelassen und die ganze Prozedur noch einmal wiederholt: Küchenluxus der 20er Jahre!

Geschirrspüler sind heute längst kein Luxus mehr. In gut 7,2 Millionen bundesdeutscher Küchen stand 1987 ein solches Gerät – das sind knapp 30,4 Prozent aller Haushalte. Immer mehr Hausfrauen wollen sich mit dieser Küchenhilfe die Arbeit erleichtern. Kein Wunder, denn bei einem Miele Geschirrspüler der jüngsten Generation genügt ein Druck aufs Knöpfchen oder ein Berühren der Sensortaste, und bis zu zwölf komplette Gedecke werden hygienisch sauber gespült und anschließend einwandfrei getrocknet.

Zeitersparnis ist eines der wichtigsten Argumente für die Anschaffung eines Geschirrspülers. Vergleichsuntersuchungen haben ergeben, daß sich in einem Vier-Personen-Haushalt bei Benutzung einer Maschine pro Tag 45 Minuten Zeit sparen lassen. Das sind im Jahr 34 Acht-Stunden-Tage, die man dadurch für andere – interessantere – Dinge als die Geschirrsäuberung gewinnt.

Energiesparen wird bei Miele groß geschrieben. Richtig eingesetzt, verbraucht ein Geschirrspüler weniger Strom und Wasser als der Abwasch mit der Hand. Dieses überraschende Ergebnis hat das Bundesministerium für Forschung nachgewiesen. Einen wesentlichen Beitrag dazu leistet das heute bei Miele zur Standardausrüstung gehörende Sparprogramm: ganze 0,52 DM kostet das Spülen einer Maschinenfüllung.

Lärm gibt es schon mehr als genug. Den flüsternden Lauf der *Miele* Geschirrspüler weiß darum nicht nur zu schätzen, wer nach dem Essen seine Ruhe haben möchte. Für Ruhe und Sicherheit beim Abwasch sorgt aber auch das neue Waterproof System, das Wasserschäden zuverlässig verhindert. Die Hausfrau kann also getrost einkaufen gehen, während ihre *Miele* den Abwasch für sie erledigt.

Miele stand nicht nur am Anfang der Konstruktion von Geschirrspülern in Deutschland. Die gesamte weitere technische Entwicklung wurde von dem westfälischen Elektrohausgerätehersteller maßgeblich beeinflußt. Zahlreiche, heute von vielen Herstellern angewandte Techniken wie Computersteuerung und Sensor-Elektronik hat Miele auf dem Markt eingeführt und somit wie kein anderes deutsches Unternehmen zum Fortschritt in der Spültechnik beigetragen. Aus diesem Grund und dank der sprichwörtlichen Qualität und Langlebigkeit der Maschinen zählen *Miele* Geschirrspüler – heute wie im Jahre 1929 – zu den begehrtesten in Europa.

Die Geschirrspülmaschine

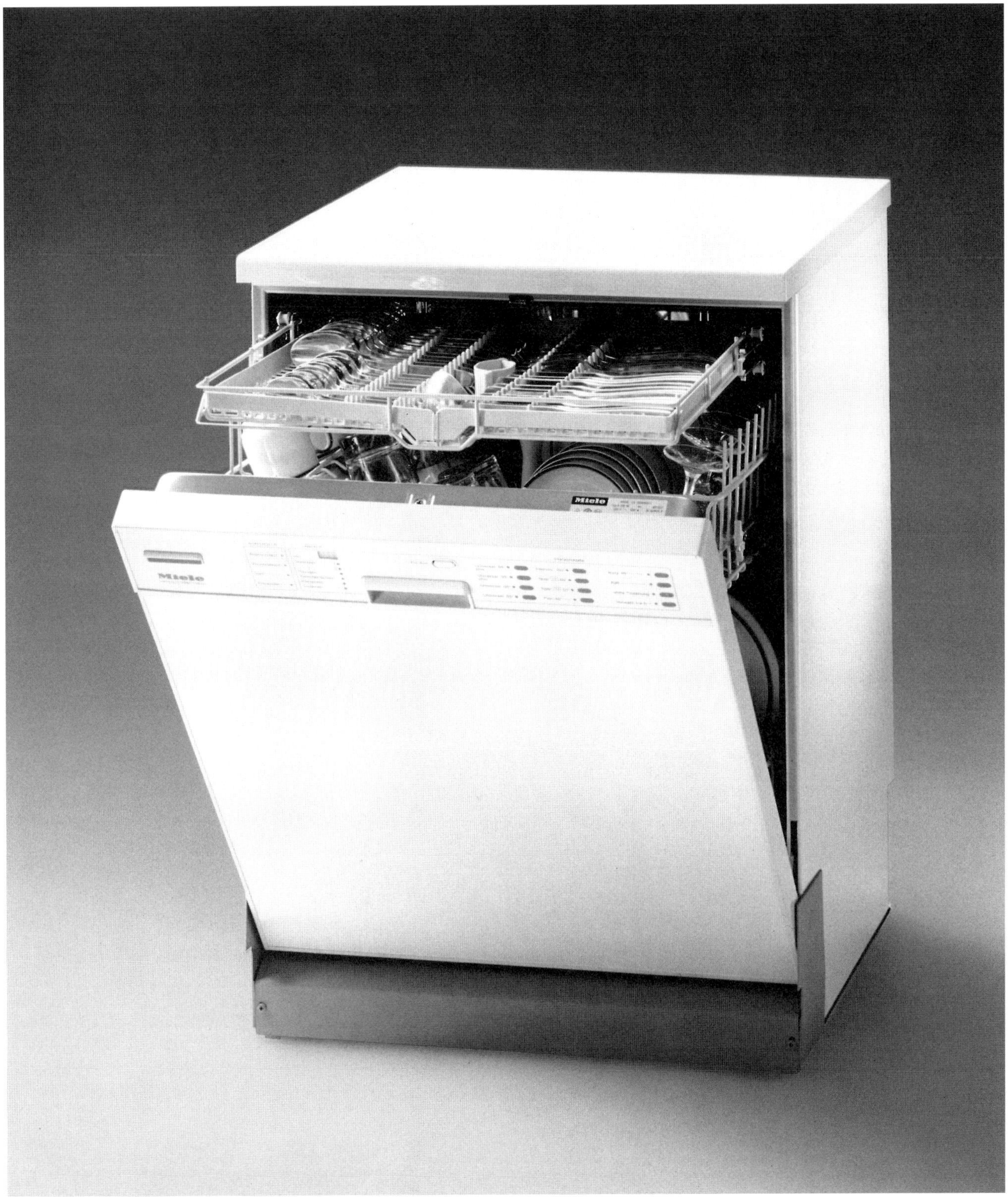

Osram DULUX EL

„Ich erblickte das Licht dieser Welt in Gestalt zweier Sechzig-Watt-Glühbirnen", berichtet Oskar Matzerath, der Held in Günter Grass' Roman „Die Blechtrommel", von seiner Geburt. Wir dürfen einigermaßen sicher sein, daß dieses Licht einen ganz bestimmten Namen trug: OSRAM. Denn so heißt der seit den 20er Jahren führende Lampenhersteller in Deutschland.

Heute genügt ein Knopfdruck, und es wird Licht. Doch dauerte es bis in die Neuzeit, daß dieser Urtraum der Menschheit Wirklichkeit wurde: nach Tausenden vergeblicher Versuche brachte Thomas A. Edison 1879 seine erste Glühlampe zum Leuchten. Dann aber nahm die Entwicklung einen rasanten Verlauf. Bereits 1881 konnte Edison die ersten gebrauchsfertigen Anlagen vorstellen: Glühlampen samt Schraubfassungen, Schaltern, Strommessern und Sicherungen. Überall in der Neuen und Alten Welt wurden nun Glühlampenfabriken gegründet.

Am 17. April 1906 ließ die Auer-Gesellschaft beim Kaiserlichen Patentamt den Namen OSRAM als Warenzeichen eintragen. Dem Chemiker Auer von Welsbach war es in seinem Werk gelungen, das widerspenstige, schwer schmelzbare Wolfram zu einem Glühfaden zu verarbeiten. Diese Erfindung, die eine höhere Lichtausbeute bei geringerem Stromverbrauch ermöglichte, bedeutete das Ende der bis dahin vorherrschenden Kohlefadenlampen. Unter dem Namen OSRAM fusionierte im Jahre 1919 die Auer-Gesellschaft mit der AEG und Siemens & Halske. Damit war der Grundstein eines Unternehmens gelegt, das heute als der viertgrößte Lampenhersteller der Welt mit rund 15.000 Mitarbeitern einen Jahresumsatz von über 2 Milliarden Mark erzielt.

Viele präzise, gesteuerte Prozesse sind nötig, bevor eine OSRAM Glühlampe ihr erstes Licht von sich gibt. Nicht anders als die Sonne ist die Glühlampe ein Temperaturstrahler. Ihr Glühdraht aus Wolfram wird so hoch erhitzt, daß er über die unsichtbare Wärmestrahlung hinaus sichtbares Licht abgibt. Der Wolfram-Draht ist feiner als ein menschliches Haar und rund 1 Meter lang. Die extremen Betriebstemperaturen stellen dabei natürlich hohe Anforderungen an das Material. So würde in normaler Luft der Glühdraht fast augenblicklich oxidieren und zerstört werden. Deshalb wird die Lampe luftleer gepumpt und mit einem besonders reinen Gemisch von Aragon und Stickstoff gefüllt.

Von 1880 bis 1980 konnten die Betriebskosten der Glühlampe um beinahe 95 % gesenkt werden. Fünfmal höher noch ist aber die Lichtausbeute der im Volksmund oft fälschlich „Neonröhre" genannten Leuchtstofflampe, von der OSRAM 1938 die erste marktfähige Ausführung herausbrachte. Ihr Licht wird im Wohnbereich allerdings häufig als kalt empfunden. Darum kam es einer Revolution gleich, als OSRAM 1986 die neue elektronische Kompakt-Leuchtstoff-Lampe *DULUX EL* präsentierte. Diese Lampe verbindet die Wirtschaftlichkeit der Leuchtstofflampe mit dem angenehmen Licht der klassischen Haushaltslampe. Innerhalb kurzer Zeit hat die *DULUX EL* millionenfach in allen wichtigen Teilmärkten Fuß gefaßt und auch unter extremen Bedingungen ihre Eignung für den praktischen Langzeiteinsatz bewiesen. Mit der Kompakt-Leuchtstoff-Lampe *DULUX EL* ist OSRAM seinem Ziel wieder einen entscheidenden Schritt näher gekommen: ein künstliches Licht zu schaffen, das so hell ist wie der lichte Tag.

OSRAM

In England und Amerika heißt er Gold Bear, in den Niederlanden Goud-Beertje und in Frankreich Ours d'Or. Die Heimat aber dieser meistverbreiteten Bärenart der Erde liegt im deutschen Bonn am Rhein. Dort erblickte im Jahre 1921 das erste Gummibärchen das Licht der Welt.

Die Geburtsstätte dieses ersten Gummibärchens war die ein Jahr zuvor gegründete Firma HARIBO. Um die Produkte seines Unternehmens auf einprägsame Weise kenntlich zu machen, hatte der Firmengründer die Anfangssilben seiner eigenen Adresse miteinander verschmolzen und zum Markennamen gemacht: Hans Riegel Bonn.

Ursprünglich gelangten die Gummibärchen von HARIBO unter der Bezeichnung „Tanzbären" auf den Markt. Damals waren sie zwar etwas größer als die heutigen Goldbären, doch hatten sie von Anfang an die gleiche drollige Form, an der nun schon seit Generationen Kinder ihre Freude haben. Ihren leckeren Geschmack verdanken sie der Rohmasse, aus der sie geformt werden. Gummibärchen bestehen aus Fruchtgummi, einer aus hochwertigen Rohstoffen hergestellten Süßware. Glukose, Zucker, Gelatine, Zitronensäure und Farbstoff werden mit natürlichen und naturidentischen Aromastoffen gemischt. Diese Masse wird so lange erhitzt, bis sie sich verflüssigt, und sodann in eine feste Form gegossen. Nach der Verfestigung schließlich werden die Goldbären geglänzt.

Nicht nur Kinder, auch zahllose Erwachsene gehören zu den Liebhabern von *HARIBO-Goldbären.* Manche Frauen fürchten aber um ihre schlanke Linie, wenn sie sich mit ihnen das Leben versüßen. Doch sind solche Sorgen überflüssig. Denn der Kaloriengehalt von Fruchtgummi liegt mit 330 Kalorien pro 100 g weit unter dem Kaloriengehalt vieler anderer Nahrungsmittel. Zudem besteht die bei der Herstellung verwendete Glukose aus verschiedenen Zuckern und damit aus leicht verdaulichen Kohlehydraten. Und die Gelatine, die zur Flüssigkeitsverfestigung benötigt wird, ist ein gut verwertbares Nahrungseiweiß.

1946 kehrte Hans Riegel, der Sohn des Firmengründers und jetzige Leiter von HARIBO, aus dem Zweiten Weltkrieg zurück. Der ehemalige Zögling des Jesuiten-Kollegs zu Bad Godesberg hatte in Rußland als Sanitätsgefreiter gedient. Gerade 23 Jahre alt, sollte er nun die väterliche Fabrik übernehmen. Bei seiner Heimkehr fand er 30 Angestellte und 10 Sack Zucker vor. Doch er wußte, wie man Gummibärchen herstellt.

Heute – 40 Jahre später – ist HARIBO der größte Hersteller von Fruchtgummi- und Lakritzartikeln weltweit mit drei Fabriken in Deutschland und fünf Auslandsbetrieben. 150 verschiedene Süßigkeiten umfaßt das Programmangebot. Aus den 30 Angestellten der Nachkriegszeit sind allein im Hauptwerk in Bonn 1250 Mitarbeiter geworden. Sie sorgen dafür, daß HARIBO-Produkte – nicht zuletzt zur Freude deutscher Urlauber – fast überall in Europa und in vielen Ländern der Erde erhältlich sind.

Wenn HARIBO heute in aller Munde ist, so hat das Unternehmen dies vor allem seinen Goldbären zu danken. Täglich werden 15 Millionen Stück von ihnen hergestellt – das sind eine Million Beutel pro Woche. Und würden all die Gummibärchen, die pro Jahr allein in Deutschland vernascht werden, eine Kette bilden, so könnten sie dreimal den gesamten Erdball umspannen.

HARIBO
HARIBO MACHT KINDER FROH
UND ERWACHSENE EBENSO
DIE ECHTEN
GOLDBÄREN

Köllnflocken

Die Elmshorner Grönlandfahrer, die im vergangenen Jahrhundert zum Walfang ins Nördliche Eismeer aufbrachen, brauchten für ihre gefahrvollen Unternehmungen nicht nur Mut, Geschicklichkeit und Ausdauer, sondern auch einen Proviant, der sie während ihrer harten Arbeit bei Kräften hielt. So luden sie säckeweise Schiffszwieback und Hafergrütze an Bord, denn sie hatten erkannt, daß diese Kost mit ihren hohen Anteilen an Pflanzenfett, Eiweiß, Mineralien und Vitaminen ein hervorragender Energiespender ist. Die Walfänger wußten aber offensichtlich auch, daß der Nährwert des Hafers entscheidend von seiner Verarbeitung abhängt, denn die meisten verproviantierten sich bei dem damals schon weit über die Stadtgrenzen hinaus bekannten Fabrikanten Peter Kölln.

Im Jahre 1795 hatte der Landwirt Hans Hinrich Kölln in Elmshorn eine „Roßmühle und alle zum Hafergrützemahlen gehörigen Geräthe" erworben. Doch erst sein Sohn Peter legte mit dem 1820 begonnenen Ausbau der Grützmühle den Grundstein zu den heute bedeutendsten und modernsten haferverarbeitenden Werken Europas. Mitte des 19. Jahrhunderts wurden die Pferde, die die Mühle antrieben, durch Dampfmaschinen ersetzt und der Vertrieb der Produkte, den nach anfänglichem Direktverkauf in Elmshorn fahrende Händler übernommen hatten, weltweit ausgedehnt. Die damals noch gesackte Ware ging nicht selten bis nach Rußland, Chile oder Peru.

Das Produkt aber, das für viele mit den Kölln-Werken identisch ist und in fast jedem von uns Kindheitserinnerungen weckt, existiert in jenen Jahren noch nicht: die Haferflocken. Das aufwendige technische Verfahren, um Hafer zu Flocken zu walzen, wurde erst um die Jahrhundertwende entwickelt. Zu dieser Zeit begann man bei Kölln, die ersten *Köllnflocken* herzustellen und sie in Kleinpackungen abzufüllen. Ab 1927 erschienen diese Packungen dann im blauen Kleid, aus dem sich das charakteristische blaukarierte Muster entwickelte, das – Küchenfliesen nachempfunden – bis heute das Markenzeichen der echten *Köllnflocken* geblieben ist.

Der meist in Übersee geerntete, besonders hochwertige Hafer hat bis zur Kölln-Flocke einen langen Weg zurückzulegen: Jedes Korn durchläuft in mehreren Stunden 33 Arbeitsgänge. Der Hafer wird gereinigt und von der Spreu getrennt, nach Kornlänge sortiert, geschält, von den Spelzen befreit und schließlich zu Flocken gewalzt. Damit aus einfachen Haferflocken aber die berühmten *Köllnflocken* werden, kommt es ganz besonders darauf an, daß wirklich alle wertvollen Teile des Korns erhalten bleiben. Denn Keim und Randschichten des Haferkorns enthalten etwa 85 Prozent der Vitamine, 80 Prozent der Mineralstoffe und 60 Prozent des Eiweißes. Nur wenn sie erhalten bleiben, darf von einem Vollkorn-Produkt gesprochen werden.

Generationen von Kindern sind hierzulande mit Köllnflocken groß geworden. Heute bieten die Haferspezialisten aus Elmshorn neben den traditionellen Produkten wie „Blütenzarte *Köllnflocken*" und „Köllns Kernige" auch verschiedene Müslisorten sowie ein knuspriges Hafererzeugnis als „Haferfleks" an, die sich vor allem bei der jungen, auf Form und Gesundheit bedachten Generation großer Beliebtheit erfreuen. Damit beweist das erfolgreiche Familienunternehmen Kölln nach fast 170 Jahren seines Bestehens wieder einmal, welche Kraft im Hafer steckt.

Blütenzarte
Kölln
flocken
Aus dem
vollen Korn
Kölln
e 500g
Vollkorn-Haferflocken

„Ob es wohl einen Menschen geben mag", fragte im 18. Jahrhundert der große deutsche Aufklärer Lichtenberg, „welchem das Schneiden mit einer scharfen Schere kein Vergnügen bereitet?"

Seit im Jahre 1731 Johann Peter Henckels zu Solingen das ZWILLING-Emblem in die Zeichenrolle der Messerschmiedezunft eintragen ließ, sind über zwei Jahrhunderte vergangen. Das Vergnügen aber, mit einer scharfen Schere zu schneiden, ist nach wie vor untrennbar mit diesem Sinnbild zweier verbundener Klingen verknüpft. Ob im Nähkorb, in der Küchenschublade oder im Bastelkeller: die *ZWILLING-Haushaltsschere* findet sich in nahezu jedem deutschen Haushalt, oft schon in der zweiten oder gar dritten Generation.

Drei Eigenschaften bestimmen über den Wert einer Schere: wie gut, wie lange und wie bequem sie schneidet. Die Qualität des verwendeten Stahls ist die Grundlage für ihre optimale Funktionsfähigkeit und Lebensdauer. Risse und Brüche sollen vermieden werden, der Stahl muß extrem verschleißfest sein. Diese Eigenschaften kann nur ein hochwertiger Stahl erfüllen. Bereits 1939 erwarb ZWILLING ein Patent auf ein neuartiges Härteverfahren: das „Eishärten" von Stahlwaren, das seitdem neue Maßstäbe für die Qualität von Scheren aus rostfreiem Edelstahl unter dem geschützten Warenzeichen FRIODUR gesetzt hat.

Die Stahlsorte bestimmt die Qualität der Schere, aber erst die perfekte Bearbeitung durch den qualifizierten Scherenspezialisten gibt ihr die entscheidenden Charakterzüge, die sie zum funktionstüchtigen Werkzeug für ein ganzes Leben machen. Die *ZWILLING-Haushaltsschere* wird in bis zu 60 Arbeitsgängen gefertigt, davon noch heute die meisten in unersetzbarer Handarbeit. Bequem, sicher und gut arbeitet man auf Dauer nur mit dem jeweils passenden Scherentyp. Papier läßt sich optimal nur mit einer langen, schlanken Papierschere schneiden, zum Stoffschneiden dagegen sind breite, starke Blätter und lange Griffaugen erforderlich; die Stickschere wiederum muß fein, klein und spitz sein, die Küchenvielzweckscheren robust und kräftig in den Schneiden. Doch gibt es keine Funktion, für die ZWILLING heute nicht die richtige Spezialschere anbietet: von der klassischen Haushaltsschere über die Friseur-, Verbands- und Taschenschere bis hin zur Schere für Linkshänder. Gemein ist allen Modellen von ZWILLING ein Höchstmaß an Präzision. Dies gilt für die preisgünstigen gestanzten Scheren im modernen Design mit Kunststoffgriffen nicht weniger als für die zeitlos elegante, geschmiedete Haushaltsschere aus Ganzmetall.

Bereits im 19. Jahrhundert erlangten die Produkte aus dem Hause ZWILLING auf Weltausstellungen internationale Anerkennung und Preise. In konsequenter Unternehmenspolitik wurden ab 1883 Niederlassungen in der ganzen Welt gegründet, unter anderem in New York, Wien und Paris; schon 1906 erschien das Musterbuch in vier Sprachen. Auch heute fußen die Aktivitäten von ZWILLING auf einer kooperativen Partnerschaft mit dem Handel, einem international dicht geknüpften Netz von Verkaufspunkten, eigenen Vertriebsgesellschaften und Filialen, in denen ZWILLING außer Scheren noch Messer, Bestecke und Maniküre-Produkte anbietet.

Die Haushaltsschere

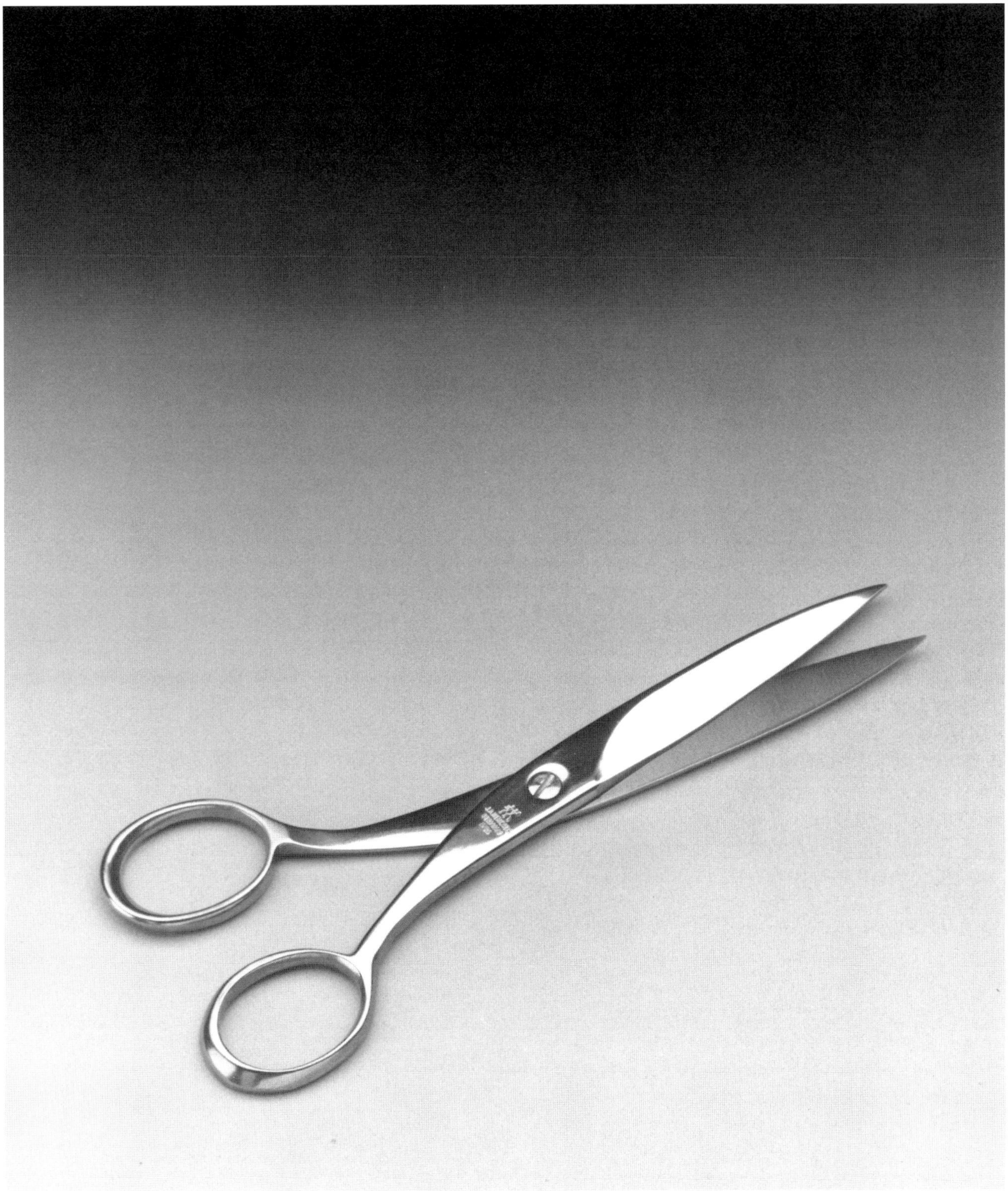

Soehnle Culina

Müßte sich die Dame Justitia für eine Waage aus unseren Tagen entscheiden, so fiele ihre Wahl vermutlich auf ein Modell aus dem Hause Soehnle. Denn Soehnle ist der größte Haushaltswaagenhersteller Europas mit dem umfassendsten Angebot an Diät-, Küchen- und Personenwaagen in Analog- und Digitaltechnik.

Bei allem Einfallsreichtum der Soehnle-Techniker kann sich das Unternehmen freilich nicht der Erfindung der Waage rühmen – das Bedürfnis, Dinge zu wiegen, dürfte so alt sein wie die Menschheit selbst. Die Vorläufer der heute bekannten Waagentypen lassen sich bis 1400 v. Chr. zurückverfolgen. Erst im 17. Jahrhundert wurde die Federwaage erfunden, die die Elastizität einer Stahlfeder nutzt und den Druck des Gewichts auf der Waagschale mit Hilfe eines Zeigers angibt. Sie wurde vor allem als Back- und Haushaltswaage eingesetzt. Mitte des vorigen Jahrhunderts meldete Josef Beranger die nach ihm benannten Tafelwaagen zum Patent an, die vornehmlich im gewerblichen Bereich eingesetzt wurden und sich bis heute auf den Wochenmärkten erhalten haben.

Um diese Zeit beschäftigte sich auch Wilhelm Soehnle intensiv mit der Herstellung von Waagen. 1868 entschloß er sich, ein Unternehmen im württembergischen Murrhardt zu gründen, das mittlerweile von der dritten und vierten Generation der Familie geleitet wird. Soehnle ist heute der einzige Waagenhersteller in Deutschland, der von der kleinen Diätwaage über Personenwaagen bis zur elektronisch gesteuerten Wägeanlage mit 40 Tonnen Tragkraft nicht nur alle Modelle produziert und konstruiert, sondern auch selbst entwickelt.

Zu den Neuentwicklungen des Hauses gehören unter anderem die erste digitale Personenwaage für den privaten Hausgebrauch und die erste Back- und Diätwaage mit Microprozessor. Im Frühjahr 1988 wartete Soehnle wieder einmal mit einer echten Pionierleistung auf: dem Diätcomputer DC 8011, der auf Tastendruck Kalorien, Joule, Broteinheiten, Kohlehydrate, Fett und Eiweiß wiegt, errechnet und speichert.

Zu einem der größten Verkaufsschlager des Hauses und einer der meistgekauften Modelle unter den analogen Back- und Haushaltswaagen überhaupt entwickelte sich die formschöne und überaus vielseitige *culina plus.* Die mit der praktischen Zuwiege-Einrichtung ausgestattete Mehrzweckwaage weiß jede Hausfrau zu schätzen, denn vom Mehl über Zucker und Eier bis zur letzten Rosine können alle Zutaten für den Kuchen in einer einzigen Schüssel zugewogen werden. Dies erspart nicht nur das lästige Umfüllen, sondern auch das anschließende Spülen. Nach dem Gebrauch kann die Schüssel über die Waage gestülpt und damit platzsparend weggestellt werden.

Aus den bescheidenen Anfängen des 1868 von Wilhelm Soehnle gegründeten Betriebs ist inzwischen ein international operierendes Unternehmen mit drei Auslandswerken geworden, das sich Märkte in über 100 Ländern der Welt erobert hat. Dank schwäbischem Fleiß und schwäbischem Erfindungsgeist hält Soehnle heute für alle nur denkbaren Wägeprobleme die angemessene Lösung bereit. Denn die bei der Unternehmensgründung formulierte Aufgabe ist auch heute noch den 700 Firmenangehörigen ein Ansporn: der Konkurrenz immer um eine Skaleneinheit voraus zu sein!

Die Haushaltswaage

Vier Jahreszeiten Hamburg

Hotel *Vier Jahreszeiten,* fünfte Etage. Der Fahrstuhl entläßt den Gast aus der Enge intimer Geborgenheit in das Labyrinth der Gänge und Flure. Hier residieren die Großen der Welt. Klangvolle Namen zieren das Gästebuch dieses Hotels, Namen aus Politik und Wirtschaft, Kultur und Sport.

Schon die Korridore des *Vier Jahreszeiten* signalisieren jene auf dem schmalen Grad zwischen hanseatischer Schlichtheit und weitläufiger Extravaganz gewachsenen Atmosphäre, die den internationalen Ruf des Hotels mitbegründet hat. Das Haus ist in drei Generationen gewachsen und von jeder in ihrem Sinne geprägt worden, ohne sich dabei dem jeweiligen Zeitgeist angebiedert zu haben. Aus der langen Liste der Besonderheiten, die dieses Hotel vor anderen auszeichnet, ragt neben der exquisiten Küche, der hauseigenen Konditorei und Bäckerei sowie dem mit über 35.000 Flaschen bestückten Weinkeller der sogenannte „Kaiserservice" hervor: Der Bettenzahl von 252 stehen 420 Beschäftigte gegenüber – eine Personalstärke, die normalerweise nur ein 1.200 Betten-Hotel aufzuweisen hat.

Begonnen hat die Geschichte der „Herberge der großen Welt", wie ein Schriftsteller das Haus einmal nannte, Ende des 19. Jahrhunderts. Damals waren in Hamburg viele Hotels vom Konkurs bedroht. Zu ihnen gehörte auch das „Hotel zu den vier Jahreszeiten" direkt an der Binnenalster. Das Haus hatte Jahrzehnte lang gute Dienste getan, ohne sich jedoch den Ruf erwerben zu können, wie ihn einige andere Hotels am Jungfernstieg seinerzeit genossen. Nun aber wurde der schmale Bau im Stil der Gründerzeit mit seinen hübschen Erkern, Türmchen und Balkonen zur Zwangsversteigerung freigegeben. Den Zuschlag erhielt schließlich im Februar 1897 ein Mann namens Friedrich Haerlin. Der gebürtige Stuttgarter hatte das Hotelhandwerk von der Pike auf gelernt und wußte daher, was auf ihn zukommen würde, als er das Haus am Neuen Jungfernstieg, dem beliebtesten Flanierweg der Hamburger, an seinem 40. Geburtstag übernahm.

Die Adresse wurde sehr schnell zu einem Geheimtip unter Hotelkennern. Es sprach sich herum, daß hier ein Betrieb, getragen vom Engagement einer Familie, den Gast mit einem weitaus größeren Maß an persönlicher Zuwendung umsorgte, als dies sonst in Hotels üblich war. Haerlin sah sich bald gezwungen, Erweiterungs- und Modernisierungsmaßnahmen durchzuführen, um den Wünschen seiner stets wachsenden Kundschaft weiterhin gerecht zu bleiben. Nach und nach kaufte er deshalb drei an sein Hotel angrenzende Häuser auf und begann mit Hilfe renommierter Architekten, aus ihnen ein harmonisches Ganzes zu formen.

Heute stellt das *Vier Jahreszeiten* die angemessene architektonische Antwort auf die ästhetische Herausforderung der Binnenalster dar. Es ist eine typisch hanseatische Antwort: Die unaufdringliche Eleganz, die schlichte Linienführung, die Geradlinigkeit der baulichen Konzeption haben etwas von jenem Understatement, das man den Hamburgern als Ausdruck ihrer Seelenverwandtschaft mit den Engländern nachsagt. Doch hinter der leuchtend-weißen Fassade des *Vier Jahreszeiten,* die auf ein herausforderndes Portal ebenso verzichtet wie auf protzige Erker und überladenes Stuckwerk, verbirgt sich ein Hotel, das heute zu den besten der Welt zählt.

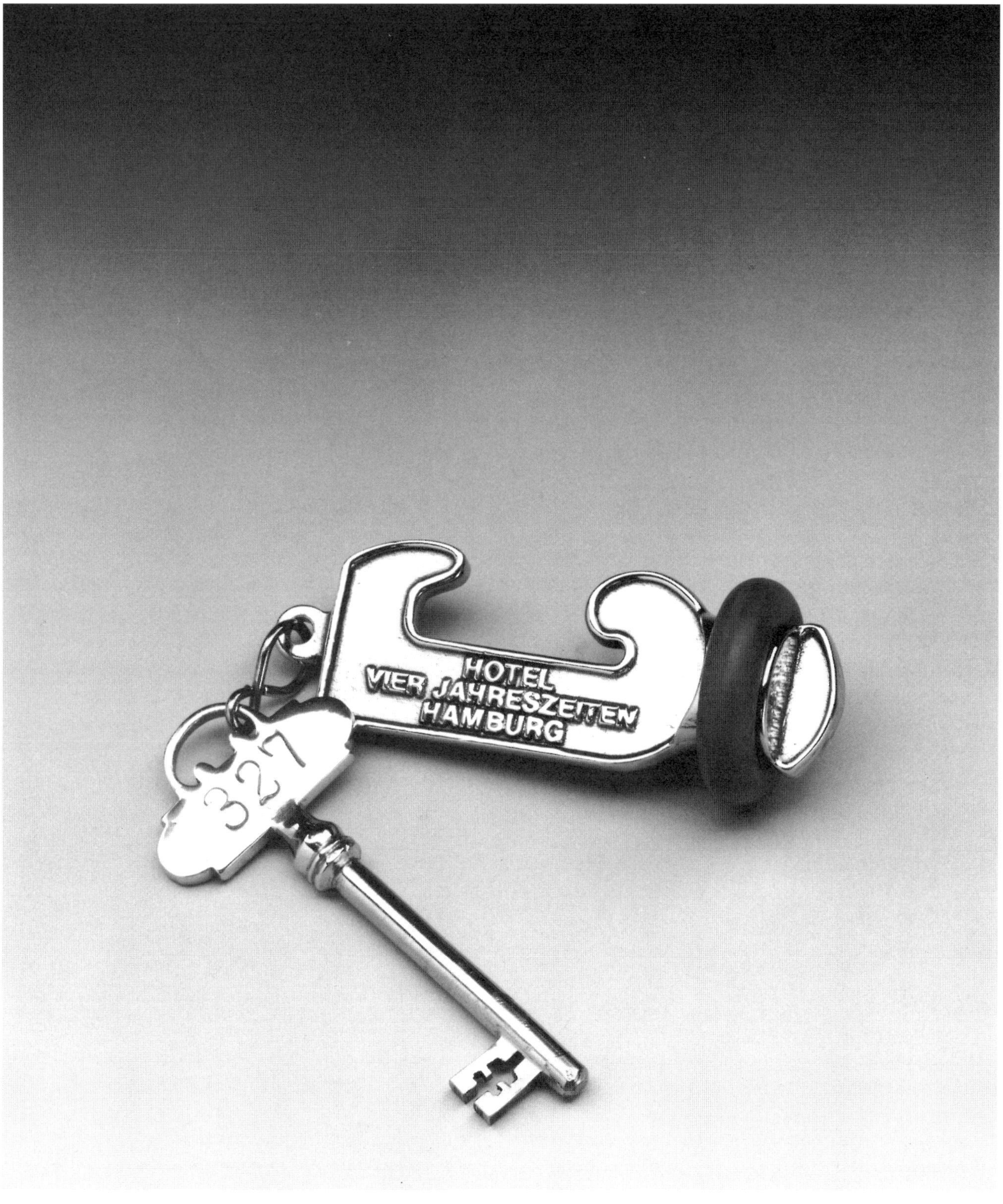
HOTEL
VIER JAHRESZEITEN
HAMBURG
327

„Ich werde Porzellanfabrikant." Diesen ebenso lapidaren wie folgenreichen Satz sprach im Jahre 1879 der gelernte Schreiner Johann Nikol Müller aus dem Flecken Schönwald im Fichtelgebirge. Nach gründlicher Standortanalyse hatte er ein Produkt ins Auge gefaßt, das ihm gleich drei Vorteile an Ort und Stelle bot: Energie aus dem Wald, Arbeitskräfte aus dem Dorf und den nötigen Rohstoff im Boden – Kaolin, Feldspat und Quarz. Am 20. März erteilt ihm das Königlich Bayerische Bezirksamt Rehau „huldvollst" die Genehmigung zum Umbau seines Sägewerks in eine Porzellanfabrik, und schon im November sieht man die Fackel der Porzelliner von Schönwald in den Himmel lodern.

Johann Nikol Müller beginnt die „Produktion feinen Tafelgeschirrs" mit zwei Brennöfen. Rasch entwickelt er ein Gespür dafür, in welchen Qualitäten besondere Nachfrage besteht: in Gebrauchsgeschirren und Kaffeeservicen von besonderer Haltbarkeit. Seit 1271 der Kaiser von China dem Weltreisenden Marco Polo die ersten Stücke zum Geschenk gemacht hatte, galt Porzellan als eine Kostbarkeit, die allein Fürsten und Königen vorbehalten war. Doch mit dem Aufstieg des Bürgertums im 19. Jahrhundert sollte der wertvolle Scherben zu einem verbreiteten Gegenstand des täglichen Gebrauchs werden.

Bald ist man in Schönwald in der Lage, Porzellan in Serie zu produzieren. Um sich gegenüber den zahlreichen Manufakturen auszuzeichnen, wird der Bodenstempel eingeführt. Er garantiert Gleichmäßigkeit in Brand und Form sowie die Möglichkeit späterer Nachbestellungen. Das Geschirr, das dieses Gütesiegel noch vor der Jahrhundertwende in ganz Deutschland verbreiten und bis nach Amerika tragen soll, ist das Hotelporzellan Schönwald *Form 1898 Neukonisch.*

Wie so manche Sternstunde der Gastronomie liegt die Entstehung dieses klassischen Geschirrs im Halbdunkeln verborgen. Wir wissen nur, daß die Serie um 1888 als Werksentwurf bei Schönwald kreiert wurde. Doch wer immer diesem Service seine Gestalt gegeben hat: sein Schöpfer hat ein echtes Gebrauchsporzellan geschaffen, das zugleich höchsten ästhetischen Ansprüchen genügt. Trotz des Formverschleißes in unserer Zeit wird dieses Geschirr seit nunmehr 100 Jahren in nahezu unveränderter Gestalt gefertigt. Typisch sind die Löwenköpfe als Griffe an der Terrine, der verspielte Henkel mit dem „Fingerhalter", der Deckel mit dem Zipfelknopf und die anheimelnde hohe Tasse. Der Teller mit seiner flachen, überbreiten Fahne erinnert noch an seine Vorfahren aus dem bäuerlichen Hausrat. Doch gerade die schlichte Zweckgebundenheit, die aus diesem Geschirr spricht, macht heute noch den Charme des Hotelporzellans *Form 1898 Neukonisch* aus.

Die Anforderungen an ein gutes Hotelporzellan sind außerordentlich hoch. Zunächst springt natürlich die Ästhetik ins Auge, doch der Fachmann weiß, daß erst im tagtäglichen Gebrauch sich der wahre Wert eines Geschirrs für die Gastronomie beweist – im alten Landgasthof nicht anders als im Grand Hotel oder im Flugzeug. Mit einem breit- und tiefgefächerten Sortiment und einer schier endlosen Reihe von Dekoren hat Schönwald sich auf diesem Gebiet zu einem der führenden Spezialisten in Deutschland entwickelt: als Maß für gutes Porzellan seit 1879.

Mit der rauhen Jahreszeit werden auch die Stimmen rauh. Meist kommen noch Husten und Atembeschwerden als lästige Begleiter hinzu. Im Jahre 1923 machte der Apotheker und Geheime Kommerzienrat Dr. Carl Soldan eine Erfindung, die seitdem Millionen von Menschen Linderung verschafft hat: das Hustenbonbon *„Em-eukal“*, so benannt nach seinen Hauptbestandteilen Eukalyptusöl und Menthol. Zwar waren diese Wirkstoffe zur Anwendung bei Bronchialbeschwerden bereits damals schon sehr bewährt. Doch erst durch ihre Einbindung in ein Bonbon hatte Soldan ein Mittel gefunden, Erkältungen angenehm und schnell zu bekämpfen. Gleichgültig, wo man sich befand – zu Hause, in der freien Natur oder am Arbeitsplatz: mit *Em-eukal* Hustenbonbons machten die Beschwerden einem klaren, frischen Atem Platz.

Carl Soldan war am 4. August 1871 als Sohn eines Kaufmanns in München geboren worden. Nach Abschluß des Studiums und seiner Lehrzeit in mehreren Apotheken, die ihn durch ganz Deutschland und bis in die französische Schweiz führen sollte, eröffnete er 1899 in Nürnberg in dem ein Jahr zuvor erworbenen Haus am Hefnerplatz No. 3 die Medizinal-Drogerie Wittelsbach. Doch zeigte sich schon bald, daß er das Kaufmannsblut in seinen Adern nicht verleugnen konnte. In nur wenigen Jahren erwuchs aus seinem Geschäft eine Großhandlung für Verbandsstoff und Drogeriebedarf.

1925 bot Soldan seine *Em-eukal* Hustenbonbons als „extra starke Eukalyptus-Bonbons“ an. Der Grundgedanke dieses neuartigen Produkts, ein Erkältungsmittel in Bonbonform zu verabreichen, war so einleuchtend, daß er zur Nachahmung herausfordern mußte. Soldan stattete seine *Em-eukal* Hustenbonbons darum von Beginn an mit einem Erkennungsmerkmal aus. Schon damals waren sie „nur echt mit der Fahne“.

Die Originalrezeptur des *Em-eukal* Hustenbonbons blieb in all den Jahren seit seiner Einführung unverändert. Unterschiede gab es nur im Anwendungsgebiet. So dienten Hustenbonbons früher nicht allein zur Behandlung von Erkältungen, sondern bei der Bekämpfung von Atemwegsbeschwerden ganz allgemein. Bis in die 50er Jahre verschrieben Ärzte den Bergleuten im Ruhrgebiet *Em-eukal* Bronchialbonbons, die von der Apotheke gegen Rezept kostenlos ausgegeben wurden.

Die Papiertüten, die der Fachhandel in den 50er Jahren noch von Hand abfüllte, waren anfangs mit den Adressen der „einschlägigen Geschäfte“ versehen. Noch heute sind *Em-eukal* Hustenbonbons überall in Apotheken und Drogerien erhältlich. Diese langjährige Treue zum Fachhandel machte sich bezahlt. Bei einer Umfrage 1987 lag *Em-eukal* in der Empfehlungshäufigkeit der Apotheker mit Abstand auf Platz 1.

Rechtzeitig erkannte man im Hause Soldan neue Entwicklungen in den Bedürfnissen der Verbraucher. So konnten nach genauen Marktbeobachtungen dem erfolgreichen *Em-eukal* Hustenbonbon ergänzende und wirkungsvolle Präparate zur Seite gestellt werden, allen voran *Kinder Em-eukal.* Auch dieses speziell milde Vitamin-Hustenbonbon mit Wildkirschgeschmack, das seit 1972 im Handel ist, hat sich inzwischen längst durchgesetzt. Das aber ist nicht zuletzt auf den hohen Stellenwert zurückzuführen, den Apotheker, Drogisten und Verbraucher dem klassischen *Em-eukal* Hustenbonbon seit nun 65 Jahren beimessen.

Das Hustenbonbon

Gut behütet fühlten sich die Menschen schon vor mehr als 2.000 Jahren wohl. Wer aber die ersten „Behauptungen" gefertigt hat, liegt im Dunkel der Geschichte. Kein Geheimnis dagegen ist, wer in Deutschland seit fast 200 Jahren die Hutmode bestimmt: MAYSER, der Hutmacher für die große Welt.

Wenn genaue historische Kenntnisse fehlen, bilden sich Legenden. So haben auch die Hutmacher zur frommen Erzählung gegriffen und ihren Schutzpatron, den heiligen Clemens, zum Erfinder des Filzes erklärt. Der Legende zufolge bettete der Heilige Werg und Wolle in seine Sandalen, um sich vor Schmerzen zu schützen. Abends in der Herberge aber entdeckte er, daß die Einlage unter dem Einfluß von Druck, Feuchtigkeit und Reibung zu einem festen Tuch zusammengewachsen war.

Nach dem gleichen Prinzip wird auch heute noch Filz hergestellt. Im Gegensatz zur Wollfaser mit ihrem schuppenartigen Aufbau ist das feine Kanin- und Hasenhaar aber glatt und besitzt keine natürliche Kräuselungsfähigkeit. Erst als man im 18. Jahrhundert auf die Idee kam, Kanin- und Hasenhaare durch Beizen mit Säuren und Wasserstoffperoxyd filzbereit zu machen, konnten sie zu Hüten verarbeitet werden.

Napoleon belagerte die Stadt, als im Jahre 1800 der Meister Leonhard Mayser in der Ulmer Sterngasse einen Hutladen nebst Werkstatt eröffnete. Trotz allen Fleißes ging das Geschäft anfangs nicht recht voran. Schuld daran hatten die Vorschriften der Zunftordnung, wonach kein Meister mehr als einen Gesellen halten durfte. Das änderte sich erst, als Mayser 1830 Oberzunftmeister wurde und seinen Einfluß geltend machte, dieses Hemmnis aufzuheben.

Fertigte Leonhard Mayser zunächst den Zweispitz als bevorzugten Modeartikel, trat diese Fabrikation in den Hintergrund, nachdem die Armee den Tschako eingeführt hatte und der Zweispitz nur noch zur Uniform der Diplomaten und hohen Staatsbeamten gehörte. Dafür brachte die Herstellung von runden Hüten und Zylindern dem jungen Unternehmen Arbeit und Brot.

Der Durchbruch aber kam in den 40er Jahren mit der Heraufkunft des Filzhuts. Anfangs politisch anrüchig und von der Polizei verfolgt, legte er seine Staatsgefährlichkeit ab, als selbst Fürst Bismarck sich zu ihm bekehrte. 1872 beschäftigten „F. Mayser & Sohn" bereits 200 Arbeiter in ihrem Betrieb. Die Zahl der verkauften Hüte belief sich nun auf 110.000.

Während im frühen 19. Jahrhundert die Hutherstellung ganz in Handarbeit erfolgte, wird sie heute von Maschinen unterstützt. Doch immer noch sind zahlreiche Arbeitsgänge erforderlich, bis aus Kanin- und Hasenhaar ein Filzstumpen entsteht. Und ihn zu einem MAYSER-Hut zu formen, bleibt auch in Zukunft eine Kunst.

Nach dem Zweiten Weltkrieg wurde der MAYSER-Hut zum unverzichtbaren Statussymbol: Mit Hut war man mehr. Im Rekordjahr 1963 verarbeitete MAYSER pro Tag das Haar von 20.000 Kaninchen zu Filzhüten. In jüngerer Vergangenheit weitete MAYSER sein Programm auf Hüte und Mützen aus Leder, Pelz und Stoff sowie Kopfbedeckungen für den Freizeitbereich aus. Mit dieser Strukturmaßnahme konnte der branchenbedingte Nachfragerückgang bei Filzhüten erfolgreich aufgefangen werden, so daß MAYSER heute mit wachsenden Produktionszahlen dem 200. Firmenjubiläum entgegensieht.

Deutsche Kultur und deutscher Kaffee sind untrennbar miteinander verbunden. Bach hat dem schwarzen Trank eine Kantate gewidmet, und der große Philosoph Immanuel Kant war ein so leidenschaftlicher Kaffeeliebhaber, daß er eine Tasse des anregenden Heißgetränks stets mit dem Ruf begrüßte: „Ich sehe Land!"

Da kann es nicht verwundern, daß eine deutsche Hausfrau die weltweit verbreitete Art der Kaffeezubereitung erfand. Am 8. Juli 1908 trug das Kaiserliche Patentamt in Berlin eine Anmeldung in seine Bücher ein, die das bis dahin übliche Aufbrühen des Kaffees buchstäblich von Grund auf revolutionieren sollte. Eine einfache Idee stand am Anfang. Frau Melitta Bentz hatte es immer gestört, daß beim Aufbrühen ein unbekömmlicher Satz in der Tasse den Kaffeegenuß trübte. Durch einen mit „Filtrirpapier" arbeitenden Kaffeefilter rückte die Dresdner Hausfrau diesem Bodensatz nun von oben zu Leibe: sie sperrte ihn einfach aus, indem sie das Kaffeemehl von dem fertigen Heißgetränk absonderte. Ein Löschblatt aus dem Schulheft ihres ältesten Sohnes und eine perforierte Blechdose waren das erste Filterpapier und der erste Filterkörper der Welt. Das Prinzip moderner Kaffeezubereitung war gefunden.

Noch im selben Jahr gründeten Melitta und Hugo Bentz eine Firma, um sich fortan der ständigen technischen Verbesserung dieser einfachen Grundkonzeption zu widmen. Über den „Ur-Filter" mit rundem Papier und Durchlaß, der zwei Jahre später auf der Internationalen Hygieneausstellung in Dresden eine Medaille errang, ging der Weg zum 1936 patentierten konischen Schnellfilter mit schlitzförmigem Boden und genau passender „Filtertüte". Hieran sollte sich bis in die Gegenwart nichts Wesentliches mehr verändern. Die Filtertüte von Melitta ist heute, kenntlich an der seit 1925 firmentypischen rot-grünen Verpackung, im Verkaufsregal eines jeden Warenhauses und Supermarkts zu finden.

Bedurfte die Filtertüte selbst keiner grundlegenden Verbesserung mehr, kamen mit dem 1966 eingeführten 1x-Filtersystem jedoch neue Filter- und Tütengrößen auf den Markt. Sie vereinfachten vor allem die Portionierung des Kaffees, denn nun konnte nach dem Aufbrühen die jeweils gewünschte Tassenzahl „auf einmal" gefiltert werden. Damit ließ sich das genaue Maß der Kaffeemenge bereits beim Aufgießen bestimmen. Die 1x4 Tüte stellte sich dabei mit der Zeit als die gebräuchlichste Größe im Haushalt heraus.

Aus dem kleinen Handwerksbetrieb der Kaiserzeit ist eine seit 1929 in der „Kaffeestadt" Minden ansässige Unternehmensgruppe geworden, in der eine ganze Produktpalette rund um den Kaffee entstand. Vom gemahlenen und vakuumverpackten Kaffeepulver – gleichfalls eine Melitta-Erfindung – über Filtriergeräte und Kaffeeautomaten bietet Melitta dem Kunden alles, wodurch Kaffeetrinken zum Genuß wird.

Vielfach wird heute der Kaffee zu Hause und im Büro nicht mehr von Hand aufgegossen, sondern mit der Kaffeemaschine bereitet – gefiltert aber wird er immer noch nach dem Prinzip einer einfachen Dresdner Hausfrau aus dem Jahre 1908. Dank ihrer Erfindung ist der Name Melitta in acht Jahrzehnten überall auf der Welt zum Inbegriff für deutsche Kaffeekultur geworden.

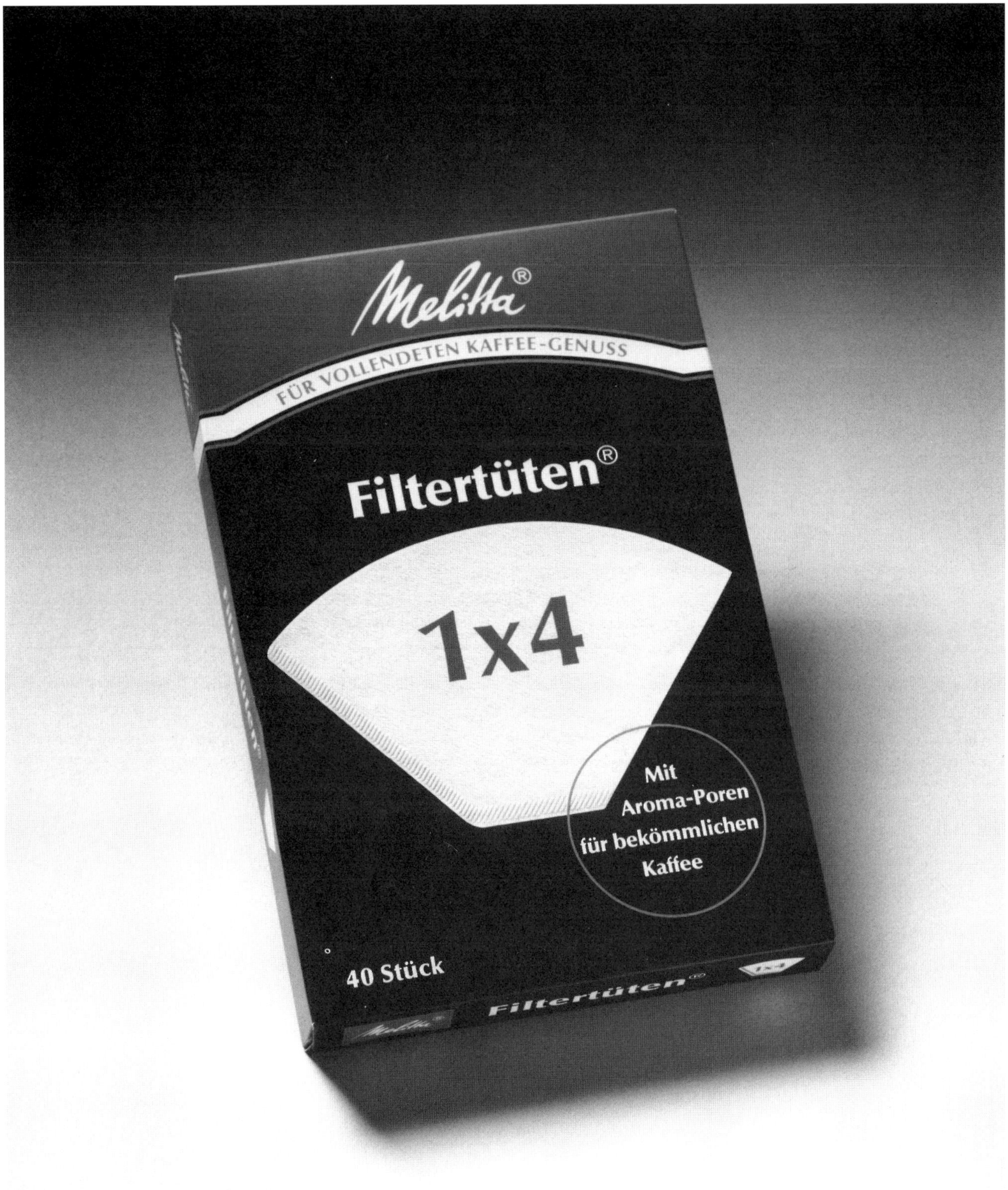
Melitta®
FÜR VOLLENDETEN KAFFEE-GENUSS
Filtertüten®
1x4
Mit
Aroma-Poren
für bekömmlichen
Kaffee
40 Stück
Filtertüten®

Es dürfte wohl niemanden hierzulande geben, der diese Karten nicht schon einmal in Händen hielt. Viele haben ihnen kurzweilige Stunden in geselliger Runde zu verdanken, manche auch haben sich über sie schwarz geärgert, und einige, die ihnen gar verfielen, haben sich mit ihnen ruiniert. Dennoch schenkt ihnen kaum einer wirkliche Beachtung: Was interessiert, ist ihr Spielwert, nicht ihre äußere Gestalt.

Dabei sind es gerade die bunten Bilder aus der Zeit der Ritter und Könige, die sich uns seit der Kindheit eingeprägt haben: der bärtige Bube mit Hellebarde, Schwert und federgeschmücktem Hut; die blauäugige Dame mit Schleier und Blume sowie der ehrwürdige König mit Zepter und diamantbesetzter Krone. Wer noch genauer hinschaut, wird in vielen Fällen auf der Herz-As-Karte einen kleinen Kreis mit einem Herzen und drei Buchstaben finden: *ASS* – das Markenzeichen der ältesten Spielkartenfabrik der Welt, der „Vereinigten Altenburger und Stralsunder Spielkarten-Fabriken AG".

Die wichtigsten Etappen in der 222 Jahre alten Geschichte des Unternehmens klingen bereits in seinem Namen an. Am Anfang stand der Unternehmungsgeist des Handwerkers Johann Caspar Kern aus Stralsund, der im Oktober 1765 vom damaligen schwedischen Generalstatthalter für Pommern die alleinige Konzession für eine Spielkartenfabrik erhielt. Erst Jahrzehnte später, im Jahre 1832, wurde in Altenburg die „Herzoglich Sächsische Altenburgische Concessionierte Spielkartenfabrik der Gebrüder Bechstein" gegründet, das zweite Stammhaus von *ASS*.

Die kleine Stadt bei Leipzig muß eine ausgesprochene Spielerhochburg gewesen sein, denn hier stand auch die Wiege des Skat, des beliebtesten deutschen Kartenspiels. Der Skat – der Name leitet sich von dem italienischen Wort „scarto" (Ramsch) ab – entwickelte sich um 1820 aus dem Schafkopfspiel und wurde von Studenten rasch in allen Teilen des Landes verbreitet. Welche Zukunft man dem Kartenspiel damals zutraute, zeigt vielleicht die Tatsache, daß Goethe seinem Kammerdiener C. E. Sutor half, eine Spielkartenfabrik in Weimar zu gründen, die 1912 mit der Stralsunder vereinigt wurde. Überhaupt erwies sich die Fabrik an der Ostsee als die mit Abstand erfolgreichste in Deutschland: Schon 1898 hatte sie das Altenburger Unternehmen übernommen und sollte im Laufe der kommenden Jahrzehnte noch weitere 40 Spielkartenfabriken aufkaufen.

Auch im 20. Jahrhundert blieb dem Unternehmen, das 1931 die gesamte Herstellung nach Altenburg verlegte, der Erfolg treu. Die bunten, kaum zehn Zentimeter hohen Karton-Karten erreichten in Deutschland einen Marktanteil von 90 Prozent und wurden in fast alle Länder der Erde verkauft. Nach dem Zweiten Weltkrieg wurden die Produktionsstätten nach Westdeutschland verlagert und schließlich 1956 in Leinfelden bei Stuttgart dauerhaft untergebracht.

ASS ist auch heute noch Deutschlands führender Spielkartenhersteller. Zwar hat das Unternehmen mit anspruchsvollen Gesellschaftsspielen inzwischen einen zweiten Markt hinzugewonnen, doch verdankt es nach wie vor einen entscheidenden Teil seines Umsatzes der unwiderstehlichen „Herz-Dame" und dem kaum zu übertrumpfenden „Kreuz-Buben".

SKAT
Club
Die echten Altenburg-Stralsunder
32 BLATT
SKAT CLUB 1000/8
Die echten Altenburg-Stralsunder

„Was ißt die Menschheit unterwegs? Na selbstverständlich ‚Leibniz Cakes'!"

So begann der Text einer Zeitungsannonce im Jahr 1898. „Cakes" hieß es damals noch, denn das uns heute so geläufige Wort Keks wurde zwar 1915 offiziell durch Hermann Bahlsen eingedeutscht, aber erst 1944 vom Duden anerkannt. Hermann Bahlsen, Gründer der „Hannoverschen Cakes-Fabrik" hatte sich mit seiner sprichwörtlichen Dickköpfigkeit in einem jahrelangen Kampf gegen die Sprachwissenschaftler durchgesetzt.

Ursprünglich jedoch hatte der Exportkaufmann H. Bahlsen mit Keksen gar nichts im Sinn, und es ist mehr oder weniger einem Zufall zu verdanken, daß er zum größten „Plätzchenbäcker" der Nation wurde. Im Zuckerhandel für eine englische Firma tätig, lernte er die Bedeutung des Produktes „Cakes" kennen und erkannte die Chance für feine Kekse in der Heimat. Über die Geschäftsanteile seiner Mutter nahm er Einstieg in das Fabrikgeschäft „Englische Cakes und Biskuits", das einem gewissen Herrn Schmückler gehörte.

H. Bahlsen machte sich zum ersten Mal Gedanken über Kekse. Die feinen französischen und englischen Biskuits waren mit hohen Einfuhrzöllen belastet und für die Mehrzahl der Bevölkerung zu teuer. Deutsches Kleingebäck gab es nur in sehr einfacher Art, und es spielte im Lebensmittelhandel kaum eine Rolle. H. Bahlsen erkannte die Marktlücke und wurde Teilhaber von Herrn Schmückler. Nach einem Jahr zahlte er diesen aus und gründete am 1. Juli 1889 die „Hannoversche Cakes-Fabrik H. Bahlsen". Seine Idee war es, einen hochwertigen deutschen Keks herzustellen, der schmackhaft, haltbar und preisgünstig zugleich sein sollte.

Ab 1891 wird der „H. C. F.-Butter-Cakes", mit dem H. Bahlsen bereits im ersten Jahr die Goldmedaille auf der Nahrungsmittelausstellung in Brüssel gewann, vertrieben. Das Rezept wurde sorgfältig gehütet, und nur H. Bahlsen persönlich durfte die Mischung vornehmen. Nicht nur der feine Buttergeschmack, auch die Verpackung in Tüten war etwas völlig Neues; denn Kleingebäck wurde meistens aus großen Tonnen und Kisten lose verkauft. 1892 taufte H. Bahlsen seinen Butterkeks nach dem berühmten Philosophen Gottfried Wilhelm Freiherr von Leibniz. Auf der Weltausstellung in Chicago erhielt der Leibniz-Cakes 1893 die „Höchste Auszeichnung", und es gelang der internationale Durchbruch mit Lizenzherstellung in Amerika und Rußland. Die Ausstattung der Hannoverschen Keksfabrik war in der damaligen Zeit hochmodern. 15 Meter lange Kettenöfen produzierten allein für den deutschen Bedarf 1 Mio. Stück je Woche.

So sorgfältig und hygienisch wie die Herstellung sollte auch die Verpackung der Kekse sein. 1896 entstand die erste kubische Leibniz-Cakes-Packung in der Farbkonstellation Weiß-Blau-Rot, den heutigen Hausfarben Bahlsens. Die Siegelmarke, das weiße Welfenroß auf rotem Grund wurde 1904 von dem TET-Zeichen abgelöst. Dieses altägyptische Wort bedeutet „ewig, dauernd". Die neue patentierte TET-Packung garantierte Frische und Knusprigkeit über lange Zeit. 1956 erhält der Keks eine „thermoplastische Steifpackung", in der die *Leibniz-Kekse* luft- und wasserdicht verpackt sind. 1927 wurde dem TET-Zeichen der Bahlsen-Schriftzug nach der Originalunterschrift Hermann Bahlsens hinzugefügt. Seit 1962 ist diese Kombination das unverwechselbare Markenzeichen des Hauses Bahlsen.

Als einer der ältesten und bekanntesten deutschen Markenartikel hat sich Leibniz immer wieder dem Wandel der Zeit angepaßt. So wurde 1971 die Variante „extra locker" in gelber Verpackung eingeführt, die Assoziationen zu „Butter"-Keks auslösen sollte. 1973 erhielt der *Leibniz-Keks* als zusätzliche Variante eine Schoko-Seite, um weitere Leckermäuler zu befriedigen, und dem Trend nach gesunder Ernährung wurde 1987 mit der Einführung des Leibniz Vollkorn Butterkekses Rechnung getragen.

Bahlsen
TET
LEIBNIZ
BUTTER
KEKS
knusprig
28 Stück
Ofenfrisch verpackt
LEIBNIZ BUTTERKEKS
150 g

Die Erfolgsgeschichte von *tesafilm* begann mit einem gründlichen Mißerfolg. Als Ende des letzten Jahrhunderts der Apotheker Dr. Oskar Troplowitz das Labor seines Kollegen Beiersdorf übernahm, war sein Ziel ein Pflaster, das sowohl schnell und gut kleben als auch hautverträglich sein sollte. Er fand eine Klebemasse, die zwar vorzüglich haftete, aber die Haut reizte und darum nicht zur Wundversorgung taugte. Troplowitz versuchte, aus der Not eine Tugend zu machen: 1896 führte er sein „Citoplast" genanntes Produkt als erstes technisches Klebeband auf dem deutschen Markt ein – „zum Abdichten beschädigter Pneus bei Velos". Doch Erfolg war diesem Zufallsprodukt noch nicht beschieden.

Ebensowenig vom Erfolg verwöhnt war zunächst auch der Produktname. „Tesa" war im Jahre 1907 eine tüchtige Sekretärin namens Elsa Tesmer. Aus den Anfangsbuchstaben ihres Nachnamens und dem Endbuchstaben ihres Vornamens war der Begriff entstanden. Doch schien „Tesa" den Produkten, die das Haus Beiersdorf unter dieser Bezeichnung vertrieb, wenig Glück zu bringen. Kaum einer denkt heute noch bei dem Namen an eine Zahnpastatube oder an ein Konservierungsmittel für Wurstwaren. Der Erfolg stellte sich erst ein, als das richtige Produkt und der richtige Name zusammenkamen. Versuche, ein transparentes Klebeband zu entwickeln, waren in den 20er Jahren vergeblich geblieben. Erst 1935 gelang es, ein solches Band aus Folie herzustellen, das zunächst als „Beiersdorf Klebefilm" bezeichnet wurde. Die Neuentwicklung wurde jedoch bald auf den Namen tesa-Klebefilm getauft, aus dem 1941 die prägnante Kurzformel *tesafilm* abgeleitet wurde.

Heute weiß jedes Kind: *tesafilm* ist das hochtransparente Klebeband für Haushalt und Büro, auf das niemand mehr verzichten will. *tesafilm* hilft Päckchen packen, *tesafilm* heftet Zettel an den richtigen Ort, *tesafilm* bringt auf dezente Weise Risse zum Verschwinden. Und damit *tesafilm* das Leben in Zukunft noch leichter macht, bietet Beiersdorf seit jüngstem auch noch „*tesafilm* plus Büro", „*tesafilm* plus farbig" und „*tesafilm* plus wiederabziehbar" an.

Schon bald nach der Einführung von *tesafilm* wurde im deutschen Sprachraum mit diesem Produktnamen alles bezeichnet, was als technisches Klebeband mit transparenter Folie auf den Markt kam. Deshalb lag es für Beiersdorf nahe, das Potential des Markenartikels zu nutzen und tesa zur Obermarke für alle Klebebänder des Firmensortiments zu machen. Der Produktname erwies sich in der Folge als so werbewirksam, daß auch ältere Artikel, die unter anderer Bezeichnung längst eingeführt waren, in tesa umbenannt wurden. So entstand ab den 50er Jahren eine Produktfamilie, die heute über 800 verschiedene Artikel umfaßt. Dieses breite Sortiment kommt nicht zuletzt dem Handel zugute: die tesa-Familie bietet die Möglichkeit, auf kleinstem Raum gute Umsätze zu erzielen. Geschäfte für Bürobedarf und Eisenwaren, Heimwerkerläden, Farbenfachhandel, Kaufhäuser und Lebensmittelketten haben diese Chance erkannt und kümmern sich heute um den Verkauf der tesa-Produkte.

Der Klarsichtklebefilm

Manche Dinge erwecken den Anschein, als gebe es sie seit Erschaffung der Welt. Tag für Tag sind sie in Gebrauch, und niemand verfällt auf den Gedanken, es könnte anders sein. Zu diesen Dingen gehörten bis in die späten 60er Jahren die Alleskleber. Abgefüllt in Tuben, hatten sie Jahrzehnte in Haushalt und Büro nützliche Dienste geleistet. Doch gerade auf ihrem größten Anwendungsgebiet, beim Kleben von Papier und Pappe, sorgten sie regelmäßig für Ärger. Verunreinigte Vorlagen und verklebte Finger konnten nicht die beste Lösung sein.

Am 22. 9. 1969 präsentierten die Henkel-Werke eine absolute Neuheit auf dem Klebemarkt. Das Düsseldorfer Unternehmen hatte sich eine Erfindung patentieren lassen, die auf den ersten Blick wie ein Lippenstift aussah. Doch statt Rouge enthielt dieser Stift eine feste Klebemasse, die sich nach dem Lippenstiftprinzip aus der Hülse herausdrehen ließ. Sein Name war *Pritt*, der erste Klebestift der Welt.

Pritt machte eine völlig neue Art des Klebens möglich: Eine Drehung am Stift, und mit einem Strich war die Klebemasse aufgetragen. Schnell, sicher, sauber und sparsam ließen sich nun zwei Seiten aneinanderheften, Fotos in Alben einkleben und Adressen auf Paketen anbringen.

Das Haus Henkel war vom Erfolg dieses Klebestifts von Anfang an fest überzeugt. In allen großen deutschen Zeitschriften wurde eine Anzeigenaktion mit einer Gesamtauflage von 120 Millionen Exemplaren geschaltet, während die Fernsehwerbung in zwei Monaten 115 Millionen Verbraucheransprachen erzielte. Nicht weniger intensiv wurde *Pritt* beim Einzelhandel eingeführt. 130 Mann wurden zu großangelegten Verkaufsaktionen im ganzen Land auf die Reise geschickt, und 45.000 Fachhändler – vor allem Schreibwarenhändler, aber auch Fotodrogerien, Kauf- und Warenhäuser – erhielten den *Pritt*-Stift in einer Geschenkpackung zur Ansicht.

Trotz eines Starts mit 500.000 Stiften reichten die Kapazitäten kurze Zeit später schon nicht mehr aus. *Pritt* stieß im Handel und beim Verbraucher auf ein solches Interesse, daß Henkel mit der Produktion und Lieferung des Klebestifts die Nachfrage kaum befriedigen konnte.

Dieser enorme Erfolg ließ die Konkurrenz nicht ruhen. Nur ein Jahr nach der Einführung von *Pritt* kamen drei weitere Wettbewerber mit eigenen Klebestiften auf den Markt. Um den Marktvorsprung zu halten, entwickelte Henkel sowohl das Produkt wie auch die Aufmachung bedürfnisgerecht weiter. Zum leichteren Öffnen und Schließen des Stiftes wurde der praktische Clip-Verschluß eingeführt. Der Packungsinhalt wuchs von ursprünglich 6 auf wahlweise 9, 18 oder 35 Gramm. Haltbarkeit und Rückdrehbarkeit der Klebemasse konnten in den vergangenen Jahren ebenso verbessert werden wie die Klebekraft und das Auftragsverhalten. Die in jüngster Vergangenheit vorgenommene Umstellung auf „Weltqualität" garantiert die konstante Einsatzbereitschaft des *Pritt*-Stiftes in allen Klimazonen der Erde.

Seit 1969 konnten in über 80 Ländern mehrere 100 Millionen *Pritt*-Stifte verkauft werden. Damit ist der Weltmarktführer unter den Klebestiften zugleich der meistverbreitete Klebstoff im Bürobereich. Ein Beweis dafür, daß auch Altbewährtes sich durchaus verbessern läßt.

Pritt
Klebestift
Neu!
Noch stärker
Noch sauberer
Henkel

Für gute Fotos braucht man eine gute Kamera. Aber wie groß muß eine gute Kamera sein? Diese Frage stellte sich in den 30er Jahren der deutsche Fotograf Walter Zapp, ein weitgereister Mann, der damals im Baltikum tätig war. Er fand alle üblichen Fotoapparate zu groß, zu schwer, zu unhandlich. Nur kurze Zeit später sollte Zapp selbst die noch heute gültige Antwort auf seine Frage geben – in Gestalt der ersten Minox, der zugleich ersten voll funktionstüchtigen Kleinstbildkamera der Welt.

Zapp ging bei der Entwicklung von einem einfachen Gedanken aus: Eine Kamera, die man tagtäglich unbelastet mit sich führen kann, muß so klein sein, daß sie in einer Faust verschwindet. Natürlich konnte er dieses Ziel nicht erreichen, indem er einfach die Maße eines bewährten Kameratyps verkleinerte. Auf diesem Weg wäre bestenfalls ein teures Spielzeug entstanden – mit so kleinen Skalen, Knöpfen und Hebeln, daß Lupe und Pinzette notwendiges Zubehör gewesen wären. Zapp ließ sich darum bei der Konstruktion von einer möglichst zweckmäßigen Handhabung leiten. Das Resultat wich am Ende so stark von allen üblichen Fotoapparaten ab, daß es bei der Markteinführung schwer fiel, das elegante kleine Ding aus Edelstahl überhaupt als Kamera kenntlich zu machen.

Die erste *Minox* wurde unter Zapps Leitung 1938 in einem großen elektrotechnischen Werk der lettischen Hauptstadt Riga hergestellt. Obwohl sich seitdem die technische Entwicklung förmlich überstürzte, zeigt die *Minox*-Kleinstcamera noch im Jahr 1988 unverkennbar dieselbe technische und stilistische Grundgestaltung wie jene erste „Rigaer *Minox*" vor 50 Jahren, die inzwischen zu einem begehrten Sammelobjekt geworden ist.

Die Wirren des Zweiten Weltkrieges zwangen Walter Zapp zurück nach Deutschland. Schon im Herbst 1945, ein halbes Jahr nach Kriegsende, wurde die Firma MINOX GmbH in Wetzlar gegründet. Sie hatte insbesondere die Herstellung und den Vertrieb der *Minox*-Kleinstcamera zum Ziel, eines in den Grundzügen unveränderten, aber in allen Details wesentlich verbesserten Modells. Vor allem wog die *Minox* A, die ab 1948 in Serie ging, mit ihrem Gehäuse aus mattsilbrig eloxiertem Leichtmetall noch weniger als das Vorkriegsmodell aus Edelstahl.

Die heutige Spitzenversion der klassischen *Minox*-Kleinstcamera ist die *Minox* LX. Wie alle Vorgängermodelle arbeitet sie mit dem Negativformat 8 x 11 mm. Minox-Filme in Tageslicht-Doppelkassetten gibt es für Farbdias, für farbige Papierbilder und für Schwarzweißfotos. Das für seine Schärfe berühmte *Minox*-Objektiv 3,5/15 mm sorgt dafür, daß die hohe Leistungsfähigkeit des Marken-Filmmaterials auch in starker Vergrößerung voll genutzt wird.

Die *Minox* LX kann ohne Zusatzgeräte bis 20 cm Nähe scharfe, kontrastreiche Aufnahmen machen. Dies brachte ihr nicht nur die Zuneigung von Blumenfreunden ein, sondern auch von Geheimagenten. Sie schätzen an diesem kleinen Wunderwerk optischer, feinmechanischer und elektronischer Präzision besonders die Möglichkeit, Schriftstücke schnell und ohne großen technischen Aufwand in hoher Qualität zu fotografieren. Was freilich nicht daran hindert, daß die meisten *Minox*-Kleinstcameras von ganz normalen, friedliebenden Menschen gekauft und benutzt werden.

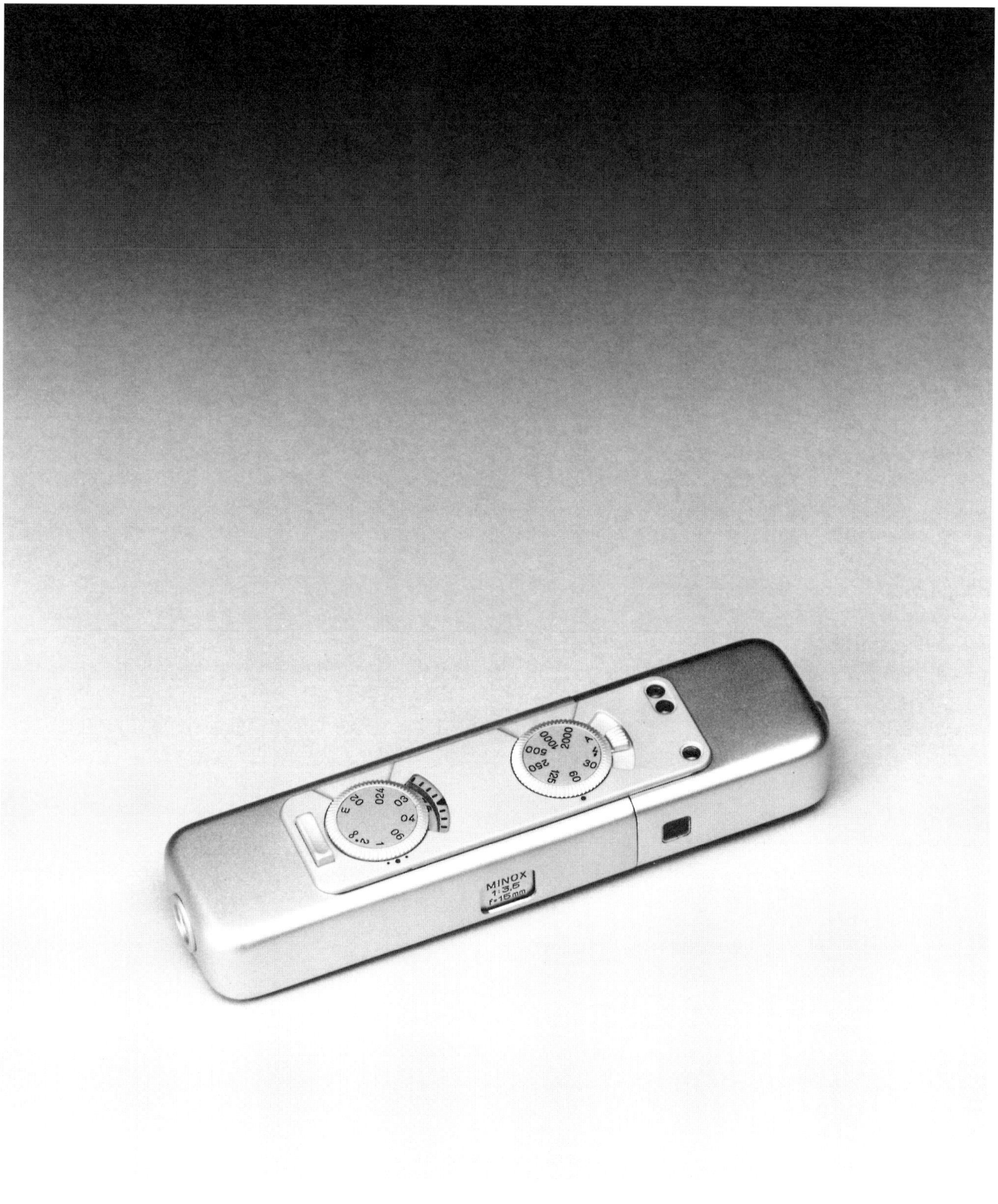
MINOX
1:3,5
f=15mm

„Nimm 60 Teile Sand, 180 Teile Asche aus Meerespflanzen und 5 Teile Kreide." Diese Rezeptur ritzte vor 7.000 Jahren ein unbekannter Erfinder auf eine Tontafel, als Herstellungsanweisung für den ältesten von Menschenhand geschaffenen Werkstoff: Glas. Doch hat er wohl kaum geahnt, welche Möglichkeiten in seiner Komposition keimten. Sie zu entfalten war insbesondere einem Mann vorbehalten: dem Chemiker Otto Schott (1851–1935), Sproß einer lothringischen Glasmacherfamilie, der aus dem uralten Handwerk seiner Vorfahren eine Wissenschaft machte. Fußend auf seinen Erkenntnissen, ist die Forschung heute in der Lage, dem Glas nahezu jede gewünschte Eigenschaft zu geben.

Eines der erfolgreichsten Glaserzeugnisse unserer Tage aus dem Hause Schott ist die Glaskeramik-Kochfläche, die unter dem Produktnamen *Ceran* im Handel erhältlich ist: zwei von drei neuen Einbauküchen werden in der Bundesrepublik mit diesen glatten Kochflächen verkauft, die weltweit nur von Schott gefertigt werden. Durch diese Innovation der Mainzer Glasspezialisten wurde die moderne Küche in Aussehen und Technik gleichermaßen revolutioniert.

Ästhetisch fasziniert an Kochfeldern mit *Ceran* Kochflächen – neben der Vielfalt der Dekor- und Design-Möglichkeiten – vor allem das Glühbild, das nach Einschalten der Beheizung durch die transparente Glaskeramik erscheint. In diesem Glühbild nimmt die vielleicht größte Kulturleistung der Menschheit, die Hegung des Feuers, sinnlich konkrete Gestalt an. Wichtiger aber für den praktischen Gebrauch sind die technischen Vorzüge, die dieser Herd mit der glatten Oberfläche ohne einzelne hervorstehende Kochstellen bietet. Glaskeramik ist ein Werkstoff, der sich durch extreme Temperaturbelastbarkeit auszeichnet: er bleibt bis circa 800° C absolut formbeständig und zeigt sich auch gegen schroffen Temperaturwechsel völlig unempfindlich. Dank der Materialeigenschaften und der Geometrie von *Ceran* Kochflächen wird die Wärme fast zu 100 % zum Topf geleitet. Das bedeutet: Nur wenige Zentimeter neben der beheizten Zone ist die Glaskeramik bereits deutlich kühler. Dadurch wird nicht nur vermieden, daß die Hausfrau sich aus Unachtsamkeit die Finger verbrennt; sie spart vor allem Energie, und die Ankochzeiten sind kurz.

Die *Ceran* Kochfläche dominiert heute in modernen Küchen, weil Schott mit ihr nicht nur ein neues Einzelprodukt auf dem Markt eingeführt hat, sondern dazu auch die Anwendungstechnik. Seit Beginn der Entwicklung von Glaskeramik-Kochfeldern hat die Unternehmensgruppe sich die Aufgabe gestellt, alle wesentlichen Komponenten des Gesamtsystems zu berücksichtigen und in die Optimierung einzubeziehen. Schon in der Anlaufphase vor etwa 15 Jahren bemühte man sich erfolgreich um die konzentrierte Zusammenarbeit mit den Herstellern von Küchen und Herden, von Heiz- und Regelsystemen, aber auch mit dem Groß- und Einzelhandel.

Diesen Systemgedanken verfolgt Schott bei allen aktuellen und künftigen Arbeiten zur Weiterentwicklung der *Ceran* Kochflächen ebenso konsequent wie bei der anwendungstechnischen Unterstützung seiner Abnehmer. Denn dank dieser Firmenpolitik hat die Schott Gruppe ihre führende Position als Spezialglas-Hersteller in Europa kontinuierlich ausgebaut und gehört auch weltweit zur Spitzengruppe.

Die Kochfläche

Als im Jahre 1796 ein berittener französischer Korporal die Zahl 4711 an eine Hauswand schrieb, ahnte wohl niemand, welch weltweite Berühmtheit diese Ziffernfolge erlangen sollte. Unter der Besetzung Kölns durch die Franzosen ordnete der befehlshabende Kommandant an, alle Häuser der Stadt fortlaufend zu numerieren. Das Haus Mülhens in der Glockengasse erhielt die Nummer 4711.

Vier Jahre zuvor, man schrieb den 8. Oktober 1792, feierte Wilhelm Mülhens, Sohn einer angesehenen Bankiersfamilie, seine Hochzeit. Unter den Gaben befand sich ein altes Pergament, ein Geschenk des Kartäusermönches Franz Carl Gereon Maria Farina, mit der geheimnisvollen Rezeptur für ein „aqua mirabilis"-Wunderwasser. Schon bald errichtete Wilhelm Mülhens in seinem Haus eine kleine Manufaktur zur Herstellung dieses heilkräftigen, wohlriechenden Destillats und verkaufte es als „Kölnisch Wasser" mit der Firmenbezeichnung „Franz Maria Farina– in der Klöckergasse No. 4711 in Cöln a. R."

Es erwies sich als äußerst klug, die Zahl 4711 besonders herauszustellen, gab es doch zeitweilig mehr als 50 verschiedene Kölnisch Wasser-Produzenten in der Stadt, die fast alle unter „Farina" firmierten.

Auf die Idee, die Hausnummer zum Markenzeichen seines Kölnisch Wassers zu erklären, kam allerdings erst der Enkel des Firmengründers, Ferdinand Mülhens. 1881 ließ er die Zahl 4711 als Markenzeichen ins Handelsregister eintragen und stellte sie in den Mittelpunkt des von ihm selbst entworfenen blau-goldenen Flaschenetiketts. Damit erreichte sein Kölnisch Wasser einen Bekanntheitsgrad ohnegleichen. Bis heute ist es das einzige Warenzeichen, das allein durch eine Zahl ohne Zusatz eingetragen ist. Unverändert geblieben sind seither außerdem noch die charakteristische Form der Molanus-Flasche und das Etikett. Nur der Verschluß hat sich der modernen Entwicklung angepaßt: der ursprüngliche Korken mit beigefügtem Korkenzieher wurde durch eine Schraubkappe ersetzt.

Schon Mitte des vorigen Jahrhunderts war die Nachfrage nach dem Duftwasser aus der Glockengasse 4711 auf der ganzen Welt angestiegen. In New York und Riga wurden eigene Fabriken errichtet. Der kluge Einsatz moderner Werbe- und Verkaufsmethoden führte dazu, daß *4711* trotz schwerer Verluste durch die beiden Weltkriege nach wie vor ein Inbegriff des „Made in Germany" ist.

Bis heute ist die Komposition von „4711 Echt Kölnisch Wasser" geheim und wird in nunmehr sechster Generation vom Vater auf den Sohn weitergegeben. Beinahe jedoch wäre die geheime Zusammensetzung an die Öffentlichkeit gelangt, als Napoleon 1810 die Preisgabe aller Rezepturen für Heilmittel dekretierte, um sie den Armen zugänglich zu machen. Doch die Zunft der Kölnisch-Wasser-Manufakturen entging findig dieser Verfügung: sie erklärte ihre Destillate nicht mehr als Heilwasser, sondern als reines Duftwasser. So wurde das Geheimnis von *4711* gewahrt. Nur Ferdinand Mülhens, der jetzige Inhaber des traditionsreichen Familienunternehmens, kennt die Rezeptur der „aqua mirabilis". Ihm allein ist es vorbehalten, den unverwechselbaren Duft von „4711 Echt Kölnisch Wasser" zu komponieren.

ECHT KÖLNISCH WASSER
ORIGINAL EAU DE COLOGNE
GOTT UND MEIN RECHT
№ 4711.
Eau de Cologne & Parfümerie-Fabrik
"GLOCKENGASSE №4711"
KÖLN a. RH. / COLOGNE

Kleben konnte schon der prähistorische Mensch. Aus Knochen und Leder kochte er sich seinen Leim, der aber längst nicht so haltbar und witterungsbeständig war, wie die heutigen synthetischen Klebstoffe.

Eine besondere Form der modernen Klebtechnik ist das Kontaktkleben. Dabei trägt man den Klebstoff nicht einseitig auf, sondern beide zu verbindenden Flächen werden mit dem Klebstoff bestrichen. Nachdem sich der Klebstoff trocken anfühlt (ca. 15 Min.) werden beide Teile unter hohem Druck zusammengefügt. Die Haftung ist ungleich höher als bei den herkömmlichen Verfahren.

1956 entwickelte Henkel aus dem Industriebereich seinen ersten Kontaktkleber, das flüssige *Pattex*. Zu jener Zeit waren die Nierentische allseits beliebt. Diese originellen, leichten Möbel mit den farbigen Kunststoffbeschichtungen erforderten genaueste handwerkliche Wertarbeit. Weißleime erwiesen sich für die Verklebung von Kunststoffschichtplatten auf Spanplatten als sehr umständlich und schwierig. Deshalb bot sich der Kontaktkleber als willkommene Alternative für das Schreinerhandwerk an.

Die 100-g-*Pattex*-Dose, verpackt in einem Holzblock, wurde damals als Muster an jeden Schreiner ausgegeben, und der neue Klebstoff fand schnell in vielen Sparten des Handwerks Verwendung.

Ein neuer Markt eröffnete sich in den sechziger Jahren. Do-it-yourself hieß die Devise, mit der die Bewegung der Hobby- und Heimwerker immer neue Anhänger fand. Henkel plazierte den Kontaktkleber vor allem im Hausrat- und Eisenwarenhandel, um ein breites Publikum anzusprechen. Die herkömmliche Verpackung, eine Dose, wurde entsprechend der neuen Zielgruppe ergänzt. Mit dem Schritt zur Tube sicherte sich *Pattex* zunehmend Anteile am traditionellen Allesklebermarkt. Die Werbung in dieser Zeit war ganz auf die Vielfalt der Verwendungsmöglichkeiten abgestellt. Plakate zeigten *Pattex* mit Holz, Glas, Filz, Kunststoff, kurz allem, was zu kleben war. Diese Vielseitigkeit stärkte den Eindruck beim Verbraucher, daß der neuartige Kontaktkleber mehr leisten konnte als die geläufigen Alleskleber. Seit Ende der sechziger Jahre gilt *Pattex* als Inbegriff des Kraftklebens.

Spektakuläre Aktionen in der Fernsehwerbung stellten das Stichwort „Kraft" unter Beweis: 1973 liftete ein Hubschrauber ein Haus in die Höhe, allein gehalten von *Pattex* compact. Kein Wunder, daß *Pattex* beim Verbraucher immer mehr mit „absoluter Festigkeit" assoziiert wurde.

Das neu entwickelte tropffreie *Pattex* erlaubte ein „sauberes Kraftkleben". Seine Konsistenz ermöglichte es, das zwangsläufige Abtropfen, z. B. an senkrechten Flächen, beim Kleben zu vermeiden.

Schon Anfang der siebziger Jahre war es Henkel gelungen, mit „*Pattex* Spezial" einen Kontaktkleber zu präsentieren, der einen überragenden Ersatz für das bis dahin übliche *Pattex* mit Härter bot. Er war ohne weitere Zusätze bis 130° wärmestabil.

Seit 1981 steht *Pattex* als Dachmarke für eine ganze Reihe von Spezialklebern. Es gibt *Pattex* Pistolen/Patronen, *Pattex* Sekundenkleber, *Pattex* Super-Gel, *Pattex* Kraft-Mix und *Pattex* transparent. Der ursprüngliche Kontaktkleber in der Dose entwickelte sich zum Kraftkleber in den unterschiedlichen Angebotsformen für kräftiges Kleben.

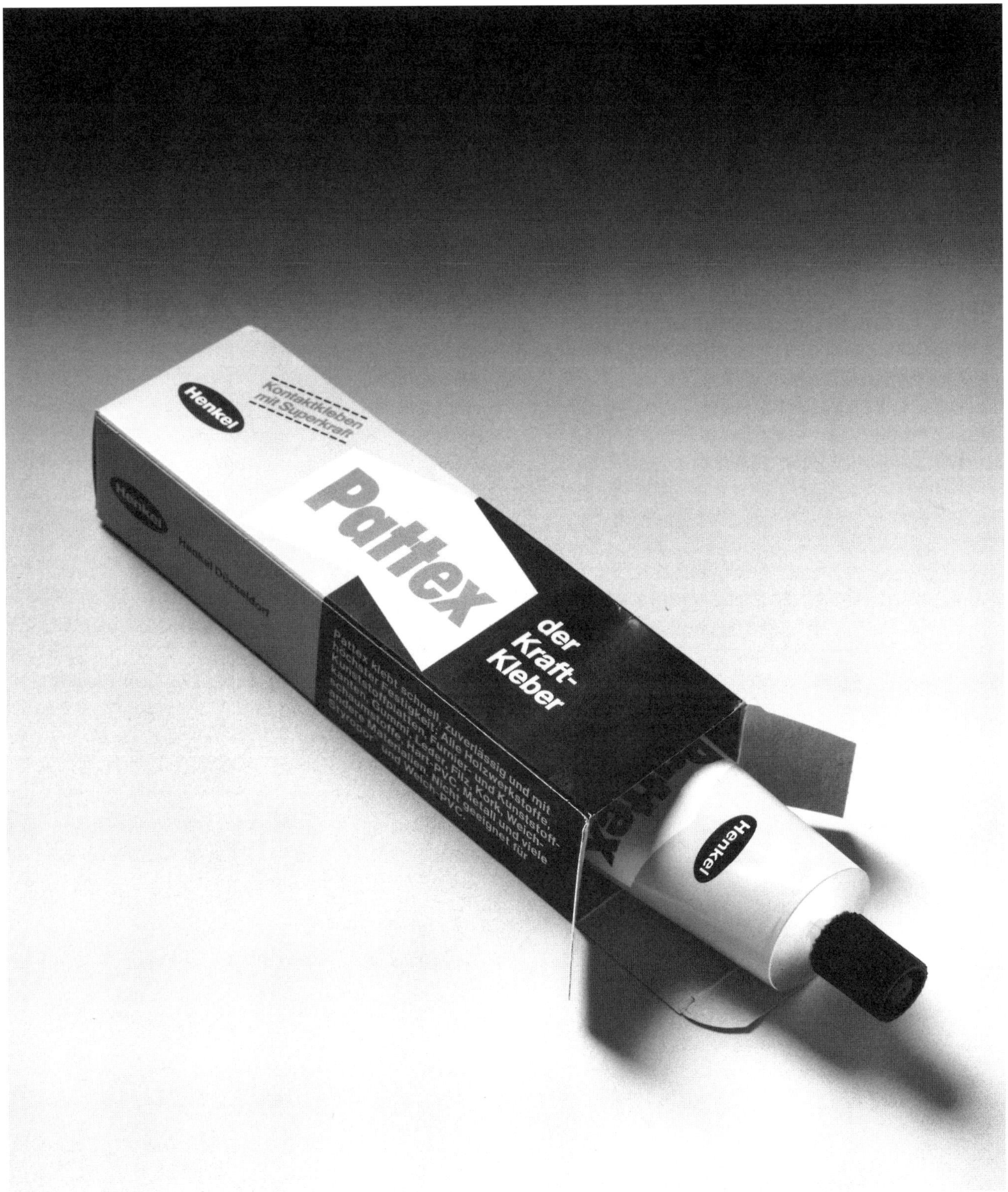
Henkel
Kontaktkleben
mit Superkraft
Pattex
der
Kraft-
Kleber
Henkel

Sennheiser HD *540 reference*

Unter den Liebhabern klassischer Musik herrscht seit Jahren ein Streit, ob Herbert von Karajan oder Leonhard Bernstein der größte Dirigent unserer Zeit ist. Wer entscheiden will, unter welcher Stabführung das zarteste Pianissimo und das mächtigste Forte erklingt, für den hält die deutsche Elektronikindustrie einen unbestechlichen Klangmesser bereit: den Kopfhörer *HD 540 reference* von Sennheiser.

Es begann in einem Bauernhaus am Rand der Lüneburger Heide. Dort gründete am 1. Juni 1945 Professor Dr. Ing. Fritz Sennheiser das „Laboratorium Wennebostel", um zunächst in Handarbeit Strommeßgeräte herzustellen. Schon früh setzte Sennheiser auf die Kommunikationsmedien. Der Rundfunk und das aufkommende Fernsehen erforderten immer neue Techniken bei der Tonübertragung. Mit dem Tauchspulenmikrophon MD2 gelang bereits 1947 der Einzug in die Rundfunkanstalten. Für die Erfordernisse der Fernsehstudios konstruierte das junge Unternehmen bald darauf das Standmikrophon MD3. Mit seinem extrem dünnen Hals war es praktisch unsichtbar und konnte darum besonders gut auf Bühnen eingesetzt werden.

1955 – zehn Jahre nach der Firmengründung – reichte das Bauernhaus in Wennebostel nicht mehr aus, und ein Neubau entstand für 250 Mitarbeiter. Drei Jahre später entwickelte die Sennheiser electronic KG die erste drahtlose Mikrophonanlage „Mikroport". Ein weiterer Fortschritt gelang 1962 mit dem Rohrrichtmikrophon, das es erlaubte, bei Film- und Fernsehaufnahmen das Mikrophon außerhalb des Kamerablickwinkels zu halten und dabei eine klanggetreue Wiedergabe zu liefern.

1968 brachte Sennheiser eine Weltneuheit auf den Markt: den Kopfhörer HD 414. Als erstes Gerät arbeitete er nach dem „offenen Prinzip", das heißt, Außengeräusche waren noch wahrnehmbar. Im Gegensatz zu den meisten üblichen Modellen war er so leicht, daß man ihn auf dem Kopf kaum spürte. Dabei konnte er mit einem Frequenzbereich von 20 bis 20.000 Hertz Musik beinahe so wiedergeben, wie sie auch gespielt wurde. In nur sechs Jahren wurde der HD 414 eine Million Mal verkauft. Mit diesem meistgekauften Hi-Fi-Stereo-Kopfhörer der Welt stieg Sennheiser zum größten Hersteller von Kopfhörern in Europa auf.

Das heutige Spitzenmodell von Sennheiser, der *HD 540 reference,* ist das Ergebnis jahrzehntelanger Erfahrungen in der professionellen Akustikübertragung. Mit einem Gewicht von nur 196 Gramm ohne Kabel bietet dieser Kopfhörer der High-Tech-Generation einen hohen Tragekomfort, so daß weder Zwang noch Druck das Klangerlebnis trübt. Da dieses Präzisionsgerät auf eine lange Lebensdauer angelegt ist, sind alle wesentlichen Teile auswechselbar. Dabei ist sein Preis so kalkuliert, daß der Käufer sich auch getrost noch einen Konzertbesuch erlauben kann.

Das überzeugendste Datum des *HD 540 reference* aber ist fraglos seine enorme Klangleistung. Während das menschliche Gehör im Hauptsprachgebiet Tonfrequenzen von 300 bis 2.500 Hertz empfängt und im Musikbereich Frequenzen von 30 bis 10.000 Hertz übermittelt werden, erstreckt sich der Frequenzbereich des *HD 540 reference* von 16 bis 25.000 Hertz. Gleichgültig, ob Karajan oder Bernstein die Krone gebührt: Mit dem *HD 540 reference* von Sennheiser kann jedermann ihre Musik wie im Konzertsaal erleben.

SENNHEISER
HD 540

„Habe mich aufs neue erkältet, konnte nachmittags nicht ruhen und fühle mich schlecht, auch psychisch ... Zum Abendessen, an K's Bett, trank ich Punsch, der mir warme Füße machte, und nahm Aspirin. Besserung." Diese Zeilen trug Thomas Mann am 25. 11. 1918 in sein Tagebuch ein. Für ihn wie für viele seiner Zeitgenossen war bereits eine Arznei zum Inbegriff für Schmerzlinderung geworden, die gerade 20 Jahre zuvor in einem Labor von Bayer synthetisiert worden war: *Aspirin*.

Der Wirkstoff „Acetylsalicylsäure" – abgekürzt ASS – wurde erstmals 1897 in chemisch reiner Form von Dr. Felix Hoffmann fixiert. Er ist die einzige Wirksubstanz von *Aspirin*®. Ein Teil der Verbindung war von anderen Forschern bereits aus der Weidenrinde herausgelöst worden, deren Sud seit Hippokrates als fiebersenkendes und schmerzlinderndes Mittel bekannt war. Aber diese ersten chemischen Salicylverbindungen hatten erhebliche Nachteile: sie waren schlecht verträglich, nicht lange haltbar und schmeckten einfach widerlich. Mit dem Bayer-Mittel aber gehörten diese Begleiterscheinungen der Vergangenheit an. 1899 wurde der Name *Aspirin* – gebildet aus den Anfangsbuchstaben des Zungenbrechers „Acetylsalicylsäure" und der lateinischen Bezeichnung einer salicylsäurehaltigen Staude, „spiraea ulmaria" – als Warenzeichen eingetragen. Noch im gleichen Jahr kam das Medikament – zunächst als Pulver, bald darauf in der damals ganz neuen Tablettenform – auf den Markt. Damit wurde ein Kapitel Medizingeschichte eröffnet, das noch längst nicht abgeschlossen scheint.

Die Zusammensetzung von *Aspirin* blieb bis heute unverändert. Dennoch hat das Mittel in der jüngeren Vergangenheit verschiedene Therapiebereiche von Grund auf umgestaltet. Zwar wußte man von Beginn an, daß ASS schmerzlindernd, entzündungshemmend und fiebersenkend wirkt, aber erst in den 60er Jahren konnten die vielfältigen Wirkungsmechanismen enträtselt werden. Seit Mitte der 50er Jahre ist auch die antithrombotische Wirkung von ASS bekannt. Dabei wird die Verklebung der Blutplättchen, die an der Gerinnung des Blutes mit beteiligt sind, spürbar gehemmt. Auch wenn die Untersuchungen auf diesem Gebiet noch nicht abgeschlossen sind, so kann erwiesenermaßen die vorbeugende Behandlung mit *Aspirin* das Risiko für einige der häufigsten Todesursachen, die auf Arteriosklerose zurückzuführen sind, deutlich senken: z. B. bei Angina pectoris, überstandenem Herzinfarkt und Hirnschlag.

Als bereits in den 30er Jahren der spanische Philosoph Ortega y Gasset unser Jahrhundert als „Zeitalter des Aspirin" bezeichnete, konnte er nicht ahnen, daß das weltbekannte Schmerzmittel heute aktueller sein würde als je zuvor.

Doch all die neuen Indikationen von *Aspirin* werden die klassische Verwendung des „Jahrhundertpharmakons" nicht verdrängen. Während andere Schmerzmittel den Ansprüchen neuerer wissenschaftlicher Methoden nicht standhalten konnten, ist Aspirin weiterhin der Standard in der Schmerztherapie.

Was die Forschung feststellt und nachweist, wird von den Verbrauchern seit Jahrzehnten praktiziert: In über 70 Ländern der Welt heißt nach wie vor die Antwort auf Kopfschmerzen – *Aspirin* von Bayer.

Die Kopfschmerztablette

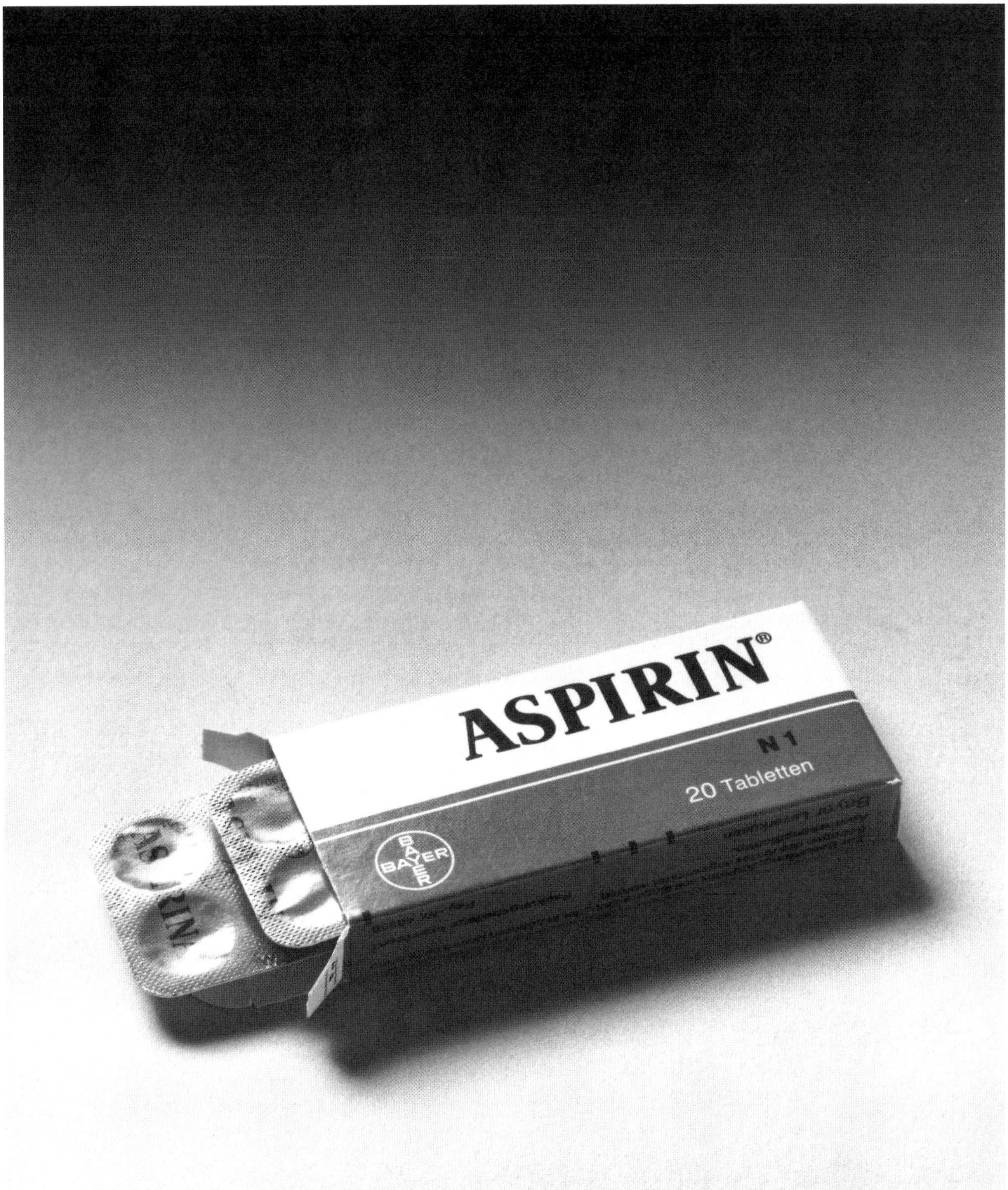

Fehler in einem Geschäftsbrief haben schon so manches Geschäft vereitelt. Doch Fehler unterlaufen auch der besten Schreibkraft. Zum Glück gibt es deshalb ein Mittel, das sie auf schnelle und einfache Weise zum Verschwinden bringt: *Tipp-Ex*, das universale Korrekturfluid.

Zu Beginn der 60er Jahre stand das deutsche Wirtschaftswunder in seiner vollsten Blüte. In dieser prosperierenden Zeit wurde in Frankfurt am Main eine neue Firma gegründet. Nicht lange zuvor war eine Erfindung gemacht worden, die Tippfehlerkorrekturen wesentlich vereinfachte. Dabei handelte es sich um beschichtete Papierstreifen, mit denen falsch getippte Buchstaben durch nochmaliges Anschlagen sich rasch und sauber abdecken ließen. Aufgabe der jungen Firma sollte es sein, diese Erfindung zu verwerten. Der Name für das Produkt und die Firma war rasch gefunden: *Tipp-Ex*, eine ebenso naheliegende wie eingängige Bezeichnung, die den Nutzen des Artikels unmittelbar zu erkennen gab.

Die Anfänge waren natürlich bescheiden. Doch stellte sich bald heraus, daß die Schreibkräfte in den deutschen Büros förmlich auf ein Mittel gewartet hatten, mit denen sie der ärgsten Plage beim maschinellen Schreiben – den Tippfehlern – effektiver und weniger umständlich zu Leibe rücken könnten, als es mit den bis dahin bekannten Verfahren möglich war.

Nach der erfolgreichen Einführung galt es nun, Vertriebswege festzulegen. Sie sollten grundsätzlich über den Fachhandel führen. Diese Entscheidung erwies sich als überaus klug. Denn die begeisterte Aufnahme von *Tipp-Ex* durch die Verbraucher machte es dem Groß- und Einzelhandel leicht, das Produkt in sein Sortiment aufzunehmen. Wieder einmal zeigte sich, daß der beste Verbündete eines marktgerechten Artikels der Konsument ist.

In der zweiten Hälfte der 60er Jahre fällte die Geschäftsleitung von *Tipp-Ex* einen Entschluß, dessen Auswirkungen den ersten Erfolg des Hauses nicht nur wiederholte, sondern sogar noch übertraf. *Tipp-Ex* brachte ein flüssiges Korrekturmittel auf den Markt. Dieses Fluid sollte das Anwendungsgebiet von *Tipp-Ex* über die Büroräume hinaus erweitern. *Tipp-Ex* war nun für alle da, denn das Fluid eignete sich nicht nur für die Korrektur an der Schreibmaschine, sondern konnte auf allen möglichen Schriftstücken Fehler tilgen.

Nach dem Auftrag mit dem in der Kappe befestigten Pinsel trocknete es in Sekundenschnelle zu einer glatten, überschreibbaren Oberfläche auf.

Mitbestimmend für den Durchbruch im Markt war der Aufschwung, den die Fotokopierbranche Anfang der 70er Jahre zu verzeichnen hatte. Bei der nun einsetzenden Flut von Schriftstücken erwies sich das Fluid bald als unentbehrlich. Neben dem universell verwendbaren Standard-Fluid kamen darum zusätzlich Sondervarianten auf Lösungsmittel- und Wasserbasis in den Handel. Wie beim Korrekturpapier bot *Tipp-Ex* auch hier Farben in Serien und als Sondermischungen an.

Auch heute, da die elektronische Daten- und Textverarbeitung die Büros erobert, hat das Korrekturfluid von *Tipp-Ex* eine große Zukunft vor sich. Die neuen Techniken selbst geben dabei weitere Zielgruppen vor. Ständig steigende Umsatzzahlen sind dafür der beste Beweis.

Das Korrekturfluid

Wohin der Weg auch führt – an 3.250 Straßen- und Autobahntankstellen winkt dem deutschen Autofahrer ein blau-weißer Diamant entgegen, ein auf die Spitze gestelltes blaues Quadrat mit weißem Schriftzug: das Firmenzeichen von *Aral*.

Ihren Ursprung hat die Aral AG in der Westdeutschen Benzol Verkaufsvereinigung, abgekürzt BV. 13 Bergbauunternehmen gründeten diese Interessengemeinschaft 1898 in der Ruhrmetropole Bochum. Benzol war wie Ammoniak und Teer ein Nebenprodukt, das bei der Verkokung von Kohle anfiel.

Anfangs war der Bedarf an Benzol sehr gering. Erst mit der Entwicklung stationärer Explosionsmotoren, die mit Benzol statt Benzin betrieben werden konnten, ergaben sich größere Absatzmöglichkeiten. Schließlich gelang es in mehrjähriger Forschung, einen Vergaser zu konstruieren, der sowohl für den Verbrauch von Benzin als auch von Benzol geeignet war. Trotzdem galt Benzol bis zum Ersten Weltkrieg als Benzinersatz. Selbst der sportbegeisterte Prinz Heinrich, ein Bruder Kaiser Wilhelms II., konnte mit der berühmten „Prinz Heinrich Fahrt" dem Benzol noch nicht zum Durchbruch verhelfen.

Eine Wende brachte der Erste Weltkrieg. Die Abschnürung der deutschen Wirtschaft vom Weltmarkt zwang das Heer, Luftfahrzeuge und Automobile überwiegend mit Benzol zu betanken. Der vermeintliche Benzinersatz erwies sich nun als ein wertvoller Kraftstoff. In den Bergwerken sank mit der Koksproduktion aber zugleich die Benzolerzeugung. Reparationsforderungen der Siegermächte führten Anfang der 20er Jahre zu einer weiteren Verknappung des Angebots, während die Zahl der Automobile auf den Straßen stieg. Spiritus oder Branntwein waren als Streckungsmittel zu teuer. Auch scheiterten Versuche, Benzol mit Gasöl zu vermischen und zu vertreiben.

In dieser Situation besann sich die BV auf ein schon vor dem Krieg erprobtes Gemisch. Es bestand damals aus 40% Benzol und 60% Benzin. Am 2. 4. 1924 kam *Aral* als erster Superkraftstoff der Welt auf den Markt. Der Name setzte sich aus den Anfangssilben der Aromaten des Benzols und Aliphaten des Benzins zusammen. Dank *Aral* schlüpfte das Benzol endgültig aus der Rolle des Ersatzkraftstoffes. Dazu trug nicht zuletzt bei, daß *Aral* als erster Kraftstoff streng genormt wurde: Der Autofahrer konnte sich zu jeder Zeit und an jedem Ort auf die gleichbleibende Qualität von *Aral* verlassen.

Im selben Jahr begann die BV mit dem Aufbau eines eigenen Zapfstellennetzes. Die Farben der Tanksäulen, Schwarz und Gelb, änderten sich aber bereits 1927 mit der Einführung der neuen schwarz-gelben Verkehrsschilder. Seither stehen Blau und Weiß, die Stadtfarben Bochums, für den traditionsreichen Markenkraftstoff.

Als Anbieter mit dem dichtesten Tankstellennetz ist *Aral* heute der Autopartner in Deutschland. Seine Verantwortung als Marktführer stellte das Unternehmen in jüngster Zeit durch Innovation wie das erste Superdiesel und die frühe und flächendeckende Einführung von bleifreiem Benzin in Normal- und Superqualität unter Beweis. Der Autofahrer erkennt die Zapfsäulen mit den umweltfreundlichen *Aral*-Kraftstoffen an den strahlend weißen Wolken auf tiefblauem Grund. *Aral* sorgt nicht nur für zügigen Verkehr auf deutschen Straßen, sondern leistet auch einen aktiven Beitrag zum Umweltschutz.

ARAL

Über den künstlerischen Wert eines Gemäldes entscheidet nicht der Augenblick, sondern die Nachwelt. Gleiches gilt für die Qualität von Künstlerfarben. Noch heute bewundern wir die Farbenpracht in den Werken alter Meister. Die meisten von ihnen malten mit Harz-Ölfarben, deren Rezepturen und Herstellungstechniken gegen Ende des letzten Jahrhunderts nahezu völlig verloren gingen. Die Folgen sind unschwer zu erkennen: neuere Kunstwerke weisen in bezug auf Risse, Haltbarkeit und Farbqualität zumeist einen weitaus schlechteren Zustand auf als die Gemälde der alten Meister.

Einer der wenigen Künstler, die noch im 19. Jahrhundert Harz-Ölfarben benutzten und ihre Rezepturen pflegten, war Cesare Mussini, Professor an der Akademie der schönen Künste in Florenz. Er vertraute seine Kenntnisse Hermann Schmincke und Josef Horadam an, zwei miteinander verschwägerten Chemikern, die 1881 in Düsseldorf die Firma Schmincke & Co. gründeten. Die Rezepturen dieses großen italienischen Maltechnikers bilden im Hause Schmincke noch heute die Basis zur Fertigung von Künstlerfarben.

Mussini ist eine Künstler-Harz-Ölfarbe für höchste Ansprüche. Der entscheidende Unterschied zu sogenannten „reinen" Ölfarben besteht im Ersatz überschüssiger Anteile der zum Gilben neigenden fetten Öle durch wertvolle Harze in ätherischen Lösungen. Jeder Farbkörper ist seinem Wesen entsprechend präpariert und enthält nur soviel fettes Öl, als er zur Bindung und zum soliden Auftrocknen nötig hat. Additive bleiben auf ein Minimum beschränkt. Der gleichmäßige Durchtrocknungsprozeß der *Mussini* vermindert eine beim Malen störende Hautbildung. Die Farbe trocknet zu einer spannungsfreien Schicht auf; Runzelbildung und Risse werden dadurch weitestgehend reduziert. Für die hohe Leuchtkraft schließlich bürgen die optimalen Lichtbrechungseigenschaften der *Mussini*. Die feinst verteilten Harzanteile lassen das Licht tiefer eindringen und verleihen dem Gemälde eine reizvolle Tiefenwirkung. All diese Vorzüge haben in Vergangenheit und Gegenwart so große Künstler wie zum Beispiel Otto Dix bewogen, ausschließlich mit *Mussini* Harz-Ölfarben zu malen.

„Meliora cogito", lautet der Wahlspruch des Hauses Schmincke, „ich trachte nach dem Besseren." Was im Spätmittelalter unter handwerklichen Bedingungen seinen Anfang nahm, führt Schmincke in unserer Zeit mit besseren Rohstoffen und Fertigungstechniken industriell fort. Alte Erfahrung und junge Initiative sicherten dem Unternehmen ein Wachstum in stetigem, gesunden Tempo, bis Bomben und Feuer im November 1943 in einer Nacht fast den gesamten Betrieb zerstörten. Doch mit der in der ganzen deutschen Wirtschaft gezeigten Zähigkeit wurde auch hier unter widrigsten Umständen die Produktion fortgesetzt. Heute umfaßt die Programmpalette 1200 Künstlerfarben in 20 Farbsorten, neben der *Mussini* auch die von Aquarellisten wie Nolde, Schmidt-Rottluff und Kokoschka bevorzugte HORADAM. Im Vertrauen darauf, daß Maler echte Qualität auch weiterhin erkennen und ihr treu bleiben, sieht Schmincke nach nun über 100 Jahren voller Optimismus in die Zukunft.

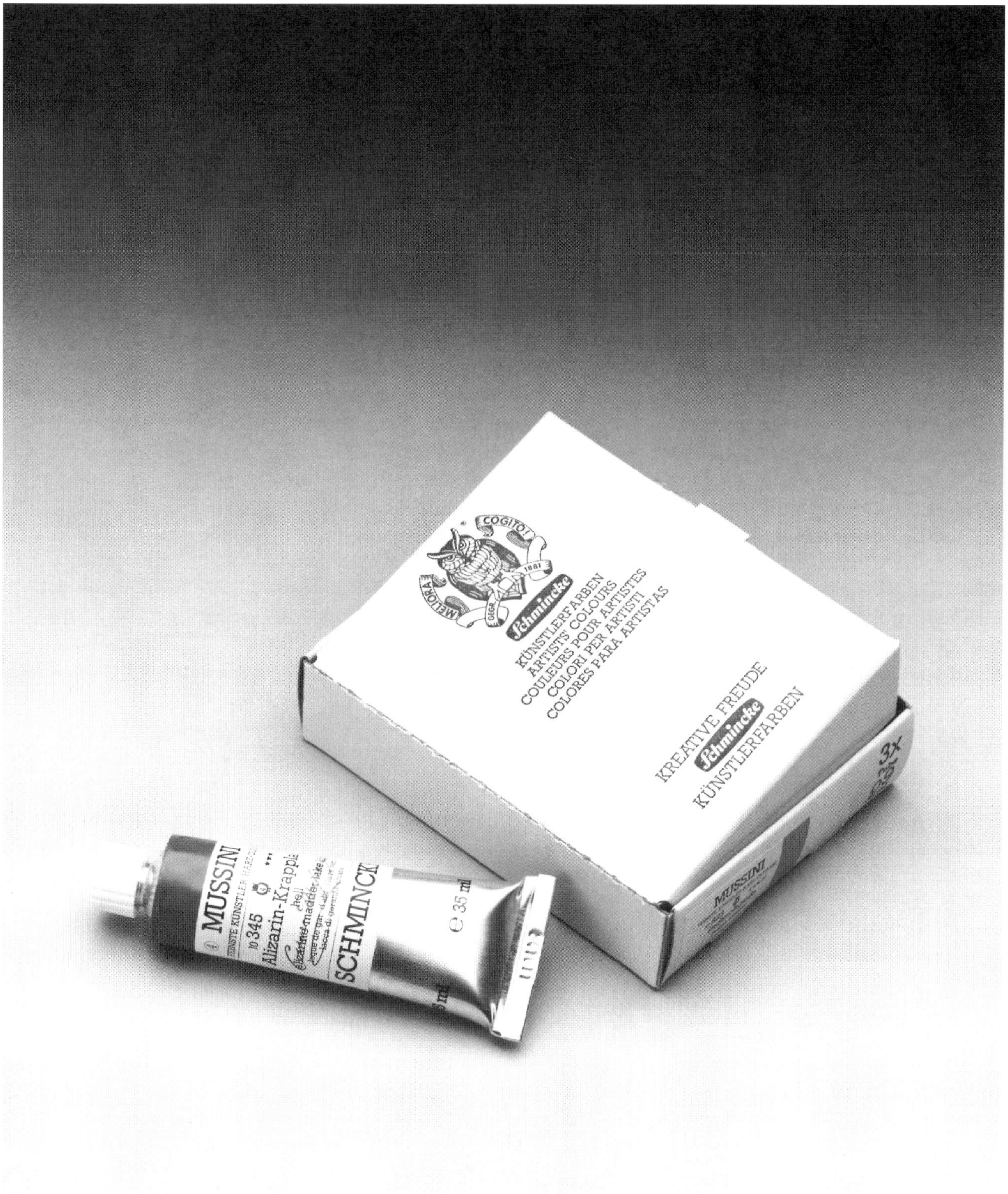
COGITO!
MELIORA
1881
Schmincke
KÜNSTLERFARBEN
ARTISTS' COLOURS
COULEURS POUR ARTISTES
COLORI PER ARTISTI
COLORES PARA ARTISTAS
KREATIVE FREUDE
Schmincke
KÜNSTLERFARBEN
MUSSINI
345
Alizarin-Krapplack
hell
SCHMINCKE
35 ml
MUSSINI
3x

Lodenfrey

„Lodo" oder „Lodium" – im Althochdeutschen gleichbedeutend mit „grobes Wollzeug", „zotteliger Mantel" – nannten die Tiroler Bauern um 950 ihre neueste Erfindung. Es war ihnen gelungen, die Wolle der Schafe zu einem besonders festen und strapazierfähigen Tuch zu verarbeiten, dem Loden. Durch das Walken, einer Methode des Verfilzens, erhielt der Lodenstoff seine Dichte. Eine einfache Strickstruktur ließ – ähnlich den übereinandergeschichteten Lagen eines Strohdaches – das Regenwasser leichter ablaufen und schützte so vor schnellem Durchnässen. Bis ins 19. Jahrhundert waren Mäntel und Umhänge aus Loden die zweckmäßige, wetterfeste Bekleidung für Jäger, Bauern und Hirten.

Johann Georg Frey, gelernter Tuchmacher aus Württemberg, kam 1842 nach München und erwarb dort für 250 Gulden die „Webergerechtsame", seine erste Lizenz. Mit 10 Webstühlen eröffnete er seine Werkstatt, in der er einfache, glatte Lodenstoffe fertigte. 1854 stellte Frey auf der Pariser Weltausstellung eine absolute Weltneuheit vor, einen wasserabweisenden Loden. Mit Paraffin, das er der Wolle beim Walken zusetzte, hatte er diese Wirkung erreicht.

Johann Baptist Frey, Sohn des Firmengründers, arbeitete weiter an den Ideen seines Vaters und entwickelte 1872 den ersten wirklich wasserfesten Lodenstoff, den Strichloden. Die gewalkte und geraute Ware erhielt in der Appretur eine in Strich gelegte Haardecke und wurde zusätzlich wasserabweisend ausgerüstet.

Bis heute ist Lodenfrey seinem Produkt treu geblieben. Aus Strichloden entstand auch der erste modische Lodenmantel. Im Stil des damals beliebten Havelock, einem langen ärmellosen Herrenmantel mit pelerineartigem Umhang, wurde er schon bald wie der englische Trenchcoat oder das Tweedsakko zum festen Bestandteil der klassischen Garderobe.

Königliche bzw. kaiserliche Häupter machten den Loden hoffähig. Ging Kaiser Franz Josef zur Jagd, trug er einen Loden, und der Prince of Wales, der spätere Eduard VIII, bekannt als einer der bestangezogensten Männer der Welt, erschien mitunter im Lodenanzug. Der Siegeszug des Loden ließ sich nicht mehr aufhalten.

Die ersten Lodenmäntel wurden in rein handwerklicher Arbeit gefertigt. Erst 1927 entschloß sich Lodenfrey zum Bau einer eigenen Konfektionsfabrik.

Trotz tiefgreifender Einbrüche durch Inflation und die beiden Weltkriege gelang dem Unternehmen die internationale Expansion. Die „Lodenfrey Corporation of America" wurde 1948 gegründet, kurz darauf eine Tochterfirma in Frankreich und 1956 die „Lodenfrey in Austria". In den 50er Jahren exportierte das Unternehmen in mehr als 50 Länder. In dieser Zeit fiel auch der Entschluß, sich nicht nur auf Herrenoberbekleidung zu beschränken, sondern auch Damenmäntel zu konfektionieren. Heute besteht ein reichhaltiges Angebot vom traditionellen Trachtenstil bis zur sportlichen Linie für Damen und Herren.

Trotz Automatisierung und modernster technischer Ausstattung verzichtet Lodenfrey nicht auf traditionelle Verfahren, wie z. B. auf das Verstreichen mit Disteln. Die aus Südfrankreich importierten Disteln werden von Hand in die Maschinen eingespannt und geben dem Tuch den berühmten Strich, der die Loden von Lodenfrey auszeichnet.

Der Lodenmantel

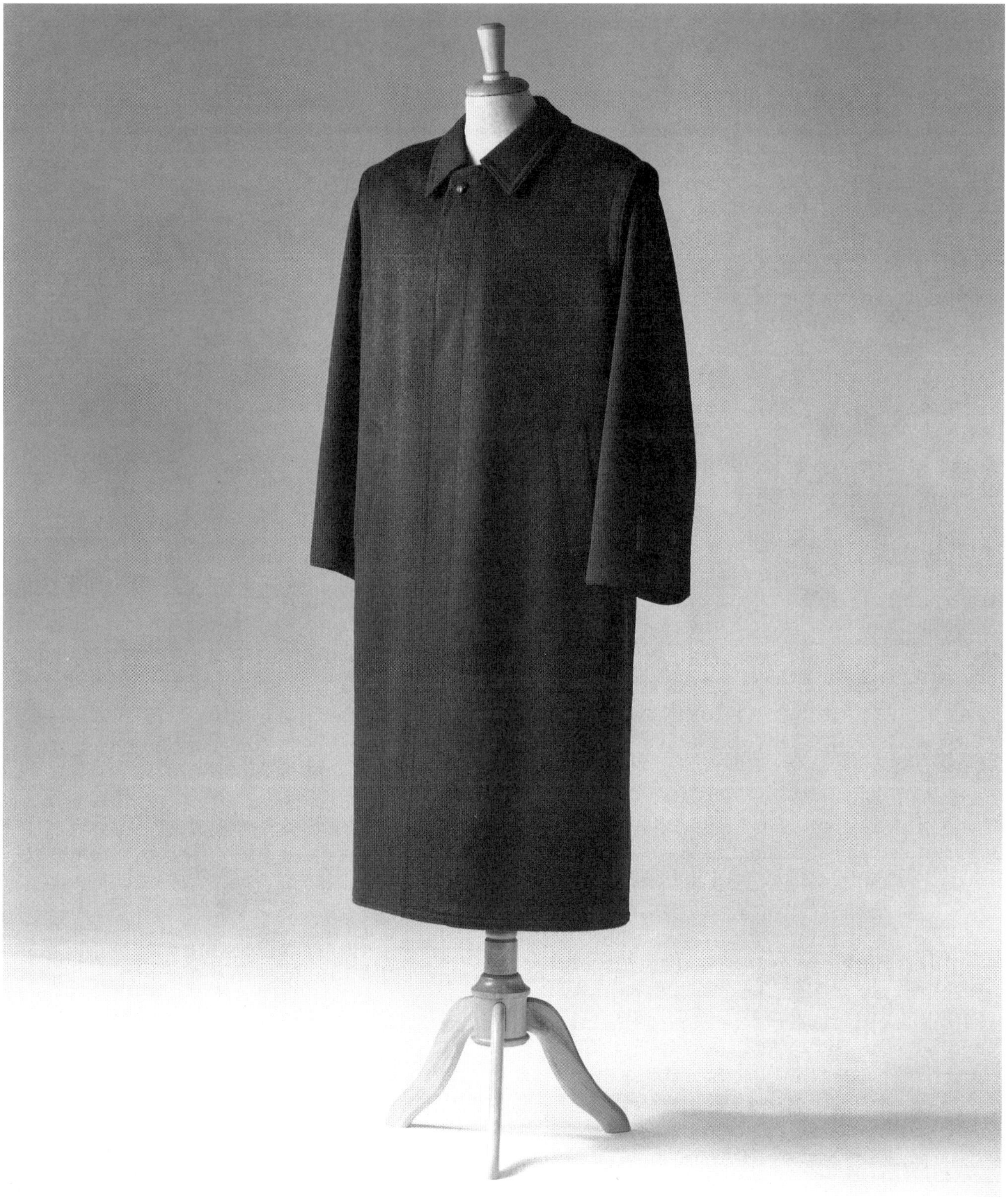

Underberg

Die Freuden der Tafel haben nicht selten ein unliebsames Nachspiel. Oftmals sind Völlegefühl und Magenbeschwerden die Folgen lukullischer Genüsse. Doch wem hierzulande die Weihnachtsgans oder Geburtstagstorte auf den Magen drückt, kann zu einem altbewährten Mittel greifen: *Underberg,* der aromatische Magenbitter in der kleinen, braunen Flasche.

Hubert Underberg war ein junger Mann aus Rheinberg am Niederrhein, den im vergangenen Jahrhundert Schule und Ausbildung nach Holland und Belgien führte. Dort lernte er ein Getränk kennen, das sich bei den Niederländern großer Beliebtheit erfreute, den Boonekamp. Um ihn herzustellen, goß man Genever ins Glas und würzte ihn mit einem bitteren Kräuterextrakt. Diese Mischungen waren immer verschieden bitter, deshalb beschloß Hubert Underberg, ein Produkt in gleichbleibender Qualität zu entwickeln, nämlich semper idem – immer derselbe –. So komponierte er aus heilsamen Kräutern, die er aus 43 Ländern bezog, sein Rezept und entwickelte eine neuartige Herstellungsmethode, die warme Mazeration.

Am 17. Juni 1846 – dem Tag seiner Eheschließung mit Catharina Albrecht – gründete Hubert Underberg in seiner Heimatstadt die Firma H. Underberg-Albrecht. Seinen Kräuterbitter bot er unter der niederländischen Bezeichnung „Boonekamp of Maagbitter" an. Eine Kropfhalsflasche, eingewickelt in gelb-braunes Strohpapier, gab dem Produkt ein unverwechselbares Erscheinungsbild. Schnell sprach sich die wohltuende und magenfreundliche Wirkung von *Underberg* herum. Zwischen Antwerpen, Königsberg und Wien wurde er bald zu einem beliebten Hausmittel.

1851 hinterlegte Hubert Underberg beim Handelsgericht in Krefeld eine Flasche mit seinem Magenbitter, um zu dokumentieren, daß er als erster einen trinkfertigen Boonekamp herstellte. „Gesetzlich deponiert" stand fortan auf dem Etikett zu lesen. Außerdem gab er in zahlreichen Zeitungen bekannt, daß nur das Produkt mit seiner Unterschrift echt sei.

Erst 1894 trat das Gesetz zum Schutz der Warenbezeichnungen in Kraft. Es stellte sich jedoch heraus, daß die Kennzeichnung Boonekamp nicht mehr zu schützen war. Sie war inzwischen zu einem Gattungsbegriff geworden. Das Wort *Underberg,* die Flasche und die Einwicklung des Magenbitters aus Rheinberg aber wurden vom Kaiserlichen Patentamt als Warenzeichen eingetragen. Underberg gab die Bezeichnung Boonekamp auf.

Während des Zweiten Weltkriegs mußte die gesamte Produktion von *Underberg* eingestellt werden. Erst 1949 war es wieder möglich, die Kräuter aus dem Ausland zu beschaffen. Der Enkel des Gründers, Emil Underberg, setzte seinen in den Kriegsjahren entwickelten genialen Einfall in die Tat um und führte eine verbrauchsgerechte Verpackung, die Portionsflasche mit 2 cl, als einzige Verkaufseinheit ein. Die kühnsten Umsatzerwartungen wurden übertroffen.

„Semper idem" – immer derselbe – lautet der Wahlspruch des Hauses Underberg. Seit mehr als 140 Jahren wird dieser Magenbitter nun schon nach derselben Rezeptur hergestellt. Erlesene Kräuter aus 43 Ländern, frisches Brunnenwasser und Alkohol werden in dem von Hubert Underberg entwickelten Verfahren gemischt und mazeriert, um sodann in Fässern aus slowenischer Eiche zu reifen. Die Komposition des *Underberg* aber ist bis heute ein wohlgehütetes Familiengeheimnis.

für den Magen
Underberg
nach gutem Essen

Niederegger

Der Name Niederegger klingt ganz und gar nicht hanseatisch. Und in der Tat war Johann Georg Niederegger, der Ende des 18. Jahrhunderts als junger Geselle nach Lübeck kam, im schwäbischen Ulm geboren. Kurze Zeit nachdem er in die Konditorei Maret eingetreten war, verstarb sein Lehrherr, und die Witwe übertrug dem Gesellen 1806 das Geschäft auf eigene Rechnung.

Niederegger wußte so gut zu wirtschaften, daß er 1822, als der inzwischen erwachsene Sohn Marets die väterliche Konditorei wieder übernahm, ein eigenes Haus erwerben konnte. In diesem Gebäude an der Breitestraße 89, gegenüber dem alten Rathaus der Stadt, befindet sich noch heute das Café Niederegger, von wo aus das berühmte „Lübecker Marzipan" in alle Welt versandt wird.

Eine Sage zufolge soll das Marzipan in der Hafenstadt an der Ostsee entstanden sein: Marci panis, zu deutsch Markusbrot, habe den Einwohnern Lübecks im Jahr 1407 über eine schlimme Hungersnot hinweggeholfen. Doch wurde wohl erstmals in Arabien die süße Leckerei aus zerriebenen Mandeln, gestoßenem Zucker und Rosenwasser hergestellt. Schon 1000 n. Chr. ließen Kalifen die feine Süßigkeit ihren Gästen reichen. Mit der arabischen Vorherrschaft in Spanien gelangte das Marzipan dann nach Mittel- und Nordeuropa, wo es als eine erlesene Kostbarkeit – manchmal mit echtem Blattgold überzogen – höchsten Würdenträgern als Geschenk dargebracht wurde.

Lange Zeit war es allein Apothekern vorbehalten, Marzipan herzustellen und zu verkaufen. Marzipan galt als ein „Kraftbrot", das mit zerstoßenen Edelsteinen und Perlen, aber auch mit Thymian und anderen Kräutern versetzt wurde, um Krankheiten zu heilen. Erst im 18. Jahrhundert ging die Herstellung des Marzipans in die Hände von Zuckerbäckern über.

Zu den Zeiten J. G. Niedereggers bedeutete die Zubereitung von Marzipan harte körperliche Arbeit. Zunächst mußten die Mandeln geschält, verlesen und gewaschen werden. Dann stieß sie ein Arbeiter in einem Granitmörser, dem sogenannten „Reibstein", mit einem Holzstößel zu Brei. Die Mandelmasse wurde zu einem Drittel mit Staubzucker vermengt. Dieses Gemisch wurde sodann in kupfernen Pfannen unter ständigem Rühren geröstet, bevor der so zubereiteten Rohmasse nach dem Erkalten nochmals Puderzucker beigefügt wurde.

Niederegger Marzipan war bald weit über die Landesgrenzen hinaus berühmt. Großer Beliebtheit erfreuten sich besonders die Vexiersachen, süße Nachbildungen von Früchten und Tieren. Selbst der Zar von Rußland wollte nicht auf diese „artigen Betrügereien" aus Lübeck verzichten: Jahr für Jahr bestellte er 1 Dutzend Marzipangänse in Lebensgröße.

Heute dürfen Marzipanbrote und das rosa Glücksschweinchen auf keinem Gabentisch mehr fehlen. Täglich werden bei Niederegger viele Tonnen Marzipan hergestellt und in über 32 Länder der Erde exportiert. Ausschließlich hocharomatische Mandel-Spitzensorten aus Spanien und Italien gelangen hier zur Verarbeitung. Zucker wird der wertvollen Rohmasse nur in dem Maß beigemengt, wie unbedingt nötig ist. Zwei gekreuzte Bänder in den Farben Rot und Gold, darüber das stilisierte Holstentor mit den Initialen JGN, bürgen seit nun über 175 Jahren für diesen hohen Qualitätsanspruch von *Niederegger Marzipan.*

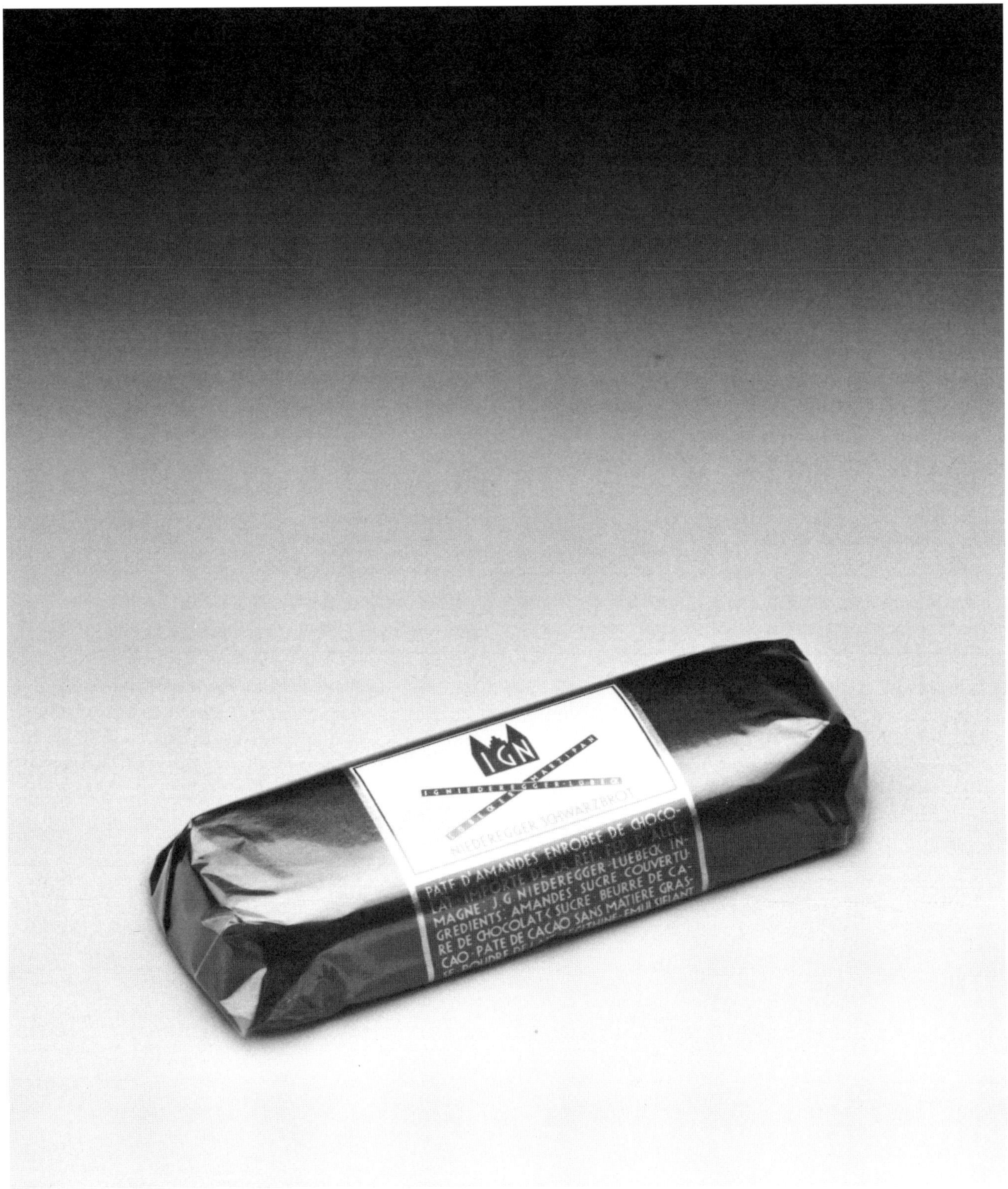
IGN
J G NIEDEREGGER LUEBECK
NIEDEREGGER SCHWARZBROT
PATE D'AMANDES ENROBEE DE CHOCO-
MAGNE J G NIEDEREGGER LUEBECK IN-
GREDIENTS AMANDES SUCRE COUVERTU-
RE DE CHOCOLAT (SUCRE BEURRE DE CA-
CAO PATE DE CACAO SANS MATIERE GRAS-

Mehl sei Mehl, mag so mancher meinen. Und in der Tat war Mehl in früheren Zeiten, als die Hausfrau ihr Brot noch selbst buk, ein typisches Grundnahrungsmittel, das beim Kaufmann aus Säcken abgewogen und verkauft wurde. Dies sollte sich ändern, als im Jahr 1951 die Heinrich Auer Mühlenwerke/Köln-Deutz das Produkt Aurora auf den Markt brachten: Innerhalb kürzester Zeit wurde „Aurora mit dem Sonnenstern" – nicht zuletzt dank sorgfältiger Abstimmung von Slogan und Signet auf Packungen, Rezeptbroschüren sowie in der Werbung – zum Inbegriff für Mehl schlechthin in der deutschen Verbraucherlandschaft mit einem Marktanteil von heute annähernd 20 % (Nielsen Marktforschung).

Einer griechischen Sage zufolge erschloß die gütige Göttin Demeter, eine Gemahlin des Zeus, den Menschen das Geheimnis des Getreidekorns. Es besteht aus dem stärke- und eiweißhaltigen Mehlkörper, der an Ballaststoffen und Mineralien reichen Frucht- und Samenschale sowie dem Keimling, der pflanzliches Eiweiß und Fett enthält. Der Mahlprozeß erfordert ca. 35 Vermahlungsstufen und beginnt mit dem Zerkleinern des Kornes. Durch Absieben werden die äußeren Randschichten, Kleie und Keimling entfernt. Die verschieden großen Teilchen des Mehlkörpers werden nun durch Sieben nach ihrer Größe getrennt. Mahlverfahren und Ausmahlungsgrad bestimmen dabei die stoffliche Zusammensetzung und Farbe der verschiedenen Mehlsorten.

Als Hauptbestandteil von Brot ist Mehl eines der ältesten und wichtigsten Grundnahrungsmittel der Welt, als Zutat von Saucen und Süßspeisen stellt es zugleich aber auch ein Genußmittel ersten Ranges dar. Die Typenvielfalt des *Aurora*-Mehls bietet darum einen aufschlußreichen Einblick in unsere Ernährungskultur, wobei die Typenbezeichnung angibt, wieviel Milligramm Mineralstoffe in 100 Gramm Mehl jeweils enthalten sind. Der Klassiker des *Aurora*-Sortiments ist zweifellos das legendäre Sonnenstern-Mehl, das Weizenauszugsmehl Type 405, ein Universal-Haushaltsmehl für alle Anwendungsbereiche mit hohen Anteilen an Eiweißstoffen. Das besonders lockere und rieselfähige Instant-Mehl Type 405 zeichnet sich durch die Eigenschaft aus, daß es sich ohne zu klumpen in Flüssigkeit einrühren läßt, ein Vorzug, den vor allem die moderne, unter Zeitmangel leidende Hausfrau zu schätzen weiß. Das Vollkornmehl aus dem ganzen Weizenkorn und das dunkle Weizenmehl Type 1050 bergen eine Fülle von Vitaminen, Mineralien und Ballaststoffen und sind daher besonders wertvoll für eine gesunde Ernährung. Das mineralstoffreiche Roggenmehl Type 997 eignet sich ideal zur Zubereitung von rustikalen Broten. *Aurora Spezial* schließlich ist das doppelgriffige Mehl für schwierige Teige, die früher nur dem Bäcker oder der Großmutter gelingen wollten, wie etwa Hefe- und Strudelteige.

1975 gingen die Heinrich Auer Mühlenwerke – heute Aurora Mühlen GmbH – in den Besitz der VK-/Kampffmeyer Mühlengruppe über. Das Warenangebot hat sich um Backmischungen für Kuchen und Brot wie auch um Grundmischungen für die „Schnelle Küche" erweitert. Geblieben aber ist der hohe Qualitätsstandard, der seit nunmehr nahezu vier Jahrzehnten für gleichmäßig gute Backresultate bürgt. Dies gilt für die modernen Spezialmehle nicht weniger als für das gute, alte Sonnenstern-Mehl aus dem Hause *Aurora*.

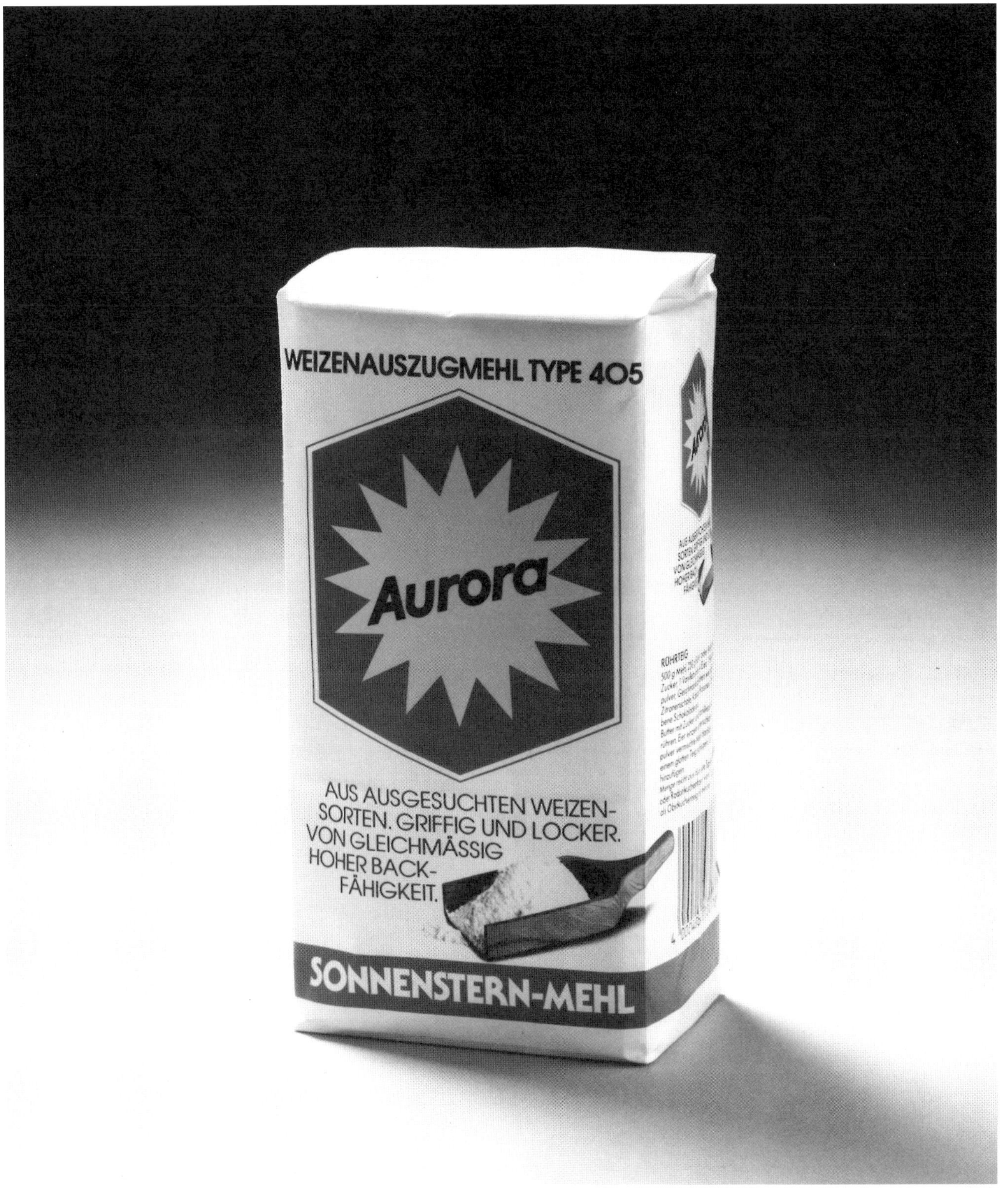
WEIZENAUSZUGMEHL TYPE 405
Aurora
AUS AUSGESUCHTEN WEIZEN-
SORTEN. GRIFFIG UND LOCKER.
VON GLEICHMÄSSIG
HOHER BACK-
FÄHIGKEIT.
SONNENSTERN-MEHL
RÜHRTEIG

„Melissa ist von allen Dingen, die die Erde hervorbringt das beste Kräutlein für das Herz", schrieb Paracelsus, der große Medizin-Reformator, im 16. Jahrhundert. Mit der „tugent" der Melisse hoffte er sein Lebenswasser zu finden, den „Wein des Heils".

Die heilkräftige Wirkung dieser stark duftenden, aromatischen Pflanze ist schon seit der Antike bekannt. Der Grieche Theophrastos aus Eresos, ein Schüler des Aristoteles, erwähnt sie erstmals um 300 vor Christus. Über die Araber gelangten die medizinischen und botanischen Kenntnisse des Orients in die Klöster des Mittelalters. Mönche und Ordensfrauen übten damals vornehmlich die Heilkunst aus und begründeten die lange Tradition der Klostermedizin. Die erste deutsche Ärztin, die Heilige Hildegard von Bingen, schreibt der Melisse in ihrer berühmten „Physika" die Kräfte von 15 anderen Kräutern zu.

Es ist also nicht verwunderlich, daß die Rezeptur des *Klosterfrau Melissengeist* auch klösterlichen Ursprungs ist und eine Ordensfrau diesem Produkt zu internationalem Ruhm verhalf.

Maria Clementine Martin wurde 1775 in Brüssel geboren, damals Hauptstadt der österreichischen Niederlande. Ihr Vater, Oberst in den Diensten des Kaisers in Wien, gab sie in die Obhut der Unbeschuhten Carmeliterinnen in Brüssel. Im dortigen Kloster lernte sie als angehende Klosterapothekerin so manche Geheimrezeptur kennen, unter anderem „die Kunst, das ächte Carmeliter- und Melissenwasser zu verfertigen".

Die Wirren der napoleonischen Kriege zwangen die Ordensschwestern zur Flucht aus Brüssel. Sie fanden eine neue Bleibe im Annunziaten-Kloster in Coesfeld. Doch verfügte das kaiserliche Dekret von 1803 die Säkularisierung der kirchlichen Besitztümer. Maria Clementine Martin mußte die klösterliche Apotheke verlassen und betätigte sich fortan als Krankenschwester.

Nahe ihrer alten Heimat, auf dem Schlachtfeld von Waterloo, pflegte sie die Verwundeten beider Seiten mit soviel Mut und Hingabe, daß ihr der König von Preußen, Friedrich Wilhelm III., eine Leibrente von 160 Goldtalern jährlich auf Lebzeiten zusicherte.

Kurz vor ihrem fünfzigsten Geburtstag, 1825, kam Maria Clementine Martin nach Köln. Hier betätigte sie sich ihrer christlichen Erziehung entsprechend in der Betreuung der Armen und der Krankenpflege. Dabei verordnete sie immer häufiger das Melissenwasser der Carmeliterinnen. Noch im selben Jahr gründete sie einen eigenen Destillationsbetrieb unter der Firmierung „Maria Clementine Martin, Klosterfrau" und begann mit der Herstellung des von ihr so benannten „Ächten Spanischen Carmeliter-Melissenwassers". Daneben produzierte sie auch ein eigenes Kölnisch Wasser. Die Nachfrage nach ihren Destillaten war so groß, daß sie schon drei Jahre nach Firmengründung das Haus Domhof 19 erwerben konnte, direkt neben dem damals noch unvollendeten Dom.

Zahlreiche Nachahmer machten ihr schwer zu schaffen. Sie besann sich ihrer guten Reputation beim preußischen König und erwirkte bei ihm 1829 die Erlaubnis, den preußischen Adler zum Beweis der Echtheit auf allen Druckschriften, Etiketten und Packungen zu führen. Mit Gutachten angesehener Ärzte belegte sie öffentlich die hohe Wirksamkeit ihres Melissengeistes.

Als Maria Clementine Martin 1843 starb, hinterließ sie ihrem ersten Gehilfen ein aufstrebendes Unternehmen. „Wollte ich eine Statistik meines Absatz liefern – keine Stadt der zivilisierten Welt würde darin unvertreten sein ..." schrieb sie zufrieden am Ende ihres Lebens.

Heute, 160 Jahre nach der Firmengründung, ist der *Klosterfrau Melissengeist* das meistverwendete Arzneimittel zur Selbstmedikation und das Haus Klosterfrau das führende Unternehmen auf diesem Sektor.

Klosterfrau
Melissengeist
Privilegiert von Sr Majestät dem Könige von Preußen im Jahre 1829
Früher Hoflieferantin königl. u. fürstl. Höfe
KLOSTERFRAU-MELISSENGEIST
LONDON 1862
LONDON 1862
EXTRAORDINAIRES
MELISSEN-WASSER
von
Klosterfrau, Köln
Klosterfrau
Melissengeist
für Kopf · Herz
Magen · Nerven
Klosterfrau
Melissengeist

Man wird auf der Welt wohl kaum einen Photographen finden, der nicht bei dem Wort LEICA leuchtende oder gar begehrliche Augen bekommt. Die in dem neuen Unternehmen LEICA GmbH in Solms bei Wetzlar gebauten Präzisionskameras genießen nun schon über ein halbes Jahrhundert einen wahrhaft legendären Ruf. Dabei war, wie so oft bei genialen Einfällen, auch die urprüngliche Idee zur LEICA ebenso einfach wie logisch.

Oskar Barnack, legendärer Leiter der Entwicklungsabteilung der Optischen Werke Ernst Leitz, brauchte bei seinen Belichtungsproben für Kinofilmaufnahmen ein handliches Hilfsgerät mit feststehender Belichtungszeit von 1/40 Sekunde. Dabei zeigte sich, daß der damals schon relativ feinkörnige Kinofilm recht brauchbare Postkarten-Vergrößerungen vom Kinoformat 18 x 24 mm ergab. Diese Resultate ermutigten Barnack, seine alte Lieblingsidee – eine Kamera in Taschenformat – wieder aufleben zu lassen. Da nun der Filmstreifen in seiner Länge unbeschränkt nutzbar war, verdoppelte er ein Bildfenster auf 24 x 36 mm, und das klassische Kleinformat war geboren.

Heute hat dieses Format den weitaus größten Marktanteil. Der Bogen spannt sich vom einfachsten Modell mit festeingebautem Objektiv bis hin zur hochwertigen Präzisionskamera mit umfassendem Zubehör. Die Vorteile des Kleinbildkamersystems liegen in einer erheblichen Gewichtsersparnis und in der schnellen und einfachen Bedienung. Sie wurden für dynamische Reportagefotos und Schnappschüsse schnell erkannt und sind heute genau so gültig wie vor über 60 Jahren, als die erste LEICA auf dem Markt erschien.

Vorerst aber war die 1913 konstruierte „Ur-LEICA" noch ein privates Hobby ihres Erfinders, denn der Ausbruch des Ersten Weltkrieges brachte dem Hause Leitz vordringlichere Aufgaben. 1924 endlich entschied Leitz gegen nicht unerheblichen Widerstand aus dem eigenen Haus und auch aus Kreisen der Photographen: „Barnacks Kamera wird gebaut."

Unter der geschützten Warenbezeichnung LEICA für LEItz CAmera stellte die Firma auf der Leipziger Frühjahrsmesse 1925 das erste Serienmodell der Kamera vor. Schon bald erwies sich die LEICA als unverzichtbar bei Expeditionen, Forschungsreisen und vor allem bei der Presseberichterstattung. In Verlagen und Bildagenturen entstanden Fotolabors eigens für das Kleinbildformat.

In den 50er Jahren machte besonders die LEICA M3 als erste Kleinbildkamera der Welt mit Sucher für 4 Brennweiten von sich reden. Zudem besaß sie einen Sucher mit automatischem Parallaxausgleich über den gesamten Einstellbereich. Mit der LEICA M3 gab es daher keine abgeschnittenen Füße und Köpfe mehr. Die 1967 erscheinende LEICA M4 – mittlerweile waren schon weit mehr als eine Million LEICA Kameras verkauft – basierte in Größe und Konzeption auf der LEICA M3 und bot zusätzlich ein sehr schnelles, spulenloses Filmeinlegen. Eine eingebaute Rückspulkurbel erleichterte darüber hinaus das Wechseln des Films. Der Sucher besaß nun Leuchtrahmen für die Brennweiten 35, 50, 90 und 135 mm.

Das jetzige Modell *LEICA M6* ist die einzige kompakte professionelle Meßsucher-Systemkamera mit selektiver Lichtmessung durch das Objektiv. Überall da, wo es um unauffälliges Fotografieren mitten im Geschehen geht, wo selbst unter schlechtesten Lichtbedingungen noch exakt scharf gestellt werden muß, wird die *LEICA M6* eingesetzt.

So verstand es das deutsche Unternehmen bis heute, modernste Technik mit jener Präzision zu verbinden, die LEICA Cameras so berühmt gemacht haben. Weltweit.

LEICA
M6
Leitz
R
SUMMICRON-M 1:2/50
LEITZ LENS

Vom Mineralwasser zur Marke ist es ein weiter Weg. Denn die Bildung eines Markenbegriffs bedeutet das Kunststück, aus einer mehr oder weniger anonymen Ware einen Artikel zu gestalten, der auf den Verbraucher wie eine patentierte Erfindung wirkt – eine besonders heikle Aufgabe, wenn die Natur selbst diese Ware produziert.

Apollinaris hat dieses Kunststück auf höchst beeindruckende Weise fertiggebracht. Neun von zehn Bundesbürgern ist der Artikel ein Begriff. Für kein anderes deutsches Mineralwasser ist der Konsument bereit, mehr als eine Mark pro Flasche zu bezahlen; nur bei *Apollinaris,* dem einzigen bundesweit vertriebenen Mineralwasser, sind ihm Marke und Qualität soviel wert. Doch ist *Apollinaris* nicht nur der Markt- und Preisführer in Deutschland, sondern zugleich auch die größte deutsche Exportmarke der Branche. In 52 Länder der Welt werden die grünen Flaschen versandt, so daß der Firmenslogan zu Recht sagt: „Aus dieser Quelle trinkt die Welt. *Apollinaris* – The Queen of Table Waters."

Am Anfang dieser Erfolgsgeschichte stand ein Ärgernis. Im Jahre 1852 wunderte sich der Weinbauer Georg Kreuzberg aus dem Städtchen Ahrweiler, warum an einem Hang seines Weinberges die Reben nicht recht wachsen wollten. Als Ursache spürte er schließlich eine Wasserader auf. Nachdem sich sein erster Ärger gelegt hatte, machte er eine Entdeckung, die ihn für seinen Verlust mehr als entschädigen sollte: Das Wasser der Quelle war unvergleichlich reich an wertvollen Mineralien. Georg Kreuzberg verwandelte daraufhin die Not in eine Tugend. Er legte die Quelle frei und taufte das Wasser auf den Namen des heiligen *Apollinaris.*

Dieses Brunnenwasser zeichnet sich bis in unsere Tage durch eine ausgewogene Mineralisation und quelleneigene Kohlensäure aus. Die für den menschlichen Körper bedeutungslosen Eisenbestandteile werden heute vor dem Abfüllen herausgefiltert, so daß *Apollinaris* als „enteisent" bezeichnet wird. Für die gleichbleibende Qualität des Mineralwassers aber bürgt die Quelle selbst: zwischen der heutigen Analyse und der ersten aus dem Jahre 1870 liegt eine Abweichung in der Mineralzusammensetzung von maximal 7 Prozent.

Der Aufbau des „Brunnens" zum Unternehmen mit Weltruf fiel in die Gründerzeit des vorigen Jahrhunderts. Schon bald erkannte man im Hause *Apollinaris,* daß die werbewirksame Profilierung eines Artikels für seine Durchsetzung am Markt nicht weniger wichtig ist als seine Qualität. Noch vor der Jahrhundertwende ließ *Apollinaris* darum sowohl den Markennamen als auch den Slogan und das rote Dreieck als Signet ins Register des damaligen Kaiserlichen Patentamtes eintragen. Unaufdringliche Noblesse sowie Kontinuität in Produktausstattung und Werbung kennzeichnen seit diesen Anfängen den Marktauftritt des Hauses.

Daß *Apollinaris* von alters her mit einem englischen Slogan wirbt, hat seinen Grund: über 60 Jahre lang befand sich die Firma in englischem Besitz. Seit 1956 aber ist *Apollinaris* eine 100%ige Tochter der Dortmunder Union-Schultheiss Brauerei AG mit einem Jahresumsatz von heute 184 Millionen DM. Dabei liegt der höchste pro Kopf-Verbrauch von *Apollinaris* Mineralwasser weder in Deutschland noch in Europa oder Amerika, sondern auf der Karibik-Insel Curaçao.

Apollinaris
The Queen of Table Waters
Apollinaris
NATÜRLICHES MINERALWASSER ENTEISENT UND
MIT EIGENER QUELLKOHLENSÄURE VERSETZT
APOLLINARIS BRUNNEN ACTIEN-GESELLSCHAFT
0,25 l
BAD NEUENAHR-AHRWEILER

Das Erlebnis der Mobilität in Reinkultur, die Freude am Fahren in ihrer intensivsten Form: sie machen die Faszination des Motorrads aus. Diese Faszination wollen die deutschen Motorradfans am liebsten auf der *K 100 RS* von BMW erfahren. Zum fünften Mal hintereinander wählten 1988 die Leser von MOTORRAD, Europas größter Fachzeitschrift, das Top-Modell der Bayerischen Motoren Werke zum „Motorrad des Jahres" – ein beispielloses Ereignis in der elfjährigen Geschichte dieser Wahl.

Seit ihrem Erscheinen 1983 zählen die *K 100* Modelle von BMW zu den Bestsellern auf dem Motorradmarkt. Über 60.000 Exemplare wurden in vier Jahren in Berlin Spandau produziert. Die in Fahrwerk und Motorleistungen identischen Maschinen gingen 1988 vom Grundprinzip her unverändert ins fünfte Modelljahr. Herzstück der *K 100* ist der Vierzylinder-Reihenmotor mit 1000 cm^3 Hubraum und einer Leistung von 90 PS. Damit beschleunigt das knapp 250 Kilogramm schwere Motorrad in 4,0 Sekunden – kaum mehr als ein Atemzug – von 0 auf 100 km/h, um je nach Ausführung eine Spitzengeschwindigkeit von bis zu 220 km/h zu erreichen.

Die Traum-Maschine der deutschen Motorradfahrer, die *K 100 RS,* ist nicht nur eines der erfolgreichsten Modelle in der 65jährigen Motorradgeschichte von BMW, sondern vielleicht auch das gelungenste. Das Cockpit ist bewußt auf sportliches Fahren bei höheren Geschwindigkeiten und längeren Distanzen ausgerichtet und auf die dadurch bedingte, leicht nach vorne geneigte Haltung des Fahrers abgestimmt. Die Sportverkleidung bietet nicht nur Schutz gegen Wind und Wetter; mit ihren überragenden aerodynamischen Werten sorgt sie zugleich für eine etwa zehn Kilometer höhere Spitzengeschwindigkeit und – was noch wichtiger ist – für geringeren Auftrieb an der Vorderachse, der entscheidenden Voraussetzung einer optimalen Hochgeschwindigkeitsstabilität.

Neben der unverkleideten *K 100,* dem Klassiker der Baureihe, und der sportverkleideten *K 100 RS* bietet BMW in weiteren Ausführungen noch zwei vollverkleidete Modelle an. Die *K 100 RT* ist ein Langstreckentourer mit höchstem Wind- und Wetterschutz sowie im Windkanal gestalteten Integralkoffern und darum auch für größere Reisen zu zweit geeignet; die *K 100 LT,* kenntlich an der bahama-bronzit Metallic-Lackierung, bietet die um luxuriöse Annehmlichkeiten, etwa der Komfortsitzbank, veredelte Version desselben Modells. Nachdem in der Vergangenheit im Segment der schweren Motorräder immer mehr verkleidete Modelle verkauft wurden, ist jedoch in jüngster Zeit das Interesse an unverkleideten Motorrädern von neuem erwacht. Viele Käufer wollen sich offenbar wieder den Wind um die Nase wehen lassen und auch die Technik ihrer Maschinen vorzeigen.

Ab Frühjahr 1988 wird für alle *K 100* Modelle als Sonderausstattung das Anti-Blockier-System ABS angeboten, laut Fachmeinung der größte Zugewinn an aktiver Fahrsicherheit für das Motorrad seit Einführung der Scheibenbremse. Damit erweisen sich die Konstrukteure von BMW einmal mehr als Pioniere des Motorradbaus. Technische Innovation zeigt sich am Beispiel des Motorrad-ABS als echter Fortschritt, weil sie im Dienste der wohl wichtigsten Zielsetzung steht: der Erhöhung der Sicherheit für ungetrübte Freude am Fahren.

BMW
ABS
touring

Waldarbeit ist Schwerarbeit. Dies galt um so mehr in Zeiten, da Zugsäge und Axt die einzigen Werkzeuge waren, mit denen Waldarbeiter ihr mühsames Tagwerk verrichten mußten. Hieran sollte sich erst etwas ändern, als in den 20er Jahren eine Benzinmotorsäge auf den Markt kam, eine transportable, von zwei Mann zu bedienende „Baumfällmaschine". Ein 30 Jahre alter Maschinenbauer aus Stuttgart hatte sie konstruiert. Wenn heute die Motorsäge dem Menschen ein Gutteil der Waldarbeit abgenommen hat, so ist das vor allem diesem Mann zu verdanken: Andreas Stihl.

Mit 46 kg Gewicht bei einer Leistung von 6 PS war Stihls erste Motorsäge zwar kein ausgesprochenes Leichtgewicht, doch stellte sie bei den gegebenen Möglichkeiten bereits eine respektable konstruktive Leistung dar. Stihl war das aber nicht genug. Nach der Reduzierung der Schwerarbeit durch die Motorsäge kam es ihm nun darauf an, den Motorsägenführer zu entlasten, die Sicherheit bei der Arbeit zu erhöhen und die Handhabung der Säge zu vereinfachen.

Viele Dinge, die heute das Bild einer modernen Motorsäge prägen, wurden von STIHL entwickelt oder erstmals an STIHL-Sägen verwirklicht. So rüstete man schon 1935 STIHL-Sägen mit einer automatischen Kettenschmierung aus, brachte 1954 die erste echte Leichtsäge auf den Markt und führte 1968 die erste vollgekapselte elektronische Zündanlage ein.

Die jüngste Generation der STIHL-Motorsägen wird angeführt von der *STIHL 034 AVS electronic*. Als echte Universalsäge wird sie den Anforderungen gerecht, die bei der Waldarbeit an eine Motorsäge gestellt werden: Mit ihren 4,5 PS besitzt sie die nötige Kraft zum Baumfällen und läßt sich mit einem Gewicht von 5,4 kg zugleich leicht und handlich beim Entasten führen.

Ebenso wichtig wie ein günstiges Leistungsgewicht ist für die Arbeit an der Säge eine ergonomisch durchdachte Form. Das stromlinienförmige Gehäuse der *STIHL 034 AVS* mit dem extrem flachen Kettenraddeckel erlaubt eine enge Führung der Säge am Stamm. Für weniger Ermüdung bei der Arbeit sorgt vor allem das STIHL Anti-Vibrations-System. In sorgfältig errechneten Pufferzonen werden die Schwingungen von Motor und umlaufender Sägekette fast vollständig vernichtet. Die *STIHL 034 AVS* liegt deshalb stets ruhig in der Hand.

Im Bemühen, die Motorsäge so sicher wie möglich zu machen, hat STIHL die *034 AVS* mit einem aufwendigen Sicherheitspaket ausgerüstet. Sein Kernstück bildet das Bremssystem Quickstop, das bei einem ausreichend starken Rückschlag der Motorsäge die Sägekette in Sekundenbruchteilen zum Stillstand bringt. Ein zusätzliches Plus an Sicherheit – und an Bedienungskomfort – bedeutet die von STIHL entwickelte Einhebelbedienung: ein einziger Schalter steuert alle Funktionen der *STIHL 034 AVS.* Beim Schalten kann die rechte Hand immer am Griff bleiben, und wenn es darauf ankommt, stoppt die Maschine auf Daumendruck.

In der *STIHL 034 AVS* steckt die Erfahrung von über 60 Jahren Motorsägenbau, in denen Andreas Stihls Zwei-Mann-Betrieb der 20er Jahre zum größten Motorsägen-Hersteller der Welt aufgestiegen ist. Ob im malayischen Regenwald oder im kanadischen Norden: in rund 130 Ländern der Erde sind heute STIHL-Sägen im Einsatz; die Waldarbeit ist durch sie leichter und sicherer geworden.

STIHL
ROLLOMATIC E

Die kleinste Mundharmonika der Welt ist 3 cm lang und wird serienmäßig von der Matthias Hohner AG in Trossingen hergestellt. In den unterschiedlichsten Musikbereichen, vom Volkslied über den Blues bis zum Jazz, beweist die Mundharmonika ihre Vielseitigkeit.

Ihre Geschichte ist relativ jung. 1821 erfand der Thüringer Christian Friedrich Buschmann, angeregt druch die ostasiatische Mundorgel, ein neues Blasinstrument. Dieses, Mundäoline oder Aura genannt, bestand aus zwei parallel liegenden Metallplatten, auf denen Metallzungen in einem Kästchen so angeordnet waren, daß jeweils ein Paar Zungen in einem Luftkanal, den Kanzellen, lag. Das Ein- bzw. Ausatmen versetzte die Metallzungen in Schwingungen und erzeugte so den Ton. In Wien und Böhmen entstanden die ersten Werkstätten, die diese kleinen Instrumente bauten. Einfach zu spielen und leicht mitzunehmen, waren sie schnell beliebt und fanden über landfahrende Händler weite Verbreitung.

Matthias Hohner, gelernter Uhrmacher und Uhrenhändler im schwäbischen Trossingen, begann 1857 mit der Herstellung von Mundharmonikas. Mit zwei Gesellen und seiner Frau fabrizierte er im ersten Jahr 650 Stück. 20 Jahre später waren es bereits 85.000. Im Gegensatz zu den übrigen Mundharmonikaherstellern in Trossingen und Umgebung ließ er die Einzelteile für seine Instrumente von anderen Handwerksbetrieben anfertigen. Ein Schreiner fassonierte die Hölzer in immer gleicher Größe, der Messingdraht für die Tonzungen wurde nicht von Hand gehämmert, sondern in einem Walzwerk gleichmäßig dünn ausgewalzt. Auch verwendete er für die Deckplatten, die bisher aus Blei, Zink und Zinn gegossen wurden, Messing. Dadurch erreichte M. Hohner eine schnellere Herstellung, vor allem aber eine gleichbleibende Qualität.

1860 kennzeichnete er seine Instrumente mit dem Namen *Hohner,* bis heute gültiges Qualitäts- und Markenzeichen. Fünf Jahre später wurden die ersten Mundharmonikas in die USA exportiert.

1878 stellte M. Hohner die handwerkliche Fertigung auf industrielle Herstellung um. In einem neuen Fabrikgebäude teilte er die einzelnen Arbeitsschritte auf. Aus dem Harmonikamacher, der bisher von Anfang bis zur Fertigstellung ein Instrument gebaut hatte, wurde ein Spezialarbeiter. Es gab Fräser, Nieter, Stimmer, Aufdeckler, Löser, Aufholzer und Aufnagler.

Dadurch stieg die Produktion schon bald in Millionenhöhe, und um die Jahrhundertwende verließen 3,5 Mio. Mundharmonikas pro Jahr das Werk.

Doch beschränkten sich die Aktivitäten der Hohner AG nicht nur auf die Fabrikation von Instrumenten. Das wachsende Interesse an den inzwischen hinzugekommenen Handharmonikas und Akkordions führte 1931 zur Gründung des Hohner Musikverlages. Damit wurde der Idee des Firmengründers, die Musizierfähigkeit der Jugend zu fördern, ein pädagogischer Rahmen gegeben.

Heute ist die Hohner AG mit einem Vollsortiment der größte europäische Hersteller von Musikinstrumenten. Angefangen hat alles mit der Mundharmonika. Sie ist zur Zeit weltweit in über 300 verschiedenen Variationen lieferbar.

UNSERE

Odol

Ein „geborener" Unternehmer war Karl-August Lingner gewiß nicht. Sein Vater war ein kleiner Händler in Magdeburg, der die große Familie mehr schlecht als recht durchbrachte. Allein der Not gehorchend, trat der junge Karl-August 1875 eine kaufmännische Lehre an. Mit 22 Jahren hatte er die nötigen Mittel gespart, um sich seinen Lebenstraum zu verwirklichen: ein Musikstudium in Paris. Eine schwere Krankheit setzte jedoch seiner Künstlerlaufbahn ein vorzeitiges Ende. Dennoch schuf er kurz nach seiner Rückkehr in die Heimat eine Komposition, deren Ruf bald um die ganze Welt ging: *Odol.*

Lingner hatte sich aus ganz persönlichen Gründen der Hygiene zugewandt. Das eigene Krankheitserlebnis hatte ihn veranlaßt, sich mit den noch neuen bakteriologischen Erkenntnissen seiner Zeit vertraut zu machen. In langen Diskussionen mit seinem Freund, dem Chemiker Professor Pfeiffer, reifte in ihm die Überzeugung, daß man Bakterien am besten dort bekämpfte, wo sie in den menschlichen Körper eintreten, nämlich im Mund. Kurze Zeit später hat Lingner die Rezeptur für ein antiseptisch wirkendes Mundwasser entwickelt. Unter dem Namen *Odol* – einer Verschmelzung des griechischen Wortes für Zahn, *Odous,* mit der lateinischen Bezeichnung für Öl, *Oleum* – kommt es 1893 erstmals auf den Markt.

Lingner war Realist genug, um zu wissen, daß sein neues Produkt nicht ohne weiteres Zutun vom Publikum angenommen würde. Mund- und Zahnpflege waren nahezu unbekannt, das Wort Hygiene hatte nur für Wissenschaftler eine Bedeutung. Mit der größten Werbekampagne der Jahrhundertwende machte Lingner Mundhygiene und *Odol* Mundwasser innerhalb kurzer Zeit zu populären Begriffen. Er gab mehr als eine Million Reichsmark aus, um in allen wichtigen Publikationen der Welt am gleichen Tag eine *Odol*-Anzeige zu schalten. Zunächst erschien auf leeren Seiten nur der Name des Produkts *Odol.* Nachdem so die Neugier geweckt war, folgte die Information: „Odol, absolut bestes Mundwasser der Welt".

Das Resultat sollte den Aufwand mehr als rechtfertigen. *Odol* wurde zum Wegbereiter der allgemeinen Mundhygiene in Deutschland und der Welt. Zu diesem Erfolg trugen nicht nur die hohe Produktqualität und der prägnante, in allen Sprachen gleichklingende Name bei; auch der weißen Seitenhalsflasche mit dem blauen Etikett kam hierbei entscheidendes Verdienst zu. Diese Flasche gilt heute noch als eine der bedeutendsten Designschöpfungen der Markenartikel-Industrie. In der Gestaltung erfüllte sie schon früh die Forderungen, die später der Werkbund und das Bauhaus stellen sollten: die Form entsprach ihrer Funktion. Bis auf Nuancen unverändert, ist sie inzwischen zum Symbol erfolgreicher Markenwerbung geworden.

Heute hält *Odol* einen Marktanteil von über 70%. Dabei brachte das Mundwasser den deutschen Verbrauchern weitaus mehr als nur sympathischen Atem. Der Hygienepionier Lingner benutzte einen Großteil des Gewinns von *Odol*, um seine Ideen von Volkshygiene zu verwirklichen. Die Krönung dieser Bestrebungen war die im Stile einer Weltausstellung ausgerichteten 1. Internationalen Hygieneausstellung 1911 in Dresden mit über 5 Millionen Besuchern. Und noch heute steht das von Lingner gegründete Hygienemuseum in Dresden jedermann offen.

Nach dem heutigen Stand
der Wissenschaft ist
Odol
nachweislich zur
vollkommenen Mundpflege
besonders zu empfehlen.
75 ml

Die Kaiserstadt Wien war im vergangenen Jahrhundert einer der bedeutendsten Umschlagplätze für Seide in Europa. Große Handelshäuser boten die besten Möglichkeiten zur kaufmännischen und technischen Ausbildung in der Branche. Hier sammelte Max Gütermann die notwendigen Erfahrungen, bevor er 1864 seine eigene Firma gründete.

Zunächst ließ Gütermann Seidenzwirn im Auftrag fertigen und kümmerte sich nur um den Vertrieb. Doch entwickelte sich das Geschäft so rasch, daß der junge Unternehmer sich bald nach einem günstigen Ort für eine eigene Produktionsstätte umsah. 1867 verläßt Max Gütermann Wien und geht nach Gutach. Er tauscht die Weltstadt gegen das Dorf im Breisgau. Denn die kleine Ortschaft hat wichtige Vorzüge zu bieten: das weiche Wasser der Elz eignet sich hervorragend zum Färben, Wasserkraft ist in reichlichem Maße vorhanden, ebenso die Möglichkeit zur Expansion.

„Wir wollen die beste Nähseide auf die wirtschaftlichste Weise herstellen und sie so verkaufen, daß der Verbraucher sie so billig wie möglich erhalten kann." Mit diesem Leitsatz nimmt Gütermann die Produktion auf. Schon bald wird aus „Gütermann's Nähseide" eine Weltmarke, die ihrer guten Qualität wegen gerne gekauft wird. Die große Nachfrage war aber auch auf die Entscheidung zurückzuführen, mit dem damals allgemein üblichen Brauch zu brechen, Nähseide nach Gewicht zu verkaufen. Viele Konkurrenten beschwerten nämlich ihre Seide mit Metallpulver, um durch größeres Gewicht den Anschein besonderer Preiswürdigkeit zu erwekken. Gütermann hingegen bot den Seidenstrang meterweise an – ein Grund, weshalb die Verbraucher Gütermann vertrauten. Denn nun wußte jeder Kunde genau, was er für sein Geld bekam.

In die Gründerzeit fiel auch die systematische Neugestaltung der Aufmachungen, in denen Gütermann seine Nähseide verkaufte. Auf dem Markt waren von alters her nur Strängchen, Holzspulen oder bewickelte flache Pappkärtchen anzutreffen. Gütermann entwickelte die heute Allgemeingut gewordene gemusterte Kreuzwicklung auf Papphülsen. Im Einzelhandel wurden die Röllchen dann in einer eigenen Verkaufskommode angeboten, die 180 Dutzend Nähseidenröllchen in ebenso vielen Farben fassen konnte und in Zehntausenden von Exemplaren in alle Welt versandt wurde.

Nach dem Zweiten Weltkrieg stand Gütermann vor der Aufgabe, aus den neuen, synthetischen Fasern einen Nähfaden zu entwickeln, dessen Zugfähigkeit und Elastizität auch höchsten Ansprüchen genügte. Man wandte sich dem Verkauf von Erzeugnissen aus synthetischen Fasern aber erst zu, nachdem sie produktionstechnisch ausgereift waren. Als dann die ersten vollsynthetischen Nähfäden von Gütermann angeboten wurden, fanden sie gleich einen solchen Absatz, daß die Produktion der Nachfrage kaum nachkommen konnte. Heute sind die Nähfadenspulen von Gütermann mit einem in Langfaser-Technologie hergestellten Nähfaden, aus 100% Polyester, bewickelt.

1989 kann Gütermann auf eine 125jährige Firmengeschichte zurückschauen, die der Erfolg wie ein roter Faden durchzieht. In steter Beachtung der Maxime des Firmengründers, den besten Nähfaden auf die wirtschaftlichste Weise herzustellen, ist es Gütermann gelungen, zu einer der größten Nähfaden-Fabriken der Welt aufzusteigen.

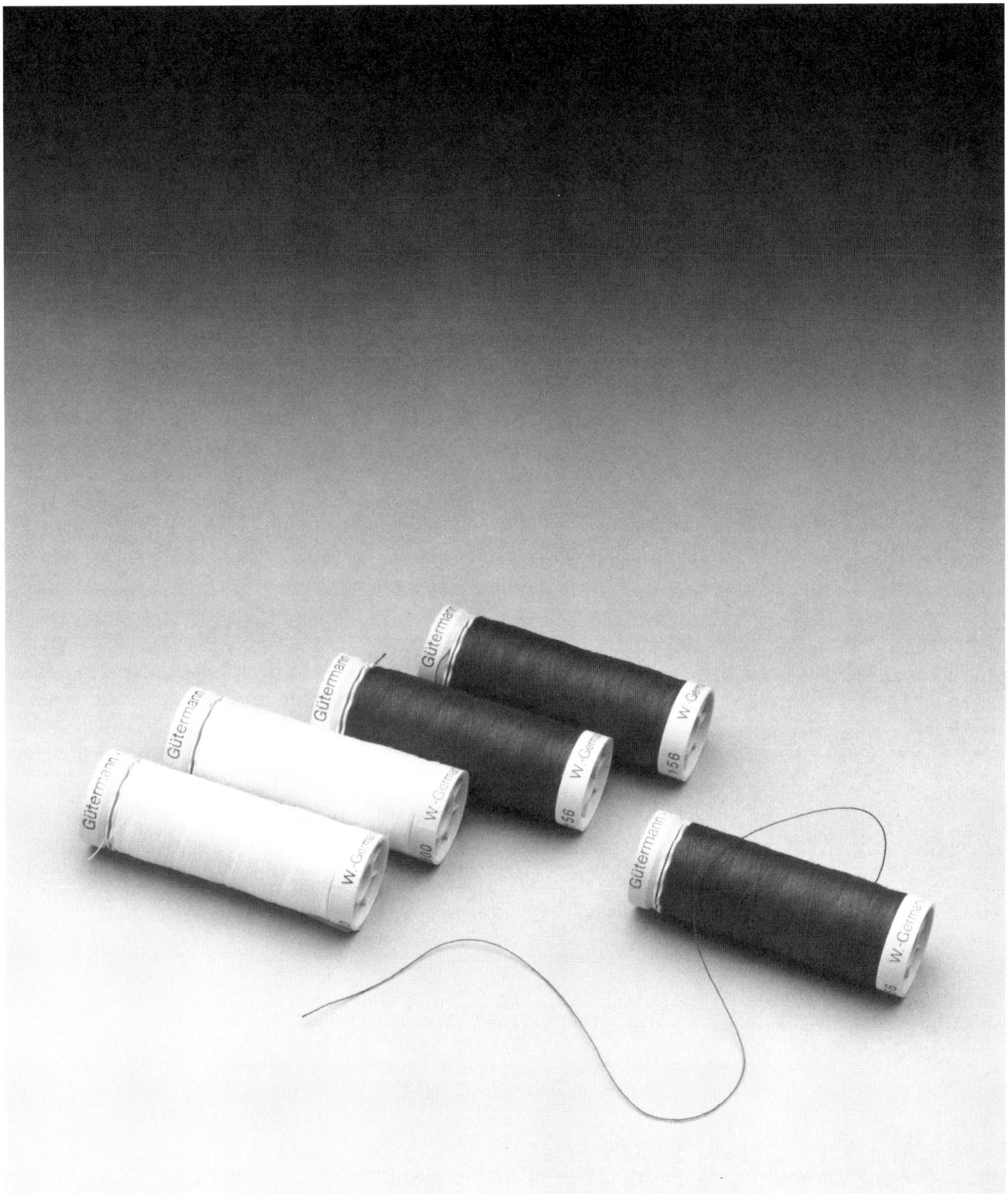
Gütermann
Gütermann
Gütermann
Gütermann
156

van Laack

Nichts ist dem Menschen näher als sein Hemd. Es ist nicht nur Kleidung, sondern zugleich Ausdruck einer bestimmten Kultur. Bereits im Mittelalter erkannte man den Edelmann an seinem Hemd. Und als es in der Renaissance den Hals hinaufwuchs, um in einen Kragen einzumünden, schloß es oft mit einem breiten, in Gold, Silber oder Seide gestickten Saum ab. Obwohl sich der Luxus heute dezenter bekundet, ist das Bedürfnis nach Exklusivität bei der Hemdenwahl auch im Zeitalter der Massenkultur keineswegs erloschen. Für dieses Bedürfnis steht der Name *van Laack*.

Die innere Einstellung bestimmt die äußere Erscheinung. Das gilt nicht nur für die Menschen, die ein Hemd anziehen, sondern auch für all jene, die es entwerfen und herstellen. Von dieser Überzeugung ließen sich die Herren van Laack, Schmitz und Eltsching leiten, als sie 1881 in Berlin die Firma van Laack gründeten. Sie wollten keine anonymen Kleidungsstücke schaffen, sondern Hemden, mit denen sich stilbewußte Menschen identifizieren konnten.

Mit diesem Konzept wurde van Laack schon bald zu einem der ersten Markenartikel in der Modewelt. Dazu trug nicht zuletzt die sorgfältige Markenpflege bei, mit der das Unternehmen die Exklusivität seiner Produkte sichtbar zu machen verstand. So brachte van Laack das erste Hemd mit eingesticktem Markenzeichen auf den Markt. Das Signet – zwei Löwen mit einer Krone über dem Namenszug – veranschaulichte auf sinnfällige Weise den hohen Qualitätsanspruch. Ein weiteres Erkennungsmerkmal war der neuartige Dreiloch-Knopf. An ihm zeigte sich besonders deutlich, daß Perfektion im Ganzen immer auch Kreativität und Perfektion im Detail bedeutet.

Während des Zweiten Weltkriegs wurde das Fabrikgebäude in Berlin mehrfach ausgebombt. Eines aber ließ sich nicht zerstören: der einzigartige Nimbus der Marke *van Laack*. 1953 erwarb der Hemdenfabrikant Heinrich Hoffman die Firma und nahm in Mönchengladbach die Herstellung der königlichen Hemden mit dem berühmten Namen wieder auf.

Im Jahre 1971 wurde die Kollektion van Laack Femme geboren, zunächst mit Blusen, inzwischen mit einem kompletten DOB-Programm. Den Gesamtumsatz teilen sich heute der Damen- und Herren-Bereich je zur Hälfte.

Die *van Laack* Hemden-Kollektion wendet sich mit 2.000 Stoffvarianten und 100 Modellen pro Kollektion sowohl an den anspruchsvoll-klassischen Herrn, als auch an sehr modisch orientierte Männer und umfaßt Oberhemden, Sporthemden, Abendhemden und Jerseyhemden.

Inzwischen ist van Laack zu einer internationalen Unternehmensgruppe aufgestiegen. Dennoch hat man nie das ursprüngliche Konzept aus den Augen verloren. Auch wenn die Produktion heute ein Vielfaches der Gründerzeit beträgt, hat sich kaum etwas an der Produktionsweise geändert. Wie damals kommen die Stoffe aus den besten Webereien Europas. Und wie damals werden sie von Hand zugeschnitten, genäht und gebügelt. Die Kreation der Kollektionen im eigenen Designer-Team und die Fertigung in eigenen Ateliers verbürgen den unverwechselbaren Stil des Hauses, der Schönheit zum Prinzip erkoren hat. Daß sich diese exklusive Unternehmens-Philosophie durchaus mit den Gesetzen des Marktes verbinden läßt, beweist van Laack seit nun über 100 Jahren.

„Der Gesamtcharakter der Welt ist in alle Ewigkeit Chaos", stellte der Philosoph Friedrich Nietzsche 1882 düster fest. Und wer einen Blick in die Büros und Amtsstuben seiner Zeit warf, konnte sich diesem Eindruck schwerlich entziehen. 11 Jahre später aber sollte ein einfacher Handwerker aus Stuttgart mit Zähigkeit und Fleiß für grundlegend neue Verhältnisse in der Verwaltung sorgen. Als Schwabe hielt es Louis Leitz mehr mit der Alltagsweisheit „Ordnung ist das halbe Leben". Denn diese Einsicht besaß gerade in der Gründerzeit des vergangenen Jahrhunderts entscheidende Bedeutung, da wirtschaftlicher Erfolg zunehmend von der Übersicht in den Büros abhing.

Natürlich war Leitz nicht der erste, der Ordnung ins Chaos von Briefen, Rechnungen und Belegen bringen wollte. Schon im alten Ninive wurden die Tafeln und Papyrusrollen, wohlgeordnet und mit Etiketten versehen, in geflochtenen Körben und Schreinen verwahrt, so daß sie jederzeit zugänglich waren. Mit dem kulturellen Aufstieg Europas gewann auch bei uns die Verwaltung an Bedeutung. Der legendäre Kaufmann Jakob Fugger nutzte die Vorteile der Schriftgutverwaltung bereits konsequent, indem er seine Schriftstücke in Fächern aufbewahren ließ, die nach den jeweiligen Herkunftsorten sortiert waren. Zu Beginn der Neuzeit gab es schon recht ausgeklügelte Verfahren, die noch heute in Redensarten anklingen: Laufende Vorgänge wurden „in Schwebe" gehalten, private Briefe „hinter den Spiegel" gesteckt und weniger eilige Post „auf die lange Bank geschoben".

Im 19. Jahrhundert nahm mit dem wirtschaftlichen Aufschwung der bürokratische Aufwand gewaltig zu – eine organisierte Schriftgutordnung wurde erforderlich. Dies war die Stunde von Louis Leitz. 1871 gründete er mit zwei Mitarbeitern in Stuttgart eine Werkstätte zur Herstellung von Metallteilen für Ordnungsmittel. Sein Ziel war es, die damals übliche starre Ablage im sogenannten „Biblorhaptes" durch eine neue Technik zu ersetzen, bei der sich jedes Blatt an jeder gewünschten Stelle einlegen und entnehmen ließ.

1886 gelang Leitz ein erster Erfolg mit dem „Leitz Registrator", dessen Mechanik im Prinzip bis heute im Archivordner erhalten blieb. Es bedurfte aber noch weiterer 7 Jahre, bis dem Stuttgarter der ganz große Wurf gelang: die Erfindung des *Leitz Ordners.* In diesem Ordner, mit der noch heute millionenfach bewährten Hebelmechanik, konnten Schriftstücke erstmals buchmäßig aufbewahrt, sauber umgelegt, rasch eingeheftet und an beliebiger Stelle entnommen werden. Die neuen *Leitz Ordner,* die unter dem Namen „Registrier-Sammelmappe A" auf den Markt kamen, konnten sich schon bald aufgrund ihrer Zuverlässigkeit und Funktionstüchtigkeit gegen alle anderen Systeme durchsetzen.

Seit 1901 zeigt das Rückenschild die Marke Leitz in der charakteristischen, chinesischen Pinselschrift. Endgültig zum Symbol für Ordnung im Büro wurden die *Leitz Ordner* aber erst im Jahre 1911: von nun an ist in ihren Rücken das berühmte Griffloch eingelassen, mit dessen Hilfe die Ordner mühelos aus dem Regal gezogen werden können. Heute tragen bei Leitz über 1800 Mitarbeiter dafür Sorge, daß sich auch in Zukunft das Chaos in den Büros mit über 800 modernen Produkten erfolgreich bannen läßt: in Deutschland und in aller Welt.

Der Ordner

Tempo

„Keine Zeit, keine Zeit", hieß ein Schlager der 20er Jahre: „Tempo" war der Inbegriff der Epoche. *Tempo* hieß darum auch der Artikel, mit dem die Vereinigten Papierwerke Nürnberg 1929 ein völlig neues Produkt auf den Markt brachten: das Papiertaschentuch für den einmaligen Gebrauch.

Von wem der Einfall stammt, dieses saugfähige und weiche, dabei aber ribbelfeste Tuch aus Papier herzustellen, ist heute nicht mehr bekannt. Vielleicht hatte sich der Erfinder über ein bakterienstrotzendes Textiltaschentuch geärgert; gewiß aber stand er sich gut mit Hygieia, der griechischen Göttin der Gesundheit. Denn das *Tempo*-Taschentuch bedeutete einen großen Fortschritt bei der Einführung hygienischer Lebensgewohnheiten. Einmal benutzt und dann weggeworfen, reduziert es die Ansteckungsgefahr, da die Bakterien sich nicht durch erneuten Gebrauch weiter verbreiten können. Damit aber wird ein Grundübel vieler Infektionskrankheiten, die Selbstansteckung, im Keim erstickt.

Doch erst der Verbindung von Hygiene und Bequemlichkeit hat *Tempo* seinen durchschlagenden Erfolg zu verdanken. Wer Schnupfen hat oder ganz einfach niesen muß, braucht ein Taschentuch, das sich rasch entfalten läßt. Immer wieder wurden darum neue Ideen zur Schnellentfaltung des *Tempo*-Taschentuchs entwickelt. Seit 1975 löst die Z-Faltung das Problem buchstäblich im „Ruck-Zuck-Verfahren".

Einen wichtigen Beitrag zum bequemen Gebrauch des *Tempo*-Taschentuchs hat von Beginn an auch die weißblaue Verpackung geleistet. Bereits die 1953 eingeführte aufbrechbare Doppelpackung erlaubte eine schnelle Handhabung und einfache Portionierung. 1964 kam der 6er-Pack auf den Markt – 60 blütenweiße *Tempo*-Taschentücher für nur eine Mark –, der Vorläufer der Großpacks, mit denen *Tempo* sich heute auf den Verbraucherwunsch nach langfristiger Vorratshaltung eingestellt hat.

Doch zunächst erwies sich gerade der hygienische und bequeme Vorzug des Papiertaschentuchs, nach Gebrauch gleich im Abfall zu verschwinden, anfangs als ein Hemmnis in der Verbrauchermentalität. Dem *Tempo*-Taschentuch haftete noch ein gewisser Luxuscharakter an. Diese erste Scheu ist längst einem völlig unkomplizierten Konsumverhalten gewichen. Das Papiertaschentuch wurde zum echten Massenartikel, eine Entwicklung, zu der maßgeblich die Preisgestaltung von *Tempo* beigetragen hat: kostete 1929 ein 10er Päckchen *Tempo*-Taschentücher noch 20 Pfennig, so mußte der Verbraucher 1988 nur noch 18 Pfennig bezahlen. Für Mißbilligung gibt es indessen keinen Grund. Papier läßt sich rückstandslos beseitigen und mühelos wieder aufbereiten. Damit aber ist es einer der umweltfreundlichsten Werkstoffe überhaupt.

Gegenwärtig produziert *Tempo* pro Jahr etwa 20 Milliarden Papiertaschentücher – genug, um den Erdball nach Christos Manier fast 60 mal zu umspannen. Ein solcher Erfolg läßt sich nur erzielen durch intensive Arbeit am Produkt wie an der Marke. *Tempo* tat dies in einer Politik der kleinen Schritte: durch stetige Verbesserung der Funktion, Vereinfachung der Nutzung, Steigerung der Bequemlichkeit und Konstanz im Marktauftritt.

Tempo
10 Taschentucher, naturweich, 4-lagig
Handkerchiefs, soft, 4-ply
Mouchoirs, doux, 4 épaisseurs
Tempo

Die Idee für *VIVIL* war kurz nach der Jahrhundertwende auf einem Exerzierplatz entstanden. Als der Ersatzrekrut August Müller, von Haus aus Kaufmann, im Infanterie-Regiment 126. Großherzog Friedrich von Baden diente, sehnte er sich bei strammem Dienst in Staub und Hitze oft nach einer belebenden Erfrischung. Ein Erfrischungsbonbon, so verpackt, daß es in jede Tasche paßte, schwebte ihm vor. Als Grundsubstanz dachte er an Pfefferminze, deren ätherische Öle kühlende Frische bewirkten.

1902 brachte die Firma Müller & Co. in Straßburg ihr erstes Pfefferminzbonbon auf den Markt. Als Namen hatte man sich für *VIVIL* entschieden, eine Bezeichnung, die einprägsam war und zugleich die besonderen Qualitäten des Produkts vermittelte. Denn *VIVIL* leitete sich ab von dem lateinischen Verb vivere, leben, und dem englischen Wort für Öl, oil. *VIVIL* bedeutete also „Lebensöl".

Seit über 80 Jahren signalisiert der markante Namenszug auf den leuchtend grünen Rollen und Stangen Frische für den Alltag. Um dieses Versprechen einhalten zu können, hat man sich von Anfang an bei der Herstellung von *VIVIL* auf natürliche Rohstoffe beschränkt und auf künstliche Farbzusätze verzichtet. In jüngerer Zeit wurde es allerdings notwendig, sich einem veränderten Verbrauchsverhalten anzupassen. 25 % der bundesdeutschen Bevölkerung und sogar 40 % aller Frauen bevorzugen aus Gründen der Gesundheit Bonbons ohne Zucker. Inzwischen kommt darum gut die Hälfte der Produktion ohne Zucker auf den Ladentisch.

In dem Maße, in dem heute zahlreichen Unternehmen der Süßwarenbranche auf den heimischen Märkten Wachstumsgrenzen gesetzt sind, gewinnt der Export zur Aufrechterhaltung der notwendigen Expansion zunehmend an Bedeutung. Bei *VIVIL* hat er eine lange Tradition. Bereits im Jahre 1908 unternahm *VIVIL* erste Gehversuche auf dem amerikanischen Kontinent. Den Vertrieb in den USA organisierte damals der Bruder des österreichischen Dirigenten und Komponisten Gustav Mahler. Dort wie im europäischen Ausland, ja sogar in Kuwait und Australien kennt man heute den Namen *VIVIL*, wenn es um frischen Atem und frohe Stimmung geht.

Der große Erfolg des Pfefferminzbonbons legte es nahe, den hohen Bekanntheitsgrad und das Markenimage von *VIVIL* auch für andere Produkte auszuschöpfen. *VIVIL* ergänzte darum in den vergangenen Jahren sein Frische-Programm um fruchtige Abwechslungen. So kamen als Geschmacksvarianten Citrovit und Cherry-Mint in der gelben und roten Rolle hinzu. Abgerundet wird die Produktpalette von antjes, dem milden Pfefferminzbonbon, VIVA SOFT, dem Kaubonbon mit Aroma-Kern, und einer Reihe weiterer Frische- und Frucht-Komprimate.

Vorbei sind die Zeiten der Bahnhofswerbung. Längst wird der millionenstarke PR-Etat für Spots in Funk und Fernsehen ausgegeben. Sie trugen dazu bei, daß der Markenname *VIVIL* heute bei fast neun von zehn Bundesbürgern bekannt und beliebt ist: als der kühle Dauerbrenner Nr. 1.

Das Pfefferminzbonbon

Hansaplast

Man schrieb den 28. März des Jahres 1882, als dem Hamburger Apotheker Carl Paul Beiersdorf das Reichspatent Nr. 20057 erteilt wurde. Niemand hätte damals ahnen können, daß seine Patentschrift für die „Herstellung gestrichener Pflaster" die „Geburtsurkunde" eines Weltunternehmens sein würde.

Zwei Jahre zuvor hatte Beiersdorf eine Apotheke in Hamburg übernommen, in der er chemische Analysen für medizinische Zwecke erstellte. Durch diese Nebentätigkeit wurde der junge Arzt Paul Gerson Unna, später einer der berühmtesten deutschen Dermatologen, auf den Apotheker aufmerksam. Unna suchte nach neuen Möglichkeiten, um Arzneien zur Behandlung von Hautkrankheiten wirkungsvoll einsetzen zu können. Auf seine Anregung entwickelte Beiersdorf Pflastermulle auf der Basis von Guttapercha, dem Milchsaft einer malaischen Baumart, der wie Kautschuk vulkanisiert werden kann und sich für die Herstellung von Pflastern sowie Verbandsmaterial vorzüglich eignet.

Die revolutionierende Neuerung dieser „gestrichenen Pflaster" bestand im Zusammenwirken verschiedener Eigenschaften: Es gelang damit zum ersten Mal, eine gebrauchsfähige und haltbare Anwendungsform für Arzneistoffe herzustellen, bei der die Resorptionsfähigkeit der Haut genutzt werden konnte. Außerdem waren dies die ersten Pflaster, die schon bei Zimmertemperatur gut auf der Haut hafteten und auch haften blieben.

Beiersdorfs Pflaster fanden nicht zuletzt dank ihrer einfachen Handhabe reißenden Absatz. Der Apotheker aber forschte weiter: Schon 1890 hatte er in Zusammenarbeit mit Dr. Unna mehr als hundert Guttaplaste wie Salbenstifte, Pastenstifte und medizinische Seifen im Angebot. Während die meisten Produkte im Laufe der Zeit wieder vom Markt verschwanden, erwies sich das Guttaplast-Pflaster als zukunftsweisend. Aufgrund seiner hervorragenden Hautverträglichkeit und seines guten Haftvermögens kam Beiersdorf auf die Idee, dieses Pflaster für die Fixierung von Verbänden weiterzuentwickeln.

Als der findige Hamburger 1901 das erste weiße Zinkoxid-Kautschuk-Pflaster der Medizingeschichte auf den Markt brachte, gab er ihm den Namen „Leukoplast", das „weiße Pflaster". Dank seiner bislang einmaligen Eigenschaften wurde es zum Vorbild für Verbandspflaster in der ganzen Welt. Es klebte auch im kalten Zustand fest und dauerhaft, war lange haltbar, von guter Hautverträglichkeit und sah zudem noch ansprechend aus.

Vom Leukoplast-Verbandspflaster zum Wundverband *Hansaplast* war es dann nur noch ein kleiner Schritt: Das Leukoplast wurde zusätzlich mit einer Wundauflage und einer Schutzabdeckung versehen, und schon war ein weiteres medizinisches Mittel geboren, das heute die Schürfwunde eines deutschen Schulkindes genauso versorgt wie die Schnittverletzung eines Eskimos in Alaska.

Bereits um die Jahrhundertwende hatte sich die Beiersdorfsche Apotheke zur Firma „Paul Beiersdorf & Co." gemausert. Heute ist Beiersdorf ein Großunternehmen mit mehr als 40 Tochtergesellschaften in fast 100 Ländern der Erde, in dem längst nicht mehr nur Verbandsmittel, sondern auch pharmazeutische Präparate, Produkte zur Haut- und Körperpflege sowie Klebebänder für den technischen Einsatz produziert werden.

Hansaplast®
6 cm:
0,5 m
luftdurchlässig
antiseptisch
zuverlässig klebend
standard
Hansaplast®

Wolf Senator 42E

Allein in der Bundesrepublik zieren über 13 Mio. Rasenflächen private Ein- und Zweifamilienhäuser. Ein gepflegter Rasen ist somit zur grünen Visitenkarte des Eigenheimes geworden. Doch für den guten Eindruck muß jeder Gartenbesitzer etwas tun. Das Geheimnis der Rasenpflege ist der regelmäßige Schnitt. Das bedeutete noch vor wenigen Jahren jeden Samstag Streß für viele Hobbygärtner und Nachbarn. Wenn heute die Zeiten vorbei sind, da der Rasenmäher als ein lärmendes und grasspeiendes Ungetüm sich seinen Weg durch deutsche Gärten bahnte, so ist das vor allem das Verdienst des Marktführers unter den Rasenmäher-Herstellern: WOLF-Geräte.

Im Mittelpunkt des Rasenmäher-Programms von WOLF steht heute die 42er Rasenmäher-Modellreihe und darunter wiederum das meistverkaufte Modell, der *TE 42 S* Senator 42 E. Dieses elektrisch betriebene Gerät überzeugt beim Schneiden des Rasens ebenso wie beim Auffangen des Schnittgutes. Möglich werden seine ausgezeichneten Mäh- und Fangleistungen durch das Triplex-System: Das optimale Zusammenwirken der besonderen Form des Windkanals, der speziellen Messerkonstruktion und des Fangkorbs. Eine computergenau berechnete Bauweise sorgt für eine optimale Führung des Luftstromes, der durch die Rotation der Messer erzeugt wird. Das frisch geschnittene Gras wandert ohne weiteres Zutun in den angekoppelten Fangkorb. Das funktioniert beim WOLF-Triplex-System auch bei nassem oder sehr hohem Gras. Daß dies tatsächlich so ist, wurde von der Stiftung Warentest im April 1987 voll und ganz bestätigt. Als einziger Rasenmäher erhielt nur der Senator 42 E die Note „Sehr gut" für die Mäh- und Fangleistung.

Der WOLF-Rasenmäher Senator 42 E ist mit einem Sicherheitspaket ausgerüstet, das die vorgeschriebenen DIN-Normen übertrifft. Die sicherheitsaktiven Vorrichtungen des *TE 42 S,* wie z. B. der automatische Kabel-Seitenwechsel durch die Kabelaufhängung, sind inzwischen durch zehn Prüfplaketten und Empfehlungen von Verbänden und staatlichen Aufsichtsorganen gewürdigt worden. Selbst in Schweden, dem Land mit den weltweit strengsten Sicherheitsbestimmungen, erlangten WOLF-Elektro-Rasenmäher als erste ihrer Art die Zulassung.

Nach der neuen Lärmschutz-Verordnung, die seit 1. August 1987 in Kraft ist, dürfen motorbetriebene Rasenmäher nur noch an Werktagen von 7.00 bis 19.00 Uhr betrieben werden. Ausnahmen hiervon sind Rasenmäher, die in ihrem Schalleistungspegel unter 88 dB(A) liegen. Unter 88 dB(A) liegt z. B. der Senator 42 E, deshalb darf mit diesem Mäher an Werktagen auch bis 22.00 Uhr der Rasen gestutzt werden. Für diese deutlich geringere Lärmbelastung ist der Senator 42 E mit dem blauen Engel des Umwelt-Bundesministeriums ausgezeichnet worden.

Hinter dem Rasenmäher Senator 42 E steht mit dem Unternehmen WOLF-Geräte ein internationaler Pionier der modernen Gartenpflege. Die nun schon seit Jahrzehnten führende Marke im Garten vertreibt zur Zeit über 400 Produkte in über 50 Ländern der Erde.

Der Rasenmäher

Braun sixtant

Als 1950 der erste Braun Elektrorasierer auf den Markt kam, bevorzugten in Deutschland 95 Prozent aller Männer die Naßrasur. Die Idee des Trockenrasierens reichte zwar bis zur Jahrhundertwende zurück – bereits 1900 wurde beim Kaiserlichen Patentamt eine entsprechende „Rasiervorrichtung" angemeldet –, doch waren die erhältlichen Apparate kaum geeignet, die Männer zum Verzicht auf das allmorgendliche Einseifen zu bewegen: sie schmerzten bei der Rasur, schoren den Bart nur unvollkommen und strapazierten die Haut. Heute hat sich das Bild deutlich gewandelt: Weit mehr als die Hälfte der bundesdeutschen Männer rasiert sich trocken. Hervorragendes Verdienst an dieser Entwicklung kommt logischerweise dem Bestseller des Marktführers zu: dem *Braun sixtant.*

Mit dem *sixtant* gelang Braun in den 60er Jahren der entscheidende Durchbruch bei dem Versuch, die Rasiergewohnheiten der deutschen Männer zu verändern. Am Anfang stand der Vorsatz, mit dem Trockenrasierer nicht nur eine akzeptable Alternative zur Naßrasur zu schaffen, sondern eine wirkliche, an praktischen Gesichtspunkten orientierte Verbesserung. Die Lösung dieser Aufgabe war die Optimierung des Scherfoliensystems, das im *Braun sixtant* zur Reife gelangte. Die hauchdünne und hochelastische Scherfolie – erstmals auf elektrogalvanischem Wege hergestellt – auf dem Untermesser führt die wabenförmigen Scheröffnungen ganz nah an die Hautoberfläche heran, so daß auch feinste und kürzeste Barthaare vollständig erfaßt und abgeschoren werden. Die Platinveredelung der Folie wirkt antibakteriell und läßt das Scherblatt schonend über die Haut gleiten. Mit diesem neuartigen Rasiersystem bot der *Braun sixtant* den Schereffekt und Komfort einer Naßrasur, ohne deren Aufwand an Zeit und Vorbereitung zu erfordern.

Der *Braun sixtant* wurde zu einem der größten Verkaufserfolge für Hersteller und Händler von Elektrogeräten. Im September 1962 eingeführt, sorgte er für eine Erhöhung des Marktanteils von 21 % in 1962 auf 58 % in 1966. Sehr schnell nach seiner Präsentation war der *sixtant* Deutschlands meistgekaufter Elektrorasierer. Zu diesem Erfolg trug aber nicht nur die technische Perfektion des Geräts bei, sondern auch seine optische Attraktivität. Bei wichtigen internationalen Designwettbewerben erhielten Braun Rasierer höchste Auszeichnungen und Preise.

Auch heute noch haben Nachfolger des *Braun sixtant* im Braun Programm einen festen Platz. Dort deckt er neben der neuen Spitzengerätelinie micron vario 3, dem inzwischen gleichfalls millionenfach bewährten micron-System, sowie der jungen linear-Reihe die Position des klassischen Braun Rasierers für den besonders preisbewußten Käufer ab: als weltbekannter *sixtant 8008* im zeitlosen *sixtant*-Design, als kompakter *sixtant 2004* und als *sixtant 2003,* der preisgünstigsten Form, sich mit einem *Braun sixtant* zu rasieren. Allen Modellvarianten und Systemen aber ist auch heute noch die mit dem *sixtant* begründete Tradition des Hauses Braun gemein, exklusives Design, anspruchsvolle Ausstattung und ausgereifte Technik perfekt aufeinander abzustimmen, um mit jedem einzelnen Gerät höchsten Rasierkomfort zu gewährleisten.

Der Rasierapparat

Not macht erfinderisch. Behindert durch eine Verletzung aus dem Ersten Weltkrieg, konnte der Bergassessor a.D. Hans Haupt keinen Langschirm mit sich führen. Deshalb machte er sich ans Werk, einen Schirm mit zusammenschiebbarem Gestell zu konstruieren, den man einfach in die Tasche stecken konnte. Die Schirmbranche aber tat diesen *Knirps,* wie der Erfinder seine Konstruktion bald nannte, als technische Spielerei ab, bis Haupt Anfang der 30er Jahre bei einem Mann vorsprach: Fritz Bremshey.

Die Schirmindustrie galt zur damaligen Zeit als eine sterbende Branche. Regenschutzkleidung war groß in Mode, und in den aufkommenden modernen Verkehrsmitteln wurde der Langschirm als unpraktisch empfunden. Angesichts dieser Marktlage bewies Fritz Bremshey ein sicheres Gespür für die bahnbrechende Neuerung. Er erkannte im *Knirps* sogleich den „Schirm für alle Fälle", den man bei gutem Wetter bequem in der Tasche tragen konnte und der dennoch bei Regen vollwertigen Schutz bot. Energisch setzte Bremshey sich für die Übernahme des neuen Taschenschirms ein, und 1932 kam für 12,50 Reichsmark der erste Damen-*Knirps* in den Handel.

Die *Knirps*-Idee war so neu, daß sie bei den Schirmhändlern zunächst auf Skepsis stieß. Doch dann brachte ein gerade aus Amerika zurückgekehrter Mitarbeiter Bremsheys den entscheidenden Einfall ins Spiel: die lebende Vorführung des *Knirps* in den Schaufenstern des Einzelhandels. Der Einfall erwies sich als ein voller Erfolg. Vor den Schaufenstern bildeten sich Menschentrauben, und bald war der Bann gebrochen. Schon nach wenigen Jahren war in Deutschland ein neues Wetter in aller Munde: das „Knirpswetter".

Nach dem Zweiten Weltkrieg brachten amerikanische Soldaten den Knirps als deutsches Souvenir erstmals in die USA. Doch aus dem eigenen Erfolg erwuchs zugleich die größte Gefährdung des Unternehmens: der Name *Knirps* hatte sich zum Gattungsbegriff für alle Taschenschirme ohne Unterschied ausgeweitet. Größte Anstrengungen waren nötig, damit der *Knirps* nicht in Marktanonymität unterging. Zur Markenaktualisierung wurde darum der „Rote Punkt" geschaffen, der fortan als das *Knirps*-typische Markensymbol und Qualitätssiegel breiteste Anerkennung gefunden hat.

Im Laufe der Jahre brachte Knirps immer neue Modelle heraus, so 1938, als das Tragen eines Schirms noch als unmännlich galt, bereits den ersten Herren-*Knirps.* Nach Einführung der Automatik 1965 sorgte bald der flache „Etui-Knirps", der „Mini" und immer weitere aktuelle Variationen des klassischen Prinzips für neue Aufmerksamkeit.

Mittlerweile ist man bei Knirps International vollauf beschäftigt, dem jeweiligen Zeitgeist entsprechende Modelle mit dem richtigen Bezug zu ihrem individuellen Regen-Einsatz und Käufer zu kreieren.

Heute ist der *Knirps* einer der ganz Großen unter den deutschen Markenartikeln: neun von zehn Menschen ist er hierzulande ein Begriff und auf dem internationalen Markt der einzige Schirmmarkenartikel mit Weltgeltung. Damit hat *Knirps* eine Spitzenposition in einer Entwicklung erreicht, die einst wie so oft dem Prinzip „Not macht erfinderisch" entsprang – und die seitdem einen völlig neuen Markt geschaffen hat.

Knirps
AUTOMATIC

Ein englischer Graf namens Pembroke, ein Zeitgenosse Heinrichs VIII., hat vermutlich die ersten wollenen Strümpfe getragen. Das Stricken war im frühen 16. Jahrhundert in Spanien erfunden worden und von dort nach England gelangt. Nur wenig später wurde diese Kunst auch schon in Deutschland von sogenannten „Hosenstrickern" geübt, wie denn das Stricken noch lange Zeit nachher zu den typisch männlichen Arbeiten gehörte.

Heute ist Handarbeit beliebter denn je. Mehr als die Hälfte der über 15jährigen Mädchen und Frauen haben hierzulande die Freude am Selbstgemachten neu- oder wiederentdeckt. Denn durch Handarbeit läßt sich individuelle Mode nach dem ganz persönlichen Geschmack gestalteten. Und nicht zuletzt ist sie ein sparsamer Weg, die eigenen Modewünsche zu verwirklichen.

Einer der ältesten Partner für alle Freundinnen und Freunde der Handarbeit ist die bereits vor 1756 als „Drahtrolle" gegründete Nadelfabrik Joh. Moritz Rump aus Altena im Märkischen Sauerland. Die in diesem Unternehmen beheimatete Qualitätsmarke *INOX* ist nun schon seit vielen Jahren Marktführer in Deutschland. Nahezu alle entscheidenden Fortschritte bei Handarbeitsnadeln in diesem Jahrhundert nahmen hier ihren Anfang: von der Schnellstricknadel bis zur perlgrauen Leichtmetallnadel, die noch heute den Weltstandard für Qualität und Verarbeitung bestimmt.

Man sieht einer *INOX*-Stricknadel nicht ohne weiteres an, wieviel technisches Wissen und welche Facharbeit erforderlich sind, um aus einem Stück Draht eine Marken-Nadel herzustellen. Doch die Qualität beginnt schon bei der Nadelspitze. Sie darf weder zu spitz noch zu stumpf sein, sondern muß sich stetig verjüngen. Nur so bilden sich die Maschen gleichmäßig und gleiten mühelos von der Spitze auf den Nadelschaft. Die Oberfläche einer Stricknadel wiederum muß hart und widerstandsfähig sein, damit sie auch nach vielen tausend Maschen noch absolut glatt ist.

Eine große Zahl von Frauen scheut das Zusammensetzen einzelner Strickstücke, denn es bedarf schon einiger Fertigkeit, um die Nähte exakt auszuarbeiten. Rump entwickelte darum in den 30er Jahren die erste wirklich funktionierende Rundstricknadel, eine Seildraht-Rundnadel, aus der nach dem Weltkrieg die *INOX*-Plastik-Rundstricknadel mit Perlonseil entstand. Ohne jeden Grat und stufenlos geht das schmiegsame Perlonseil in die Metallspitze über. Mit dieser Nadel wurde ein exaktes, nahtloses Stricken möglich, denn Vorder- und Rückenteil eines Pullovers lassen sich mit ihr zusammen auf die Nadel nehmen. Das Ergebnis ist eine Arbeit wie aus einem Guß. Aber auch beim traditionellen Hin- und Herstricken zeigen die *INOX*-Rundstricknadeln ihre Vorteile. Die Hände sind immer frei und entlastet, während das fertige Strickgut auf dem Perlonseil im Schoß ruht. Und da heute Naturwolle wieder besonders gefragt ist, bietet Rump für die Verarbeitung der weichen Schafwolle auch das passende natürliche Handwerkszeug: die Rundstricknadel mit Bambusspitzen.

Über 20.000 Tonnen Handstrickgarn werden in der Bundesrepublik jährlich verstrickt, verhäkelt und verknüpft. Mit über 10.000 Artikeln für problemloses Handarbeiten trägt *INOX* entscheidend dazu bei, diese gewaltige Menge von Wolle und Synthetiks in aktuelle Mode zu verwandeln.

80
cm
4,5
mm
INOX
Rundstricknadel
Circular Knitting Needles
Aiguilles à tricoter circulaires
INOX
Art. 544
Made in Germany

Friedrich Grohe Florida

Als Ende des letzten Krieges Teile der alliierten Truppen aus Berlin abrückten, blieben ganze Stadtviertel ohne Wasserhähne zurück. Viele Soldaten hatten diese Geräte, die Wasser aus der Wand sprudeln ließen, als technische Wunderwerke empfunden, die sie unbedingt mit nach Hause nehmen wollten. Manche dieser Armaturen waren schon damals unter der Regie des Mannes gefertigt worden, dessen Name in der Nachkriegszeit zum Synonym für deutsche Haushaltsarmaturen werden sollte.

Friedrich Grohe gründete seine Armaturenfabrik im Jahr der Währungsreform. Bereits 1936 hatte er das Unternehmen, das er zuvor als Betriebsleiter geführt hatte und in dem Beschläge, Leuchten und Armaturen produziert wurden, als Alleininhaber übernommen. Die Neuordnung des Betriebs trug den Stempel seiner persönlichen Lebensphilosophie: Konzentration auf eine Sache – Armaturen – und höchste Anforderungen an die Umsetzung einer Idee. Diese Prinzipien wurden fortan die Pfeiler seiner beständig wachsenden Unternehmung.

Sanitär-Armaturen von Friedrich Grohe genießen heute den Ruf beispielhafter Qualität – ein Merkmal, das bereits zu Zeiten einer quantitativ orientierten Wirtschaft unserer Aufbauphase gepflegt wurde. Dabei produziert Friedrich Grohe eine so breite Programmpalette, daß jeder Verbraucher eine seinen Wünschen und seinen Möglichkeiten entsprechende Lösung im Angebot finden kann. Dennoch ist bei Friedrich Grohe selbstverständlich, daß Ersatzteile auch nach Jahrzehnten noch geliefert werden.

Sanitär-Armaturen sind kein austauschbares Konsumgut, sondern ein beständiger, fest installierter Gegenstand des täglichen Gebrauchs. Darum müssen sie ebenso funktionstüchtig wie formschön sein und sich harmonisch in das Badeumfeld einfügen. Beiden Anforderungen entspricht die klassische Zweigriff-Armatur *Florida* von Friedrich Grohe in höchstem Maße. Millionenfach bewährte und ausgereifte Technik im Innern verbindet sich mit einem nach individuellem Geschmack wählbaren Äußeren. Vier verschiedene Formen von Griffen lassen sich mit fünf hochwertigen Oberflächenmaterialien in den Farben weiß, gold und bronze, chromglänzend oder matt kombinieren. Ein Dicht- und Gleitsystem mit präzisionsgeschliffenen keramischen Scheiben ist das Kernstück der *Florida*-Armatur und erlaubt eine jederzeit exakte Feindosierung. Ein integrierter Kalkschutz macht die Armatur fünf bis sechsmal weniger anfällig gegen Verkalkung als ungeschützte Systeme. Die fehlerfreie Funktion der Armatur und das beständige Material in zeitloser Gestalt schaffen so die Voraussetzung für perfekten Wasserfluß in Bad und Küche – Tag für Tag, Jahr für Jahr.

Die Firmengeschichte von Friedrich Grohe ist gekennzeichnet von stetig wachsendem Erfolg. Bereits im Jahr der Währungsreform fertigten 210 Mitarbeiter Armaturen für 885.000 RM oder 2 Mio DM. 1987 konnte das Unternehmen einen Umsatz von 460 Mio DM bilanzieren, ein Wachstum, das mehr als doppelt so groß ist wie die Steigerung des Bruttosozialprodukts der BRD im Vergleichszeitraum. Dazwischen sind etliche Entscheidungen zur Gesamtentwicklung gefallen: vier nationale und internationale Wettbewerber wurden übernommen, neue Produktionsstätten eingeweiht. Dank dieser Unternehmenspolitik ist Friedrich Grohe heute, 52 Jahre nach der Gründung, Marktführer in Europa.

Ideal Standard Playa

Körperpflege und Hygiene sind zwei wesentliche Voraussetzungen für das menschliche Wohlbefinden. Doch hat es lange gedauert, bis sie Eingang in unsere Kultur fanden. Erst nachdem Kreuzfahrer im Orient die dort schon damals üblichen Badehäuser kennengelernt hatten, entstanden auch bei uns ähnliche Einrichtungen. In unserer Zeit sind Bad und WC in nahezu jeder Wohnung selbstverständlich geworden. Entscheidender Anteil an dieser Entwicklung in Deutschland, in Europa und in der Welt hat ein Unternehmen, das heute zu Recht als ein Pionier auf dem Gebiet der Bad-Einrichtung gilt: Ideal-Standard.

Dabei nehmen sich die Anfänge dieser Firmengruppierung relativ bescheiden aus. Im Jahre 1875 gründeten zwei junge irische Einwanderer in Amerika die „Standard Manufactering Company" und begannen mit der Herstellung von Töpfen und Pfannen, gegossenen Klosett-Tanks und Waschgestellen. Das junge Unternehmen entwickelte ein so kräftiges Wachstum, daß man sich nach nur wenigen Jahren imstande sah, verschiedene kleinere Konkurrenzbetriebe aufzukaufen. Die eigentliche Expansion aber begann im Jahre 1927 mit der Eröffnung eines Werkes in Deutschland. Das breite Sanitär-Angebot dieses Betriebs legte den Grundstein zum weiteren Erfolg der Gesellschaft.

Die Ansprüche, die heute an ein Bad gestellt werden, gelten nicht mehr nur der Körperpflege und Hygiene. Längst ist das Bad als ein Erlebnisraum in die Wohnung integriert. Wohlige Wärme und plätscherndes Wasser sorgen für Urlaub vom Alltag. *PLAYA,* zu deutsch „Strand", heißt die vielleicht gelungenste Bad-Collection im aktuellen Programm von Ideal-Standard. Mit ihrer ebenso ästhetischen wie funktionalen Formgebung entspricht sie in höchstem Maße den Vorstellungen von modernem Design.

Gestalten heißt, sich in Lebensgewohnheiten der Menschen einzufühlen, um für ihre echten Bedürfnisse die angemessenen Formen zu finden. *PLAYA* dominiert nicht, sondern läßt viel Spielraum für persönliche Gestaltungswünsche. Ob man die kühle Sachlichkeit einer High-Tech-Atmosphäre bevorzugt oder sich nach einer verträumten Oase der Entspannung sehnt – mit *PLAYA* und den entsprechenden Accessoires lassen sich nahezu alle Badewünsche verwirklichen. Denn mit *PLAYA* bietet Ideal-Standard eine Komplett-Collection in 15 verschiedenen Farbtönen an, für Neuinstallationen wie auch für Renovierungen.

Ganz deutlich wird die funktionale Ästhetik der Collection *PLAYA* beim Waschtisch. Nichts unterbricht die Harmonie der Form. Wie aus einem Guß erscheinen Waschtisch und Dekosäule durch die Fortführung des umlaufenden Bandes. Die Funktion dieser neuartigen Säule entspricht der einer Halbsäule, denn sie deckt die komplette Technik ab. Optisch hingegen vermittelt sie die Eleganz einer Standsäule. Damit ist sie ebenso praktisch wie schön.

In neun europäischen Ländern verfügt Ideal-Standard heute über eine feste Basis. Der internationale Austausch von Erfahrungen hat entscheidend zum gegenwärtigen Erfolg der Firmengruppe beigetragen. Als Marktführer im sanitären Bereich kann sich Ideal-Standard des Vertrauens der Kunden, der Treue der Mitarbeiter und des gesunden Respekts der Wettbewerber erfreuen – auf allen Märkten, auf denen das Unternehmen weltweit aktiv ist.

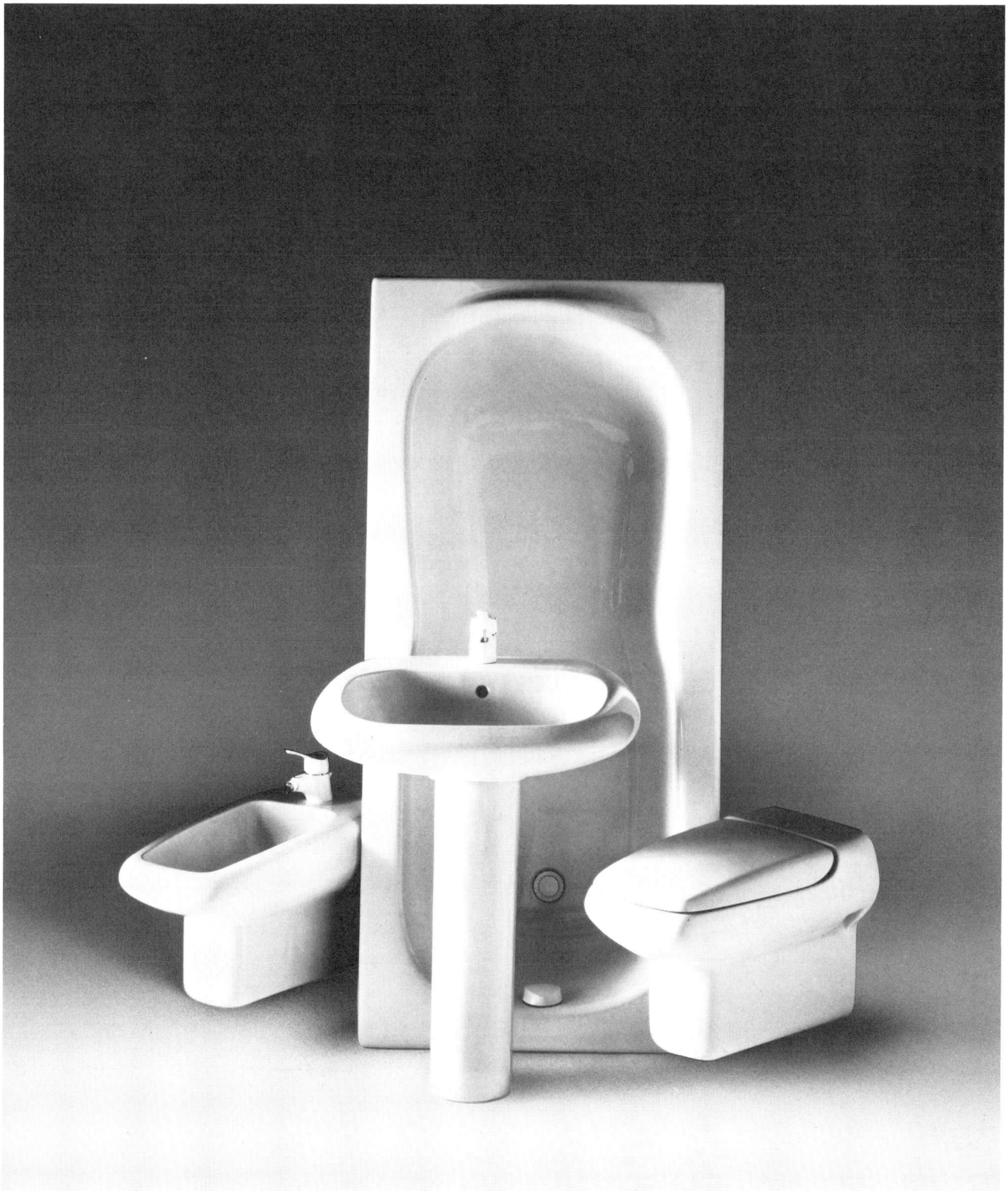

Der nächtliche Anteil am Gesamtstraßenverkehr beträgt in der BRD etwa 20%. Dennoch kamen 1985 nahezu 50% aller Verkehrsopfer bei Nacht ums Leben. Dies hat seinen Grund nicht zuletzt darin, daß mit hereinbrechender Dunkelheit der Autofahrer sich auf eine völlig neue Situation einstellen muß: Er verfügt nur noch über ein Zwanzigstel seiner Sehleistung. Was sein Auge bei Nacht nicht zu leisten vermag, müssen deshalb die Scheinwerfer seines Fahrzeugs kompensieren.

Es hat viele Jahre gedauert, bis auf unseren Straßen ein Licht aufging. Scheinwerfer am Automobil waren zu Beginn des Jahrhunderts noch ein Luxus, der nur auf Sonderwunsch geliefert wurde. Den Anfang machten einfache Windlichter mit Kerzen. Die Entwicklung von dieser primitiven Beleuchtung bis hin zu Halogenscheinwerfern, die für den Verkehr die Nacht zum Tage machen, hat in Deutschland wie kein anderes Unternehmen das Haus Hella vorangetrieben.

1899, dreizehn Jahre nachdem die Motorkutsche von Gottlieb Daimler über die Straßen von Cannstatt rollte, wird in Lippstadt die Westfälische Metall Industrie Aktien Gesellschaft gegründet. Die junge Firma stellt Laternen für Kutschwagen, Fahrräder und Automobile her. 1908 erhält eine besonders erfolgreiche Laternenreihe die Produktbezeichnung „Hella", die bald auf das gesamte Erzeugnisprogramm übertragen wird. Eine neue Marke ist geboren: 1910 wird der Name zum Warenzeichen und Firmenemblem.

Zur gleichen Zeit beginnt mit der Verwendung der elektrischen Glühlampe im Kraftwagen die Entwicklung der modernen Fahrzeugbeleuchtung. Ab 1924 ermöglicht die neuartige Zweifadenlampe den kombinierten Fern- und Abblendlichtscheinwerfer von Hella, ein Prinzip, das sich bis heute bewährt hat. Nach dem Zweiten Weltkrieg erfährt die fast zum Stillstand gekommene Entwicklung eine sprunghafte Wiederbelebung. Das Auto wird in der jungen Bundesrepublik zum wichtigsten Beförderungsmittel. Der Massenverkehr erfordert auch in der Beleuchtungstechnik neue konstruktive Lösungen. In intensiver Forschung entwickelt Hella die zunächst technisch für unmöglich gehaltenen H 4-Scheinwerfer mit 2-Faden-Halogenlampe. Hierfür erhält Hella 1971 als erster Hersteller die Zulassung nach den neuen europäischen Richtlinien. Modernes Autodesign mit aerodynamischer Linienführung erfordert zunehmend kleinere Scheinwerfer. Hella bietet dazu seit 1983 eine völlig neue Lösung in Form der DE-Scheinwerfer an. Nach dem Prinzip eines Diaprojektors wird hierbei das Lichtbündel von einem System aus Halogenlampe, Ellipsoidreflektor, Blende und Linse erzeugt und auf die Fahrbahn projiziert. Ende 1986 ging das zukunftsweisende DE-Scheinwerfer-System bei der neuen 7er Baureihe von BMW erstmals in Serie. Mitte 1987 folgte die 3er Reihe, und ab Februar 1988 besitzt auch der neue 5er BMW diesen Scheinwerfer.

Neben ständiger technologischer Innovation steht bei Hella seit der Firmengründung das Marketing sowie der Vertrieb im Zentrum der Unternehmenspolitik. Hella ist heute in 110 Ländern vertreten. Die Entwicklung und Fertigung von Erzeugnissen, die den jeweils besonderen Anforderungen dieser unterschiedlichen Märkte entsprechen, gehört heute zu den Aufgabenschwerpunkten.

Zunächst als Partner der deutschen – heute nahezu aller Kraftfahrzeughersteller der Welt – werden in 13 Ländern in Europa und Übersee Hella-Erzeugnisse hergestellt.

Der Scheinwerfer

Fissler vitavit L

Gesundheitsbewußte Hausfrauen benützen ihren Schnellkochtopf zum vitamin- und nährstoffschonenden Garen von Speisen schon seit langem. Wenn heute die Zubereitung von Speisen im Schnellkochtopf in bundesdeutschen Haushalten zur unproblematischen Selbstverständlichkeit geworden ist, so ist das vor allem einem Hersteller zu verdanken: der Firma Fissler in Idar-Oberstein.

Das Prinzip des Schnellkochtopfs ist einfach. In einem fest veschraubbarem Kochtopf mit Deckel werden die Speisen unter leichtem Überdruck von 0,4 bar – das entspricht ca. 109° C – des eingeschlossenen Dampfes wesentlich schneller gar als in einem herkömmlichen Topf. Die Vorteile liegen auf der Hand: bei der Zubereitung im Schnellkochtopf spart die Hausfrau Zeit und Energie. Der Strom- oder Gasverbrauch sinkt bis zu 50%, während die Kochzeiten sich sogar auf ein Drittel reduzieren lassen: ein Rindergulasch, das in einem herkömmlichen Topf eine Garzeit von anderthalb Stunden braucht, ist im Schnellkochtopf nach nur 20 Minuten so zart, daß es „auf der Zunge zergeht".

Dennoch hegten auch in jüngster Zeit noch manche Hausfrauen und sogar Köche Bedenken gegen den Schnellkochtopf. Die einen scheuten eine zu komplizierte Handhabung, die anderen lehnten das Schnellkochen oft grundsätzlich ab, weil sie fürchteten, die Speisen könnten zerkochen oder an Geschmack verlieren. Mit dem Fissler vitavit L sind diese Bedenken nun endlich gegenstandslos geworden.

Garen im *Fissler vitavit L* geht nicht nur rasch, sondern auch sicher, einfach und schonend. Der Fissler Schnellkochtopf läßt sich mühelos tragen, schließen und öffnen. Beim Schließen schnappt die Öffnungstaste automatisch ein und bildet so eine sichtbare Sicherheitsverriegelung. Das gekapselte Kochventil besteht aus nur zwei Teilen; es braucht zur Reinigung nicht ausgebaut zu werden und ist daher praktisch wartungsfrei. Für das automatisch richtige Ankochen sorgt die bewährte Fissler Unimatik im Griff, die außerdem als zusätzliche Überdrucksicherung wirkt. Sie schließt den Topf selbständig im richtigen Moment – genau dann, wenn der vitaminschädliche Luftsauerstoff aus dem Topf entwichen ist.

Das Garen mit dem *Fissler vitavit L* ergibt gesunde und wohlschmeckende Speisen, denn Vitamine, Nährwerte und Aromastoffe bleiben in den Zutaten, statt sich in der Wohnung zu verbreiten. Zwei Garstufen machen es möglich, für jedes Kochgut die richtige Gartemperatur zu wählen: die Schonstufe mit 104° C für zartes Gemüse, Geflügel, Obst und Fisch, die Schnellstufe mit 109° C für Fleisch und andere langgarende Lebensmittel. Der extrem wärmeleitende Thermicboden ist für alle Herdarten und Glaskeramik-Kochfelder geeignet. Und schließlich kann sich der *Fissler vitavit L* mit seinem jugendlichen Design in jeder Küche sehen lassen.

Der Schnellkochtopf *Fissler vitavit L* ist das Ergebnis von 30 Jahren praktischer Erfahrung und über 10 Millionen verkaufter Schnellkochgeräte dieses bedeutenden Herstellers. Sein Name steht heute in Deutschland als Standard-Begriff für die leichte Art, schnell und gesund zu kochen.

Der Schnellkochtopf

Lindt

Dem schwedischen Naturforscher Carl von Linné, der den größten Teil seines Lebens damit zubrachte, für sämtliche Tier- und Pflanzenarten lateinische und griechische Namen zu ersinnen, wollte auch das Wort „Cacao" nicht genügen. Er nannte die aromatische Bohne deshalb „Theobroma", zu deutsch Götterspeise.

Heute ist auf der ganzen Welt der Name einer Marke der Inbegriff für Qualitätsschokolade: *LINDT* aus dem Hause Lindt & Sprüngli. Dabei ging die Firma aus zwei höchst verschiedenartigen Unternehmungen hervor. Im Jahre 1845 begann der Zuckerbäcker Sprüngli in seiner kleinen Confiserie an der Züricher Marktgasse mit der Fabrikation von Schokolade. Durch Fleiß und Zielstrebigkeit wuchs der Familienbetrieb im Laufe der Jahre zu einem beachtlichen Unternehmen heran. Rodolphe Lindt hingegen, der 1879 in der Matte zu Bern seine Fabrik eröffnete, war eher ein kauziger Eigenbrödler als ein Kaufmann oder Konditor. Doch sollte es ihm als erstem gelingen, eine feinschmelzende Schokolade herzustellen, die Vorgängerin der heutigen Schokoladetafel.

Bis ins 17. Jahrhundert wurde Schokolade fast ausschließlich flüssig genossen. Damals tranken das heute bei Kindern so beliebte Getränk vor allem Männer, denn es wurde stark konzentriert und unter Zugabe von Pfeffer serviert. Schokolade in fester Form verbreitete sich von Spanien aus über Europa. Kakao war solchen frühen Schokoladen oft nur in kleinen Mengen beigemischt. Herstellern aber, die mit Eichel- und Gerstenschokolade leichtes Geld verdienen wollten, erwuchs im 19. Jahrhundert große Konkurrenz aus der Schweiz. Die dortige Schokoladenindustrie hatte erkannt, daß Qualität der Schlüssel zum Weltmarkt war.

Die veredelnde Wirkung des Vorganges, der heute Conchieren heißt, wurde erstmals von Rodolphe Lindt bemerkt, als er Schokolade tagelang in einem Längsreiber bearbeitete. Die daraus entwickelte Verfahrenstechnik sowie die Verwendung zusätzlicher Kakaobutter führten zu einem Produkt, das nicht nur den weltweiten Ruf der Lindt-Erzeugnisse begründet hat, sondern auch entscheidend zur fabrikmäßigen Herstellung von Schokolade beitrug. Denn das Lindt-Verfahren ermöglichte es, die Schokolademasse, die bis dahin wegen ihrer Zähflüssigkeit in die Formen gepreßt werden mußte, direkt in die Formen zu gießen.

Trotz dieser bahnbrechenden Neuerung betrieb Lindt seine Schokoladenfabrik mehr zum Vergnügen als zur Verbesserung seines Einkommens. Es genügte ihm, wenn er gerade so viel produzierte, als ihm von den Händen weg abgekauft wurde. Oft ließ er Kunden warten, denn seine Fondantschokolade sollte Seltenheitswert genießen. Bei dieser aristokratischen Berufsauffassung war es nur folgerichtig, daß Lindt 1899 für 1,5 Mio Franken seine Firma samt den Rechten an seinem neuen Fabrikationsverfahren an die Chocolat Sprüngli AG verkaufte.

Bereits in den Jahren 1922–25 versuchte Lindt & Sprüngli, sich in Deutschland niederzulassen. Die Gründung eines eigenen Betriebs scheiterte aber an der damals herrschenden Inflation.

Danach folgten Jahrzehnte eines erfolgreichen Lizenzvertriebes durch die Leonard Monheim AG, Aachen. Mitte 1986 hat die Lindt & Sprüngli AG, Schweiz, das verselbständigte deutsche Lindt-Geschäft mit Kapitalmehrheit übernommen.

CHOCOLADE
Lindt
LINDT ALPEN-VOLLMILCH EXTRA FEIN

Eine sachgemäße Schuhpflege war bis zum Ende des 19. Jahrhunderts praktisch unbekannt. Sofern man der Fußbekleidung überhaupt Pflege angedeihen ließ, wichste man die meist schwarzen Stiefel mit einer Mischung aus Melasse, Sirup, Ruß und Schwefelsäure ein. Erst als feinere Lederarten in unterschiedlichen Farben bei der Schuhherstellung Verwendung fanden, widmete man auch den Pflegemitteln größere Aufmerksamkeit. Daß aber sachgemäße Schuhpflege in Deutschland zur alltäglichen Selbstverständlichkeit wurde, dafür hat ein gekrönter Frosch gesorgt: *Erdal-Rex.*

Schon im 18. Jahrhundert verdienten sich die Glöckner der alten Bischofsstadt Mainz durch Kerzenziehen ein paar Pfennige zu ihrem kargen Lohn hinzu. So auch die Männer der Familie Werner, die das Glöckneramt in der Gemeinde St. Quintin versahen. Mit der Gründung der Firma „Gebrüder Werner" am 23. Oktober 1867 aber wurde aus der Nebentätigkeit der Vorfahren der Grundstein für eine der bedeutendsten Industrien in Mainz gelegt.

Durch den Eintritt von Adam Schneider 20 Jahre später erfuhren Wesen und Umfang der Firma dann die entscheidende Änderung. Der neue Gesellschafter weitete das Produktionsprogramm aus, und der Vertrieb umfaßte bald das gesamte Reichsgebiet. Diese neu geschaffene Kundenstruktur wollte Schneider durch den Verkauf von Artikeln des allgemeinen Bedarfs nutzen. Dabei sollte aber eine Verbindung zum vertrauten Rohstoff Wachs gegeben sein.

Adam Schneider schwebte etwas völlig Neues vor: eine Schuhcreme, die das Leder schützen, färben und pflegen sollte. Das Problem bestand darin, die pflegenden Wachsbestandteile in Ölen zu lösen und so zu konservieren, daß sie bis zum Endverbraucher erhalten blieben. Nach vielen Experimenten fand Schneider die Lösung: die „Stiefelwichse" in einer Blechdose.

Die Einführung des neuen Schuhpflegemittels im Jahre 1901 war zunächst ein Mißerfolg. Man hatte den Namen „Lux" für das Produkt vorgesehen, doch stellte sich heraus, daß er bereits geschützt war. Fieberhaft wurde nun nach einem neuen Markennamen gesucht. Man entschied sich für den Namen des Ortes, wo man auch produzierte – die Erthalstraße –, doch in der Aussprache der Mainzer Mundart: *ERDAL.*

Zur damaligen Zeit war es üblich, eine Wortmarke mit einem auffälligen Bildzeichen zu verbinden. Als überaus glücklich erwies sich hier die Wahl einer populären Märchenfigur – des Froschkönigs. Bis 1961 schmückte allerdings ein ziemlich mürrisch dreinblickender Bursche Deutschlands meistgekaufte Schuhcreme. Fortan jedoch bürgte ein lachender Rotfrosch für die Qualität der ERDAL-Produkte.

Bis gegen Ende der 50er Jahre umfaßte das ERDAL-Sortiment lediglich 6 unterschiedliche Produktvarianten in der einheitlichen Dose. Die gute alte Dosencreme gibt es natürlich immer noch, wenn auch in verbesserter Qualität. Doch steht dem Verbraucher daneben eine ganze Palette von ERDAL-Pflegemitteln zur Verfügung, die nahezu alle Unterschiede der Ledersorten, Zurichtungen und Farben wie auch die vielfältigen Pflegegewohnheiten der Verwender berücksichtigen. Mit diesem Sortiment hat ERDAL heute eine Markenbekanntheit von fast 100 %. Kein Wunder also, daß der Rotfrosch lachend in die Zukunft schaut.

Erdal
schwarz
ERDAL REX · D-6500 MAINZ
ERDAL-WERKE · A-5400 HALLEIN

85 Jahre ist er nun alt, doch treibt er auch heute noch seinen Freunden Tränen in die Augen: Original Düsseldorfer *Löwensenf,* der extrascharfe im typischen *Löwensenf*-Tönnchen erfreut sich nach wie vor ungebrochener Beliebtheit. In den Küchen Deutschlands und Europas, der USA und Kanadas genauso wie in Afrika und Australien greifen Feinschmecker zu der pikanten Spezialität vom Rhein, wenn es gilt, den Speisen besondere Würze zu verleihen.

Dabei liegt die eigentliche Heimat des Düsseldorfers gar nicht am Rhein, sondern in Lothringen. In Metz gründete am 15. November 1903 Otto Frenzel die ERSTE LOTHR. ESSIG-UND SENF-FABRIK. Als nach dem verlorenen Weltkrieg deutsche Staatsbürger die französisch gewordene Stadt verlassen mußten, entschied Frenzel sich für Düsseldorf als neuen Standort seines Werks, denn die Rhein-Metropole war damals die führende Senf-Stadt des Reiches. Doch das bedeutete auch zahlreiche und erfahrene Konkurrenten. Otto Frenzel mußte sich darum etwas Besonderes einfallen lassen, wollte er sich an diesem Markt behaupten. Manche schlaflose Nacht verging, bis der Düsseldorfer *Löwensenf* in der Komposition gefunden war, wie er nun seit vielen Jahrzehnten in immer gleichbleibender Qualität im Handel ist.

Das Erfolgsrezept, mit dem Otto Frenzel sich schließlich durchsetzen konnte, hat sich bis heute bewährt: „Man nehme nur Zutaten der allerbesten Qualität, achte peinlich genau auf naturreine Zubereitung und verzichte auf alle naturfremden Zusätze." Die Einzelheiten von Rezept und Produktionsverfahren aber blieben ein wohlgehütetes Betriebsgeheimnis. Nur soviel läßt Frenzel verlauten: verarbeitet wird allein das Mark wertvollster brauner und heller Senfsaaten, wobei die hochwertigen Senföle – und das ist einzig in Deutschland – im Endprodukt belassen werden. Eben diese ätherischen Öle jedoch sind entscheidend für den feurig feinen Geschmack des *Löwensenfs.* Um das so aufwendig gewonnene Aroma zu schützen, führte Frenzel als erstes deutsches Unternehmen Glaspackungen und Abfüllungen unter Vakuum ein.

Als 1936 der Firmengründer auf tragische Weise ums Leben kam, stand die Aufrechterhaltung des Betriebs für kurze Zeit in Gefahr. Doch gestützt auf einen Stab erfahrener Mitarbeiter, entschloß sich die nunmehrige Firmeninhaberin Frieda Frenzel, das Werk ihres Mannes fortzuführen. Sie hat das Unternehmen den Zweiten Weltkrieg hindurch bis in die 50er Jahre geleitet und zu seiner Blüte entscheidend beigetragen.

1975 fusionierte das Haus Frenzel mit dem Feinkostspezialisten Appel, Hannover.

Tag für Tag verlassen mehr als 300.000 Senf-Behälter die 1988 auf den hochmodernen Stand der Technik und Qualitätskontrolle umgestellte Produktionsstätte am Flughafen in Düsseldorf, von der Mini-Portion für den kleinen Haushalt bis zum 5-kg-Eimer für die Großküche. Zum roten Gütesiegel mit dem blauen Aufdruck „extra" hat sich längst ein grünes und ein blaues Etikett hinzugesellt. Mit dem Mittelscharfen „medium", der mit dem grünen Etikett, und dem „bayerisch-süßen" mit dem blauen Etikett hat *Löwensenf* erfolgreich neue Marktbereiche erschlossen.

Löwensenf wird heute in fast alle Teile der Welt geliefert.

bewahren
ORIGINAL
DÜSSELDORFER
Löwensenf
extra

Sicht und Sicherheit sind kaum irgendwo wichtiger als im alpinen Skisport. Das gilt nicht nur für Rennläufer, die mit weit über 100 Stundenkilometer die Pisten entlangdonnern, sondern auch für die vielen tausend Hobby-Fahrer, die sich am Wochenende und in den Ferien auf den meist überfüllten Hängen tummeln. Olympiasieger wie Skihasen vertrauen darum vor allem auf Brillen einer Marke: *uvex*.

Der Schutz des menschlichen Auges mit Schutzbrillen aller Art war die erklärte Zielsetzung Philipp M. Winters, als er 1926 im bayerischen Fürth seine optische Großhandlung gründete. Nachdem er das Geschäft erfolgreich eingeführt hatte, nahm er 1938 die industrielle Brillenfertigung auf. Der Durchbruch aber sollte 20 Jahre später durch eine kühne Entscheidung seines Sohnes erfolgen.

Als 1959 der heute geschäftsführende Gesellschafter Rainer Winter in das Unternehmen eintrat, setzte er sich und seinen Mitarbeitern ein hohes Ziel: die Firma sollte Marktführer im Segment Ski- und Sportbrillen werden. Winter war sich allerdings bewußt, daß diese schwierige Aufgabe mit anonymen namenlosen Produkten, wie sie bis in die 60er Jahre vorherrschten, nicht zu erreichen war. Deshalb suchte man nach einem Markennamen, der nicht nur einprägsam war, sondern auch eine Aussage über die besondere Qualität der bei Winter hergestellten Brillen enthielt. Man entschied sich für den Namen *uvex,* um die Hauptleistung der Scheiben zu betonen: die hundertprozentige Absorption der für das Auge so gefährlichen UV-Strahlen.

Wichtige Stationen in der Entwicklung der Skibrille sind mit der Firmengeschichte von *uvex* verbunden. In sie flossen ebenso die Erfahrungen aus dem Rennsportengagement ein wie die Innovationen aus der hauseigenen Forschungsabteilung. So gelang in den frühen 70er Jahren den *uvex*-Technikern die Entwicklung der Beschlagfrei-Beschichtung *uvex anti-fog.* Auf die Innenseite der Brillenscheibe wird eine hydrophile Schicht aufgebracht, die wie ein Schwamm Feuchtigkeit aus dem Innenraum der Skibrille aufnimmt und diesen so beschlagfrei hält. Der nächste Schritt war die Einführung der *uvex* Doppelscheibe. Das Luftpolster zwischen zwei Skibrillenscheiben isoliert wie ein Doppelfenster und wirkt zusammen mit *uvex anti-fog* gegen das Beschlagen. Aus der zunächst starren Doppelscheibe wurde dann die flexible Doppelscheibe *uvex twinflex.* Sie leistete einen bedeutenden Beitrag zu dem Ziel, einen optimalen Augenschutz zu schaffen, vor allem in Verbindung mit der 1985 eingeführten *uvex* climazone.

Auf der ispo 1988 präsentierte *uvex* eine völlig neue Scheibentechnologie: *uvex triflex,* das ABS der Skibrille. Die *uvex triflex* vereinigt ein Anti-Beschlag-System, ein Anti-Bruch-System und ein Anti-UV-System. Der dreischichtige Aufbau garantiert höchste optische Transparenz durch hermetisch verbundene Scheiben, äußerste Flexibilität und vor allem maximale Sicherheit durch hohe Bruchresistenz.

„Look for a winner" ist der Firmenslogan. Doch bei *uvex* braucht man nach Siegern nicht lange zu suchen. Denn *uvex* rüstet 25 Nationen im alpinen und nordischen Sport sowie sämtliche internationalen Rodelteams aus. Rosi Mittermaier erkämpfte sich mit einer Skibrille von *uvex* 1976 in Innsbruck ebenso olympisches Gold wie Pirmin Zurbriggen 1988 in Calgary.

Die Skibrille

Bad Reichenhaller Markensalz

Wer den Namen Bad Reichenhall hört, der muß an einen der wichtigsten Bodenschätze unseres Landes denken: Salz. „Der Mensch kann zwar ohne Gold, nicht aber ohne Salz leben", schrieb bereits vor 1500 Jahren der römische Geschichtsschreiber Cassiodorus. Dieser Satz hat bis heute nichts von seiner Gültigkeit eingebüßt.

Das Salz ist den Menschen schon seit Urzeiten unentbehrlich. Es ist sowohl eines der ältesten Konservierungsmittel der Welt wie auch die wichtigste Grundwürze zur Verfeinerung von Speisen. Darüber hinaus aber gehört Salz, als Verbindung von Chlor und Natrium, zu den materiellen Grundlagen unseres Lebens überhaupt: ein Mensch von 75 kg Gewicht enthält 0,5 kg Kochsalz und muß für seinen Fortbestand jährlich 7,75 kg zu sich nehmen, da ohne Salz der menschliche Körper austrocknen würde.

Diese Erkenntnisse der modernen Naturwissenschaft klingen bereits in alten Ritualen des Volksglaubens an. So soll Salz, wenn es bei nahendem Gewitter mit Weihwasser ins Feuer gesprengt wird, die Gefahr abwenden. Das Verschütten von Salz hingegen bedeutet das Verschütten des Glücks. Auch in den großen Weltreligionen werden dem Salz in vielen Kulturen lebenfördernde und unheilabwehrende Kräfte beigemessen.

Da kann es nicht verwundern, daß schon bei den Germanen Salzquellen heftig umkämpft waren, andererseits das Salz aber auch den völkerverbindenden Handel förderte. Ja, ganze Städte verdanken ihre Existenz dem Salz. Als Heinrich der Löwe die Isarbrücke bei Föhring zerstören ließ, die die Salzstraße von Reichenhall nach Augsburg führte, mußten die Salztransporte die Isar über eine neue Brücke nahe der Siedlung „Munichen" überqueren, und mit dem Salz erblühte München.

Reichenhall war als der Vereinigungspunkt der vier großen oberbayerischen Salinen Berchtesgaden, Reichenhall, Traunstein und Rosenheim von jeher eine der bedeutendsten Salzlagerstätten in Deutschland. Man kann davon ausgehen, daß die Salzquellen Reichenhalls schon in der Bronzezeit, also 2000–1000 v. Chr., genutzt wurden. Die erste schriftliche Erwähnung stammt aus dem frühen 8. Jahrhundert, aus der Regierungszeit des Agilolfingerherzogs Theodo II.

Die Salzlagerstätte im Bad Reichenhaller Gebiet hat „Mutter Natur" selbst den Menschen erschlossen. Grundwasser sickert durch die Deckschichten aus Kalkgestein und löst das Salz in einem tausendjährigen Prozeß aus dem Salzgebirge. Die so entstehende Sole wird aus ca. 600 m Tiefe hochgepumpt und zur Saline gefördert. Anschließend wird in der Saline Bad Reichenhall durch ein kompliziertes technisches Verfahren das Salz aus der Sole herauskristallisiert, in Zentrifugen eingedickt und mit Heißluft getrocknet.

Das Ergebnis ist das berühmte *Bad Reichenhaller Markensalz,* ein hochwertiges, besonders rieselfähiges Salz, das in der Körnung speziell auf den Verbrauch im Haushalt abgestimmt und reich an Mineralstoffen ist.

Jede zweite deutsche Hausfrau greift heute zu dem blauen 500 g Paket mit der weißen Raute und dem roten Streifen. Auf diese Weise sorgt das *Bad Reichenhaller Markensalz* hierzulande für das nötige Salz – nicht nur in der Suppe.

Bad Reichenhaller
Marken-Salz
Marken
Salz
IMMER TROCKEN · IMMER STREUFÄHIG

Märklin

Was haben Ronald Reagan, Gilbert Bécaud und Luis Trenker miteinander gemein? Alle drei sind begeisterte Modelleisenbahner – und sie bekennen sich auch dazu.

Bereits von der ersten deutschen Lokomotive, der „Adler", die am 7. Dezember 1835 auf der Strecke Nürnberg–Fürth hierzulande die Ära der Eisenbahn einleitete, gab es kurz nach ihrer Jungfernfahrt ein Miniaturmodell. Der entscheidende Schritt zur Systemeisenbahn aber wurde 1891 getan, als die württembergische Spielwarenfabrik Märklin auf der Leipziger Messe ein voll ausbaufähiges Eisenbahn- und Schienenprogramm dem staunenden Publikum vorstellte. Ein Uhrwerk im Innern der Lokomotive ließ den Zug noch über die Schienen schnurren. Vier Jahre später brachte Märklin die erste elektrisch betriebene Eisenbahn – eine Straßenbahn – heraus. Allerdings barg dieses Modell beim Spiel kaum weniger Gefahren als die sonst vielfach verbreiteten Spiritus-Lokomotiven – nicht immer war ein „Jauchzer" aus der Kinderstube ein Freudenschrei.

Die Stromzuführung erfolgt über eine Mittelschiene und den Mittelschleifer unter den Lokomotiven, die Rückleitung über beide Außenschienen. Dieses klare System macht den Aufbau auch komplizierter Gleisanlagen ohne technische Kunstschaltungen möglich.

Größte Sorgfalt legte man bei Märklin von Anfang an auf den Zubehörbereich, um dem Modellbauer die ganze Welt der Eisenbahn zu erschließen. Symbolisch stand zunächst wenig mehr als ein Blechbahnhof an den Schienen, um „Umwelt" zu markieren. Doch da Märklin von Hause aus ja Blechspielzeug herstellte, kamen schon bald Landschaften und Tunnels hinzu, ölbeleuchtete Signale, Bahnübergänge und buntlackierte Feuerspritzen. Nach und nach entstand so eine liebenswerte Welt im Kleinen.

Kleinere Wohnungen hatten zur Folge, daß die Modelle mit größerer Spurweite an Bedeutung verloren. Bei Märklin fiel darum die Entscheidung, die Produktion einer Tischbahn aufzunehmen, die seit 1935 unter der Bezeichnung „Miniaturbahn Spur 00" angeboten wurde. Mit einer Spurweite von 16,5 mm war sie nur halb so groß wie die Spur 0. Nach dem Zweiten Weltkrieg wurde sie darum in H0 („Halb-Null") umbenannt. Zwei Gründe trugen zum Siegeszug dieser Bahn bei: sie war relativ preiswert und brauchte vor allem wenig Platz. In vielen Familien konnte nun der Vater dem Nachwuchs eine elektrische Eisenbahn unter den Weihnachtsbaum legen.

Die beliebteste H0-Lok ist zweifellos das Schweizer „Krokodil", die Nachbildung einer Elektrolok der berühmten Gotthardbahn. Wie jedes Modell von Märklin wurde sie nach den Plänen und Fotos des großen Vorbilds gebaut, um eine möglichst hohe Übereinstimmung mit dem Original zu erzielen.

1979 führte Märklin als Weltneuheit den Prototyp einer vollständig digitalisierten Modellbahnanlage Spur H0 vor.

Zum 125jährigen Firmenjubiläum erfolgte 1984 die Präsentation des ausgereiften, elektronischen Modellbahn-Steuerungssystems „Märklin Digital". Der konsequente Ausbau der digitalen Modellbahn und weitere Neuerungen in der Antriebs- und Steuerungstechnik werden auch in Zukunft für die Attraktivität der Märklin-Modellbahnen sorgen.

13303

„Schneller, weiter, höher" – solange Sport betrieben wird, ist diese Maxime Ansporn zu neuen Leistungen. Optimale Leistungen können aber auch im Sport nur erbracht werden, wenn optimale Voraussetzungen gegeben sind. Sie zu schaffen, war das Lebenswerk eines Mannes. Während Sportler überall auf der Welt in seinen Schuhen Siege, Rekorde und Medaillen eroberten, sicherte er sich Patente durch ständig neue Ideen und Verbesserungen seiner Modelle. Sein Name: Adi Dassler.

1920 fing alles mit einem schlichten Turnschuh in Herzogenaurach an. Adi Dassler war gerade zwanzig Jahre alt, als er ihn entwarf. Seine erste Maschine wurde wie ein Fahrrad von einem Mitarbeiter angetrieben, denn Strom gab es noch nicht in der kleinen Werkstatt. Aber die Idee, den Sportler mit einem eigens für ihn geschaffenen Schuh optimal auszurüsten, war eine echte Sensation und bedeutete den Durchbruch in der Sportschuhfertigung: 1928 trugen Athleten bei den Olympischen Spielen erstmals Dassler-Schuhe.

Nach dem Krieg mußte Adi Dassler praktisch wieder bei Null anfangen. Die ersten Sportschuhe, die er 1946 auf den Markt brachte, waren aus Segeltuch und Gummi von amerikanischen Treibstofftanks. Als Dassler nur zwei Jahre später mit 47 Mitarbeitern die heutige Firma gründete, suchte er zunächst nach einer einprägsamen Bezeichnung für seine Produkte. In Anlehnung an den eigenen Namen entschied er sich für *adidas*. Zum Namen aber wünschte er – als erster Schuhfabrikant überhaupt – noch ein optisches Kennzeichen für seinen Schuh. So entstanden die berühmten 3 Streifen, die sich in der Folge als ein geradezu magisches Symbol erwiesen.

Die Erfolge, die im Zeichen der 3 Streifen errungen wurden, sind heute im *adidas*-Sportschuh-Museum verewigt: Hier stehen die Rennschuhe von Jesse Owens, mit denen er 1936 vier Goldmedaillen gewann. Hier erinnert ein weißer Spikes-Schuh an den legendären Armin Hary, der als erster Mensch die 100 Meter in zehn Sekunden sprintete. Und hier befinden sich auch die Fußballstiefel, in denen Fritz Walter und Franz Beckenbauer die deutsche Fußball-Nationalmannschaft zu ihren Weltmeisterschafts-Triumphen 1954 und 1974 führten.

In jede Sportschuh-Generation des Hauses *adidas* fließen die Erkenntnisse des Sports, der Technik und der Medizin ein. Ein Musterbeispiel für dieses Zusammenwirken ist der Tennisschuh „Edberg". Dieser Sportschuh repräsentiert den neuesten Stand der biomechanischen und orthopädischen Erkenntnisse im Tennissport. Das macht sich in allen Phasen der Laufarbeit bemerkbar: durch Reduktion der Verletzungsgefahr, festen Halt und hohen Tragekomfort. Der Schuh bietet damit die Voraussetzungen einer deutlichen Leistungssteigerung, die aus den persönlichen Erfahrungswerten des Tennisprofis Stefan Edberg resultieren.

Aus bescheidensten Anfängen hat Adi Dassler ein gigantisches Unternehmen aufgebaut. Mit einer täglichen Produktion von 280.000 Paar ist *adidas* heute der größte Sportschuh-Hersteller der Welt. Rund 10.000 Mitarbeiter sorgen dafür, daß es kaum ein Land gibt, in dem man die Marke mit den 3 Streifen nicht kennt. 1978 wurde Adi Dassler darum als erster Nichtamerikaner in die Ruhmeshalle der amerikanischen Sportartikelindustrie aufgenommen.

„Damit man schnell ums Eck' kommt", so hat einmal der legendäre Automobilkonstrukteur Ferdiand Porsche seine Philosophie auf eine Kurzform gebracht. In ihr drückt sich jedoch eine gehörige Portion schwäbischer Untertreibung aus. Gewiß: Dynamik, Wendigkeit, Vergnügen an sportlicher Beweglichkeit – dafür ist der Porsche durchaus wie geschaffen. Doch machen sie allein keineswegs die Faszination aus, die Porsche seit seinem Bestehen in stetig steigendem Maße auf Automobilliebhaber ausgeübt hat.

Als Porsche Ende der 40er Jahre damit begann, Sportwagen zu bauen, hielten das viele für einen Anachronismus. Heute gilt der *Porsche 911* – seit nunmehr über zwei Jahrzehnten Inbegriff der Marke – als die vielleicht gelungenste Lösung für Sportlichkeit im Serienautomobilbau überhaupt. Die elegante Silhouette und die außerordentliche Leistungsstärke beweisen, wie vollendet sich ästhetische Linienführung und hochentwickelte Dynamik in einem Fahrzeug verwirklichen lassen.

Man sieht und spürt beim *Porsche 911* sofort, daß er intensiv von den großen Erfahrungen profitiert hat, die Porsche im internationalen Rennsport macht und mit vielen Siegen krönen konnte. Lange bevor der Begriff cw-Wert in Mode kam, hat Porsche mit Rennfahrzeugen Windkanalstudien betrieben, die in die Konstruktion des *911* einflossen: Ein treffendes Beispiel dafür, daß sich aus aerodynamischer Funktionalität kein Einheits-Look ergeben muß.

Je persönlicher die Wünsche an ein sportliches Automobil sind, desto mehr haben die *911er* zu bieten. Da Porsche keine Massenfertigung betreibt, kann man es sich leisten, Automobile ganz nach individuellen Vorstellungen zu bauen. Der *911* „pur" ist das klassische Carrera Coupé; diesem Modell hat der *911* seinen weltweiten Ruf zu verdanken. Das Cabriolet und der Targa bieten das Erlebnis des Porschefahrens im sinnlichen Kontakt mit der Natur. Im Turbo hat Porsche die Symbiose von Sport und Serie auf ein Optimum gebracht: der Turbo beschleunigt in 5,4 Sekunden von 0 auf 100 km/h und erreicht eine Spitzengeschwindigkeit von 260 km/h. Wem das noch nicht genügt, der kann seinen *911* mit dem 330 PS starken Sportkit-Motor ausrüsten. Für die Puristen unter den *911*-Enthusisasten schließlich liefert Porsche das Carrera Coupé in der von allen Komfortelementen geläuterten Club-Sport-Version.

Viel wurde über die technischen Vorzüge des *Porsche 911* gesagt und geschrieben: über die feuerverzinkte Karosserie mit der Zehn-Jahres-Garantie gegen Durchrosten, das aufwendige Fahrwerk, den edlen 6-Zylinder-Boxermotor aus Leichtmetall, das präzise Lenkverhalten oder die ergonomische Gestaltung des Cockpits. Was einen Porsche aber zum einzigartigen Erlebnis macht, ist der besondere, nicht austauschbare Charakter, der ihn gerade in einer Zeit, die oft von Nüchternheit und Kühle bestimmt ist, unverkennbar profiliert.

Dynamik und Stilistik, Zuverlässigkeit und Wertbeständigkeit mögen rationale Gründe sein, sich für einen *911* zu entscheiden. Genauso wichtig aber ist in den Augen der Porsche-Gemeinde der ungemeine Charme dieses Sportwagens, jenes gewisse Etwas, das sich in keiner Forschungsabteilung reproduzieren läßt. Denn für den Reiz unmittelbarer Faszination gibt es keinen Ersatz.

S JE 5785

Pril

Eines Morgens im Jahre 1951 ging ein Werbespot über den Äther, der die deutschen Hausfrauen aufhorchen ließ: Lautes Entengeschnatter tönte aus den Lautsprechern, und anschließend sang eine zarte Frauenstimme: „Pril, entspannt das Wasser, Pril macht Wasser nasser, Pril, Pril, Pril ..."

Während der 50er Jahre wurde der Begriff „Fortschritt" ganz groß geschrieben. Nur in den Küchen war vieles noch beim alten. Die Befragung von rund 2.000 Frauen ergab, daß etwa 85 % ein alkalisches Spülmittel verwendeten. Der Rest behalf sich gar mit Waschmitteln. Aus dieser Marktanalyse zogen die Chemiker der Henkel-Tochterfirma Böhme Konsequenzen. Auf der Basis synthetischer waschaktiver Substanzen entwickelten sie mit *Pril* ein Reinigungsmittel speziell für das Geschirrspülen und die Haushaltsreinigung. Bereits das *Pril* von 1951 enthielt keine Soda. Es überzeugte deshalb nicht nur durch seine außergewöhnliche Reinigungskraft, die auch in hartem Wasser Fett und Schmutz löste, sondern ebenso durch seine gute Hautverträglichkeit. Die früher so geschundenen Spülhände wurden dank *Pril* nun geschont. Und noch einen wesentlichen Vorzug wußten die Hausfrauen von Anfang an zu schätzen: Der in der Werbung angepriesene „Klartrockeneffekt" machte beim Spülen mit *Pril* das anschließende Abtrocknen überflüssig.

Daß ausgerechnet die Ente zur *Pril*-Werbefigur auserkoren wurde, hat eine verblüffende Vorgeschichte: Die Ente besitzt am hinteren Ende ihres Leibes ein seltsames Organ, die sogenannte Bürzeldrüse. Diese Drüse produziert Fett, mit dem die Ente ständig ihr Gefieder einschmiert. Tut sie es nicht, sinkt sie sofort im Wasser unter und ertrinkt. Diese Beobachtung interessierte auch die Chemiker von Böhme. Sie wollten wissen, ob man mit chemischen Mitteln diesen Fettpanzer durchbrechen kann. Eine Ente wurde in einen Glaskasten mit *Pril*-Wasser gesetzt – und sie ging unter. Ein anschauliches Experiment, das die hervorragende fettlösende Wirkung des neuen Produktes zeigte: *Pril* „entspannte" das Wasser.

Die fettlösende Wirkung von *Pril* sollten sich später auch Tierschützer zunutze machen. So wurde *Pril* 1973 zum Retter in der Not, als 800 Schwäne auf der Themse in eine Ölfläche gerieten. Mit *Pril* und warmen Wasser konnten der Ölfilm entfernt und die Tiere vor dem Tod bewahrt werden.

Als *Pril* erstmals in die Geschäfte kam, war es in kleine blaue Päckchen mit dem Aufdruck „Pril spült reinigt trocknet glanzklar" abgepackt und kostete ganze 68 Pfennige. Ab 1956 leitete der promovierte Chemiker Konrad Henkel, Enkel des legendären Firmengründers Fritz Henkel, in den Düsseldorfer Laboratorien den Aufbau einer leistungsfähigen Produktentwicklung und Anwendungstechnik. Einer der ersten Erfolge der Abteilung war das flüssige *Pril,* das 1958 in den Handel gelangte.

Die Aktion „fröhliche Küche" brachte 1972 die bekannten *Pril*-Blumen in bundesdeutsche Küchen, die bis heute bei zahlreichen neuen *Pril*-Verwenderinnen überlebt haben. Für diese neuen *Pril*-Verwenderinnen zieren seit 1987 zwei Glanzsterne die typischen blauen Pril-Flaschen. Denn *Pril* verspricht nicht nur strahlenden Glanz ohne abtrocknen, sondern ist zugleich ein glänzendes Angebot für zarte Hände. Ein Angebot, das nunmehr seit fast vier Jahrzehnten dankend angenommen wird: Während dieser Zeit wurde *Pril* nicht nur zum Innbegriff des Geschirrspülmittels, sondern zum beliebtesten Helfer in den bundesdeutschen Haushalten überhaupt.

Henkel
Pril
für prilweiches Wasser
handpflegend –
pH-neutral
Noch wirksamer gegen Fett –
für mehr Sauberkeit und Glanz.

Die letzte Völkerwanderung auf deutschem Boden fand unmittelbar nach dem Zweiten Weltkrieg statt. Tausende und Abertausende von Flüchtlingen zogen durch Deutschland auf der Suche nach einer neuen Heimat. Ein Sammelbecken dieser Menschenströme war das zerbombte Hamburg. Hier gründete 1945 der junge Kartograph Gerhard Falk einen Verlag mit drei freien Mitarbeitern. Bereits ein Jahr später gibt er einen Plan von der zerstörten Hansestadt heraus. Die Auflagenhöhe ist enorm: 50.000 Exemplare. Obwohl die Pläne nur unter dem Ladentisch verkauft werden dürfen, finden sie reißenden Absatz. Der Verkauf beweist, auf welch ein elementares Bedürfnis Gerhard Falk mit seiner Idee in der Bevölkerung gestoßen ist.

Das Bedürfnis nach geographischer Orientierung gehört zu den wesentlichen Merkmalen der modernen, mobilen Gesellschaft. Die Konzeption des *Falk-Stadtplans,* diesem Bedürfnis Genüge zu tun, ist ebenso einfach wie überzeugend: Dank einer inzwischen international geschützten Patentfaltung kann sich der Benutzer die ganze Stadt – ob Hamburg, Moskau oder New York – buchstäblich in die Tasche stecken. Sie erlaubt eine Handhabung des Plans auf kleinstem Raum. Man schlägt ihn auf, legt die Faltklappen nach unten und findet alles übersichtlich und genau – Ortsteil für Ortsteil, Straße für Straße. Die vorn eingeheftete Übersichtskarte bietet eine Situierung der Stadt in ihrem Umland mit den wichtigsten Verbindungswegen, während die Citykarte auf einen Blick die Infrastruktur der Innenstadt erschließt. Das problemlose Auffinden einzelner Straßen oder markanter Gebäude ermöglicht das detaillierte Register am Ende des Plans, das auf das blaue Orientierungsnetz im Kartenwerk verweist. Ergänzend sind im Anhang die wichtigsten Telefonnummern und Adressen aufgeführt. Das Aktualitätssiegel auf der Titelseite schließlich garantiert, daß jeder *Falk-Plan* sich dank regelmäßiger Neuauflagen auf dem jeweils neuesten Stand befindet. Der Benutzer kann darum getrost davon ausgehen, daß er eine Straße, die er auf der Karte nicht findet, auch in der Stadt nicht finden wird.

Diese Konzeption hatte bei ihrer ersten Verwirklichung einen so durchschlagenden Erfolg, daß schon 1947 eine Filiale in Berlin und eine Schwesterfirma in Den Haag gegründet werden konnten. 1950 erscheint zum Heiligen Jahr als erster Auslandsplan des Falk-Verlags eine Karte von Rom. Im gleichen Jahr ist die erste Million verkaufter Pläne erreicht. Schon bald folgen Projekte in noch größeren Maßstäben: Im Auftrag der US-Navy und der Heidelberger Akademie der Wissenschaften bringt Falk 1952 einen bis dahin einmaligen Seuchen-Atlas heraus und 1960, ein Jahr vor der ersten bemannten Weltraumfahrt, die berühmte Mondkarte. Besondere Liebe widmet der Verlag der ersten Weltkarte in lebensechten Farben, die 1966 auf den Markt kommt und aus der Gerhard Falk die Welt-Zeit-Uhr entwickelt. Bestseller wie der Große Autoatlas von 1976 sowie die ab 1984 erscheinenden Städteatlanten deutscher Ballungsräume runden das Programm ab. Im Zentrum der Falk Publikationen aber steht nach wie vor der *Falk-Stadtplan* mit seinen typischen Erkennungsfarben Gelb, Rot und Blau von 160 Städten der Welt in einer Auflage von heute 85 Millionen Exemplaren.

MÜNCHEN
Grossraum
Stadtplan
55. Auflage mit
Aktualitäts-Siegel
Falk
plan
Rathaus
und
Frauenkirche
MÜNCHEN
mit neuestem Verbundstreckennetz
Mit Fürstenfeldbruck · Gröbenzell · Dachau
Ismaning · Haar · Ottobrunn · Oberhaching
Grünwald · Gauting · Germering
FALK-VERLAG · HAMBURG · BERLIN
EINDHOVEN
Bayern 3
UKW
98,5
MHz

Thonet S 33

Die Rückverpflichtung des Künstlers auf das Handwerkliche: dies ist der bleibende Beitrag des Weimarer Bauhauses zur Kulturgeschichte des 20. Jahrhunderts. Mit der These „Kunst und Technik – eine Einheit" formulierte Walter Gropius die programmatische Zielsetzung: die Versöhnung von Ästhetik und Funktion. So war es nur konsequent, daß eine Firma, deren Gründer Michael Thonet schon in der ersten Hälfte des 19. Jahrhunderts diese Philosophie in die Praxis umsetzte, eine enge und fruchtbare Zusammenarbeit mit führenden Vertretern des Bauhauses aufnahm. Das zugleich gelungenste wie berühmteste Resultat dieser Zusammenarbeit war die Entwicklung und Produktion der klassischen freischwingenden Stahlrohrstühle, kurz auch Freischwinger genannt.

Der Klassiker schlechthin unter den Bauhaus-Modellen von Thonet ist der freischwingende Stuhl aus Stahlrohr *S 33*. Kaum ein Möbel der Welt wurde so häufig nachgebaut wie dieses. Sitz und Rücken des *S 33* sind mit weißem, naturbraunem, dunkelblauem, grauem oder schwarzem Rindleder bespannt. Was das Original aber von seinen zahllosen Kopien unterscheidet, sind folgende Merkmale: Der Korpus des *S 33* wird aus federhartem und zugblankem Präzisionsstahlrohr gefertigt; die mehrfachen Schleifvorgänge verschiedener Körnungen bieten die optimale Grundvoraussetzung für die hochwertige Verchromung. Dies zusammen garantiert die unbegrenzte Beständigkeit und den dauernden Schwingeffekt des Stuhls. Unter dem Sitz sind Spannbügel zum Straffen des Leder angebracht. Verwendet wird ausschließlich die Kerntafel der Lederhaut in einer Stärke von 3 bis 3,5 mm, die vor der Verarbeitung aufwendig präpariert wird.

Entworfen hat den *S 33* in den 20er Jahren der junge Niederländer und Bauhaus-Schüler Mart Stam. Noch keine dreißig Jahre alt, erregte er mit diesem Beitrag zur Stuttgarter Weissenhof-Siedlung großes Aufsehen. Sein freifedernder, hinterbeinloser Metallstuhl bestach beim Publikum vor allem durch seine konstruktive Wahrheit.

Bei seinem Erscheinen wurde der *S 33* von der Öffentlichkeit als Sensation empfunden. Heute läßt er sich aus der Welt des modernen Wohnens kaum noch fortdenken. So paradox es klingen mag: das Besondere dieses Stuhls besteht gerade darin, daß er sich in nahezu jedes Ambiente einfügt – vom erlebnisorientierten Wohnbereich bis zum vernunftorientierten Arbeitsbereich. Erfolgreich in so verschiedenen Problemlösungen aber kann sich nur ein Modell bewähren, das den Lebensstil einer ganzen Epoche verkörpert.

Das heute in Frankenberg ansässige Haus Thonet stellt Möbel her, die zum Teil seit 125 Jahren – allen Stil- und Modeschwankungen zum Trotz – praktisch unverändert geblieben sind. Dennoch zeigen Zielgruppenanalysen immer wieder, daß Thonet gerade bei jungen Menschen als besonders aktuelle Marke erlebt wird. Die Erklärung dieses zeitlosen Erfolgs, für den der Freischwinger *S 33* ein besonders deutliches Beispiel gibt, liegt in der Thonet'schen Synthese von Funktion, Material und Herstellungstechnik. Und getreu dieser Synthese wird der *S 33* von Thonet auch in Zukunft produziert werden.

Sein Vater stammte aus der Lombardei, die Mutter war eine Züricher Lehrertochter: Julius Maggi, der am 9. 10. 1846 im schweizerischen Kanton Thurgau zur Welt kam, war eine glückliche Mischung aus südlichem Wagemut und nördlicher Gründlichkeit, ein Pionier der Lebensmittelindustrie, der sich in die Situation der Verbraucher versetzen konnte, ihre Bedürfnisse und Möglichkeiten klar erfaßte und deshalb erfolgreich war. 1886 brachte der Müllersohn die ersten kochfertigen Suppen aus Gemüsemehlen auf den Markt. Und im gleichen Jahr gelang ihm eine Erfindung, die eigentlich nur als eine Zutat gedacht war, doch seinen Namen in kurzer Zeit weltberühmt machen sollte: „Maggis Suppenwürze".

Seit nunmehr 100 Jahren wird die *Maggi-Würze* nach der nahezu unveränderten Originalrezeptur hergestellt. Das flüssige Würzmittel besteht aus rein pflanzlichen Rohstoffen ohne Zusatz von Gewürzen: Pflanzenproteinen aus Weizen, Mais und Reis sowie Erdnuß oder Soja. Diese Rohstoffe werden durch sauren Abbau in einem Kochprozeß aufgeschlossen. Die dadurch freigesetzten Aminosäuren verleihen der Würze ihren typischen Geschmack, der dem Aroma des Liebstöckels sehr ähnlich ist. Dies brachte dem Würzkraut im Volksmund den Namen Maggi-Kraut ein, der sogar schon Eingang ins Lexikon gefunden hat. Für die Herstellung von *Maggi-Würze* wird Liebstöckel aber nicht verwendet.

Eine Würzdosis von 5 bis 10 Spritzern genügt, um einem Gericht den angenehmen würzigen Geschmack zu geben. Ein wichtiger Grund für die Beliebtheit der *Maggi-Würze* ist dabei ihre universelle Verwendbarkeit: sie würzt Suppen, Soßen, Fleischspeisen, Gemüse, Eintöpfe, Beilagen und Salate und kann sowohl während der Zubereitung der Speisen als auch zum Abschmecken oder Nachwürzen bei Tisch verwendet werden.

Julius Maggi beschränkte sich jedoch nicht allein auf die Erfindung seiner Würze. Große Sorgfalt wandte er auch auf die Produktprofilierung an. Persönlich entwarf er die typische viereckige Form der braunen Flasche und bestimmte für die Etiketten die Farben Gelb und Rot, die noch heute die Maggi-Hausfarben sind. 1886 richtete er ein „Reclame- und Press-Büro" ein, als dessen „Vorsteher" kein Geringerer als der später gefeierte Dramatiker Frank Wedekind fungierte. Wie streng Julius Maggi seinen Werbeleiter damals beurteilte, geht aus den Zensuren hervor, die noch auf Wedekinds handschriftlichen Entwürfen zu lesen stehen: „vortrefflich" oder „famos", aber auch nur „ziemlich ordentlich" oder gar „ungenügend".

Das Profil der Marke Maggi könnte heute nicht besser sein. 640 millionenmal im Jahr greifen die deutschen Verbraucher zu den Produkten der hierzulande bekanntesten Lebensmittelmarke. Doch muß sich ein modernes Unternehmen wie Maggi ständig mit seinem Sortiment den veränderten Verbraucherwünschen anpassen. Die rund 2.500 Mitarbeiter des Hauses stellen heute darum über 200 verschiedene Artikel her. Die Produktpalette umfaßt Würze und Würzmittel, Brühen und Klare Suppen, Dosen- und Trockensuppen, Soßen und Fix-Produkte, Fertiggerichte und Kartoffelerzeugnisse. Unberührt von allen sich wandelnden Ernährungsgewohnheiten aber führt das Sortiment nach wie vor die *Maggi-Würze* in der braunen viereckigen Flasche an.

Die Suppenwürze

„Es ist ein wahrhaft peinliches Gefühl, unter Menschen nicht Mensch sein und seine Gedanken austauschen zu können". Aufgrund dieser Reiseerfahrung entwickelte der Berliner Kaufmann Gustav Langenscheidt 1856 eine Idee, die zur Gründung eines eigenen Unternehmens führte: ein Unterrichtssystem, das den praktischen Erwerb einer Fremdsprache im Selbstunterricht ermöglichte.

1884 schuf der Verlagsgründer Gustav Langenscheidt sogenannte „Notwörterbücher für Reise, Lektüre und Konversation". Diese Reihe war der Vorläufer der berühmten und bis heute meistverkauften Taschenwörterbücher. Seit damals zieht sich ein Grundsatz durch das Langenscheidt-Verlagsprogramm, der nicht zuletzt für die Größe und Erfolg dieses Spezialverlags verantwortlich ist: das Prinzip der Lebensnähe. Es besagt, daß Langenscheidts Standardwörterbücher praktisch und lebensnah sind, den neuesten Wortschatz der Hoch- und Alltagssprache aufweisen und eine hohe Stichwörterzahl besitzen.

Zuerst erschienen diese Wörterbücher in Französisch und Englisch. Doch schon zu Beginn dieses Jahrhunderts wurde das Programm auf fast alle wichtigen Sprachen Europas ausgedehnt: Spanisch, Portugiesisch, Italienisch, Russisch, Schwedisch, Dänisch, Neugriechisch, Rumänisch, Niederländisch, ja sogar Katalanisch und Japanisch sowie Altgriechisch, Latein und Hebräisch. Weil Sprachen die Lebensumstände und das Lebensgefühl eines Volkes widerspiegeln, befinden sie sich im steten Wandel. So schöne Wörte wie „Afterberedsamkeit", „niederdonnern", oder „Thorschreiber", die damals in Gebrauch waren, gehören heute ins Spracharchiv. Dafür wurden in die jüngsten Auflagen Stichwörter aus Politik, Technik und Wissenschaft, Arbeitswelt, Mode und Freizeit aufgenommen. Hier ein paar Beispiele aus dem englischen Band: „acid rain" (saurer Regen), „drain-pipe trousers" (Röhrenhosen), „shuttle diplomacy" (Pendeldiplomatie), „mom-and-pop-store" (Tante-Emma-Laden)...

Nicht nur der Inhalt, auch das „Outfit" hat sich grundsätzlich gewandelt. Um die Jahrhundertwende wurden die Lexika noch in Leinen gebunden und mit Jugendstilmotiven verziert ausgeliefert. 1953 kam zum ersten Mal ein Wörterbuch im robusten Plastikeinband auf den Markt, zunächst in Blau, schon bald aber in gelbem Einband mit blauer Schrift. Heute ist die gesamte Verlagspalette bestes Beispiel für „Corporate Design".

Auch von der langen Erfahrung im technischen Bereich profitierten der Verlag und die Kunden: Nach langen Versuchen wurde eine Schriftmischung gefunden, die vier verschiedene Schriften klar zum Ausdruck kommen läßt. In den 50er Jahren wurde die noch von Gustav Langenscheidt persönlich mitentwickelte Lautschrift auf die internationale Lautschrift umgestellt.

Acht verschiedene Größen für insgesamt 31 Sprachen umfaßt das Wörterbuchprogramm heute: Vom kleinsten, dem „Mini", mit 8000 Stichwörtern bis zum größten zweisprachigen Lexikon (Englisch-Deutsch, Deutsch-Englisch) überhaupt, dem „Großen Muret-Sanders" mit 560 000 Stichwörtern und Wendungen in vier Bänden.

Eine der wichtigsten „Säulen" des Verlags bildet nun seit über 100 Jahren die Reihe der Taschenwörterbücher mit durchschnittlich 45.000 Stichwörtern und Wendungen (in jeder Sprachrichtung). Es gibt sie heute in 17 Sprachen von Arabisch bis Türkisch. Sie sind wahrhaft zu Standards geworden, im Beruf, in der Schule und auf der Reise.

Englisch
Langenscheidts
Taschen-
wörterbuch
Englisch
Englisch-Deutsch
Deutsch-Englisch

Wenn heute vom „Teddy" die Rede ist, denkt jeder sofort an das bärenähnliche Plüschtier, das viele die Kindheit hindurch begleitet hat.

Teddy – diesen Namen hat das Plüschtier von keinem Geringeren als dem amerikanischen Präsidenten Theodore („Teddy") Roosevelt. Seine Vorliebe für die Bärenjagd war allgemein bekannt, und als im Jahre 1903 eine Festtafel im Weißen Haus geschmückt werden sollte, hatte jemand den originellen Einfall, sie mit Plüschbären zu dekorieren. Auf die Frage nach der Rasse dieser drolligen Wesen wußte ein schlagfertiger Gast die Antwort: „Das sind natürlich Teddys Bären!"

Diese historischen Bären waren ein Produkt der Firma Steiff aus dem schwäbischen Giengen. Richard Steiff hatte sie gerade auf der Leipziger Messe als seine neueste Erfindung vorgestellt. Das Besondere an diesen Spieltieren war der puppenähnliche Körper, an dem sich Kopf und Glieder bewegen ließen. Auch das Material war ungewöhnlich: ein flauschiger Mohairplüsch, der in der Wirkung echtem Fell sehr nahe kam. Dennoch schien sich zunächst niemand dafür zu interessieren, bis am letzten Messetag ein begeisterter Amerikaner 3.000 Stück bestellte.

Diesem glücklichen Zufall verdankt der *Teddybär* seinen Siegeszug rund um die Welt und die Filzspielwarenfabrik Steiff ihren Aufstieg zur Weltfirma.

Margarete Steiff, die Gründerin des Unternehmens, war seit frühester Kindheit durch Polio behindert. Aber mit ungeheurem Lebensmut und aus dem Bedürfnis nach wirtschaftlicher Unabhängigkeit heraus eröffnete die gelernte Näherin ein Filzkonfektionsgeschäft. 1880 fertigte sie aus Filz ein Nadelkissen in Form eines kleinen Elefanten. Dieses „Elefäntle" gilt heute als das Ur-Steiff-Tier. Es wurde unerwartet ein so beliebtes Kinderspielzeug, daß allein im Jahre 1886 5.066 Stück verkauft wurden. Daraufhin nahm sie noch andere Tiere in die Produktion auf, und bereits 1893 war das Unternehmen von Margarete Steiff als erste deutsche Filzspielwarenfabrik auf der Leipziger Messe vertreten.

Ohne die Unterstützung ihrer Familie wäre der Weg zum Erfolg kaum denkbar gewesen. Ihr Bruder, der Baumeister Fritz Steiff, und ihre fünf Neffen trugen ganz wesentlich zur Entwicklung zum Großunternehmen bei. So gilt Richard Steiff als der Vater des *Teddybären,* und Neffe Franz Steiff als Erfinder des Warenzeichens, des berühmten „Knopf im Ohr".

Die Idee, Kinderspielzeug mit einer Schutzmarke zu versehen, die unlösbar direkt am Produkt angebracht ist, war etwas völlig Neues. Mit diesem Gütesiegel bürgt Steiff für die hohe Qualität seiner Erzeugnisse, die ein Höchstmaß an Kindersicherheit garantieren. Nur so konnte sich die Firma trotz der Einbußen durch die beiden Weltkriege erfolgreich entwickeln und gegen Billigimporte aus Fernost behaupten.

Das Äußere des *Teddybären* hat sich im Laufe der Zeit immer wieder gewandelt und dem modernen Geschmack angepaßt. Doch sieht man an den Repliken der ersten Modelle, daß sie bis heute von ihrer Liebenswürdigkeit nichts eingebüßt haben. Zum 100. Firmenjubiläum wurde ein Teddy aus der Anfangszeit des *Teddybären* noch einmal als Replik in limitierter Auflage angeboten.

„Der Weg zum Himmel führt an der Teekanne vorbei", lautet ein englisches Sprichwort. Doch auch auf Erden schon ist Tee eines der ältesten und beliebtesten Getränke der Menschheit. Viele Legenden ranken sich um seine Herkunft. Sicher aber ist, daß Tee bereits im 2. Jahrtausend v. Chr. am chinesischen Hof getrunken und im Jahre 1657 erstmals in einem deutschen Salon gereicht wurde.

Bis in unser Jahrhundert hinein erforderte der Genuß einer Tasse Tee ein umständliches und zeitraubendes Ritual. Heute dagegen kann sich jeder Teetrinker mit Aufgußbeuteln schnell und problemlos einen wohlschmeckenden Tee zubereiten. Dies ist der Firma Teekanne zu danken, die schon 1913 die Marke *Teefix* schützen ließ. Für die Truppenverpflegung im Ersten Weltkrieg verpackte das Unternehmen den Tee portionsweise in kleine Mullsäckchen. Diese „Teebombe" war bei den Soldaten sehr beliebt, doch konnte der empfindliche Teeliebhaber einen gewissen Beigeschmack nicht leugnen. Das galt auch noch für den Teebeutel aus zusammengeklebten Spezial-Pergamenten, der in den 20er Jahren aus den USA nach Europa kam.

Eine wirklich befriedigende Lösung war erst im Jahre 1950 gefunden, als das Haus Teekanne den Doppelkammerbeutel auf den Markt brachte. Dieser Teebeutel war aus feinstem, geruchsfreiem Filterpapier und ohne jeden Klebstoff gefaltet. Ungehindert konnte das Wasser den Tee von allen Seiten umspülen und so das volle Aroma der Blättchen aufschließen. Die Portionierung des Tees wurde auf diese Weise ebenso erleichtert wie die Zubereitung selbst. Man brauchte nur noch die entsprechende Menge an Teebeuteln in die Tasse oder Kanne zu hängen, sprudelnd kochend heißes Wasser zuzugießen und etwa 5 Minuten zu warten.

Seit Jahrzehnten nun schon ist Teefix aus dem Hause Teekanne Deutschlands bekannteste Teemarke. Der Doppelkammerbeutel umhüllt eine Indien-Ceylon-Mischung, die kräftig im Geschmack und sehr ergiebig ist. Für den verwöhnten Teeliebhaber bietet Teekanne mit Gold *Teefix* eine hocharomatische Mischung bester Hochland-Ernten an, ferner Ostfriesen-Teefix für die Freunde ostfriesischer Teemischung an kräftig-aromatischen Assam-Tees.

Die Zubereitung im praktischen Aufgußbeutel ist so einfach, daß man leicht vergißt, welcher Aufwand nötig ist, damit der Teetrinker jeden Morgen „seinen" *Teefix,* Gold *Teefix* oder Ostfriesen-*Teefix* genießen kann. Verständlicherweise erwartet der Verbraucher, daß sein Lieblingstee Tag für Tag gleich schmeckt. Da Tee aber ein Naturprodukt ist, unterliegt er Qualitätsschwankungen. Deshalb werden in den Teehandelshäusern die Tees verschiedener Sorten gemischt. Jeder Teetrinker profitiert dabei von dem sensiblen Geschmacksempfinden der Teeverkoster. Ihr unbestechliches Urteil sorgt dafür, daß *Teefix,* Gold *Teefix* und Ostfriesen-*Teefix* mit dem stets gleichen Aroma in den Handel gelangen, auch wenn die Ernten in den Teegärten unterschiedlich ausfallen.

Rund um den Erdball hat der Doppelkammerbeutel von Teekanne inzwischen den Markt erobert. Und das aus zweifachem Grund: Der Aufgußbeutel macht das Teetrinken nicht nur besonders praktisch, sondern auch besonders preiswert. Dank *Teefix* von Teekanne, einem der größten Teehandelshäuser auf dem europäischen Kontinent, ist Tee somit nicht nur eines der ältesten, sondern auch eines der modernsten Getränke der Welt und obendrein eines der preiswertesten.

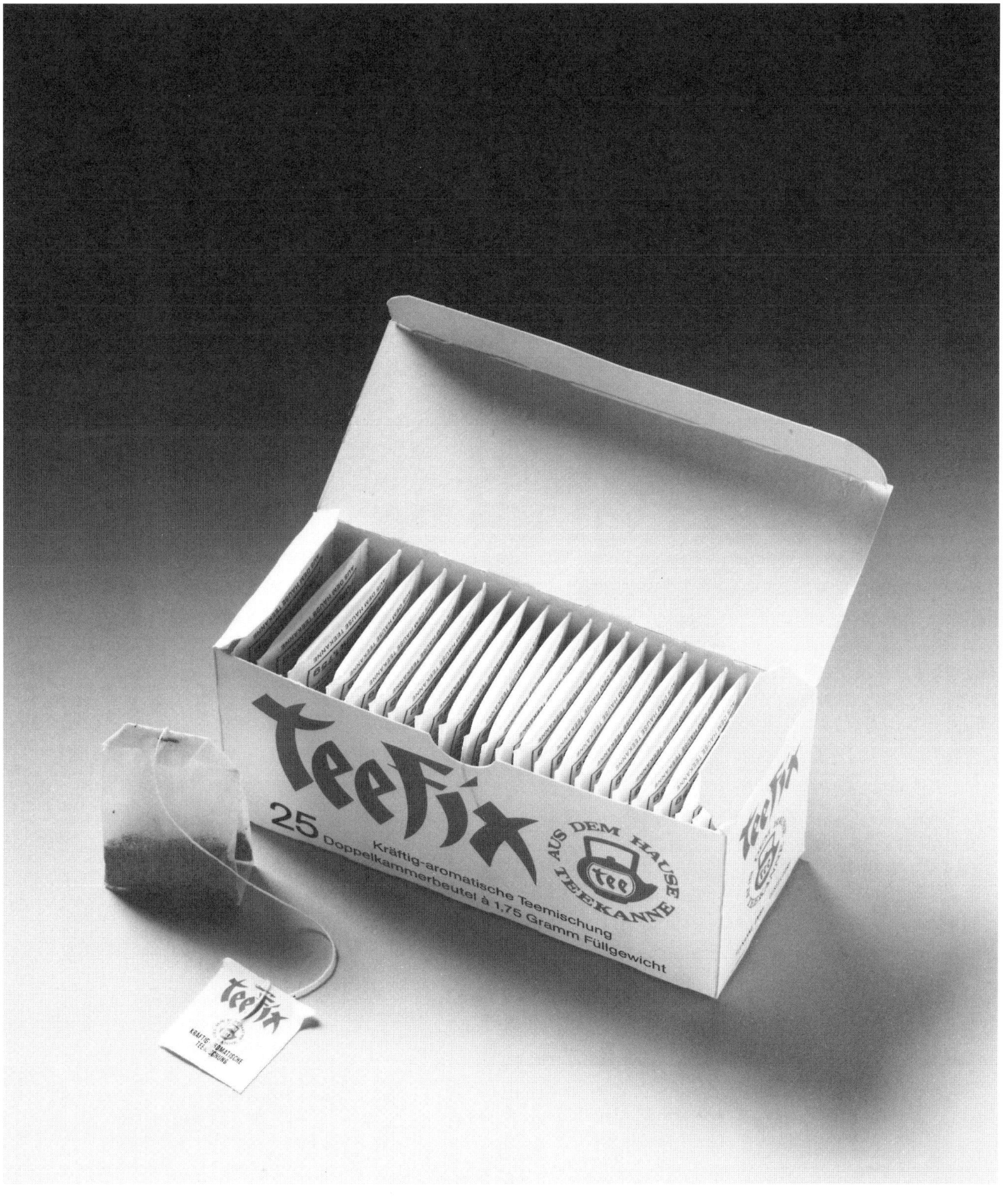
teeFix
25
Kräftig-aromatische Teemischung
Doppelkammerbeutel à 1,75 Gramm Füllgewicht
AUS DEM HAUSE TEEKANNE
tee

Heißes soll bei Kälte warmbleiben, Kaltes sich bei Wärme nicht erhitzen: Gefäße, die dieses kleine Wunder vollbringen, gab es bereits im letzten Jahrhundert. Der englische Chemiker James Dewar hatte sie erfunden. Doch wiesen diese sogenannten „Dewar-Gefäße" für den alltäglichen Gebrauch einen entscheidenden Nachteil auf: sie waren zur Aufbewahrung von Nahrungsmitteln untauglich. Auf Anregung des Berliner Eismaschinen-Fabrikanten Karl von Linde entwickelte Reinhold Burger darum ein doppelwandiges Gefäß, für das er am 1. Oktober 1903 das Patent erhielt. Aus dieser Idee heraus, für die Burger den Begriff „Thermos" gerichtlich schützen ließ, entstanden die ersten Isolierflaschen für den Hausgebrauch.

Marktführer im Bereich hochwertiger Isoliergefäße für Küche, Picknick und Party ist heute in Deutschland die ALFI ZITZMANN GMBH & CO. Der Produktname Alfi, unter dem die Firma nun seit über 70 Jahren ihre Erzeugnisse in den Handel bringt, leitet sich ab aus der Werkstoffbezeichnung Aluminium und dem Namen des Gründungsorts Fischbach. Seinen hervorragenden Ruf aber verdankt das Unternehmen vor allem einem Produkt: der Isolierkanne „*Juwel*". Mit diesem Modell ist Alfi eine perfekte Symbiose praktischer und ästhetischer Zielsetzungen geglückt, denn die *Juwel* genügt nicht nur den Erfordernissen, die an ein hochwertiges Isoliergefäß gestellt werden, sondern zugleich auch den Ansprüchen erlesener Tischkultur.

Herzstück der *Juwel* ist der Alfi-Hartglaseinsatz. Glas ist als Produkt natürlicher Rohstoffe für die Aufbewahrung von Lebensmitteln einer der unbedenklichsten Werkstoffe überhaupt; außerdem hat Glas eine geringe thermische Leitfähigkeit und trägt somit zur Wärmeisolierung bei. Der Hartglaseinsatz besteht nun aus zwei Teilen, dem Innen- und dem Außenkolben. Beide sind nur im Halsbereich miteinander verbunden, um einen wärmeschützenden Hohlraum zu erreichen. Die Innenseiten der Kolben, die den Hohlraum bilden, sind silberverspiegelt. Dadurch wird die Reflexion der Wärmestrahlung auf ernährungsphysiologisch einwandfreie Weise optimiert. Da luftleerer Raum die Wärmeübertragung weiter vermindert, wird in einem speziellen Produktionsgang die Luft aus dem Außenkolben durch ein kleines Röhrchen am Boden abgesaugt.

Die glänzende Metall-Außenhülle der *Juwel,* wahlweise aus verchromten Messing oder Aluminium, ist nicht nur Schmuck für den gepflegten Tisch, sondern schützt auch das Innenleben der Kanne vor Stößen und Schlägen. Der Kannenkörper in Alfi-Superfinish-Qualität weist auch nach jahrelangem Gebrauch keine Rostflecken auf. Den letzten Schliff verleiht dem klassischen Design der *Juwel* die hochglanzpolierte Spiegeloberfläche.

Das Artikelangebot von Alfi umfaßt neben Isolierkannen und -flaschen heute auch Eis- und Speisegefäße sowie Spezialkühler in den verschiedensten Ausführungen: vergoldet und versilbert, aus Kupfer und aus Messing, schlank und bauchig, in modischen Farben lackiert und in schlagfesten Kunststoffen. Ganz gleich aber, für welches Isoliergefäß in welcher Ausführung der Kunde sich entscheidet: der Name Alfi steht für die Verbindung von Spitzendesign und perfekter Funktion – eine Symbiose, die mit dem Modell *Juwel* zum Maßstab hochwertiger Isoliergefäße wurde.

Der Umgang mit Feder und Pinsel hatte Tradition in der Gründerfamilie des Hauses Pelikan. Der Vater der Familie Hornemann – ein Kunstmaler und Kupferstecher – besaß ein Schreibwarengeschäft und versah zugleich das Amt eines Zeichenlehrers am englischen Königshof in Hannover. Da die besten Künstlerfarben importiert werden mußten, entschloß sich der zweite Sohn, Carl Hornemann, nach dem Studium der Chemie eine eigene Farbenproduktion in einem alten Bauernhaus vor den Toren Hannovers aufzubauen, um so die hohen Kosten für Transport und Zollabgaben zu umgehen.

Im Jahre 1856 meldete beim Königlichen Patentamt von Hannover ein Dresdner Parfümeriefabrikant namens August Leonardi eine wahrhaft umwälzende Erfindung an: die Rezeptur der ersten haltbaren und dauerhaften Schreibtinte. Zwar schrieben bereits die alten Chinesen und auch Ägypter mit Tinte, doch war es bis dahin nicht gelungen, eine Tinte herzustellen, die sich weder verflüchtigte noch eindickte und Krusten bildete. Leonardis „Zaubertinte" nun floß bläulichgrün aus der Feder, um sich nach wenigen Augenblicken tiefschwarz zu verfärben. Sie verblaßte weder durch Wasser noch durch Lichteinwirkung.

Leonardi hatte sich das über 2.000 Jahre alte Prinzip der Geheimtinte zunutze gemacht, indem er die zunächst farblose Gerbsäure aufs Papier brachte, der zuvor ein provisorischer Farbstoff aus der Krappwurzel – das Alizerin – sowie Indigo beigemengt worden war. Durch diesen Kunstgriff wurde die farblose Gerbsäure auf dem Papier sofort blaugrün sichtbar. Sobald aber das Wasser beim Auftrocknen der Tinte verdunstete, entstand die tiefschwarze Schrift. „Sie bildet weder eine Kruste an der Stahlfeder, noch einen Bodensatz in den Tintengefäßen. Sie ist unzerstörbar und widersteht den Einwirkungen von Säuren, Dämpfen und der Zeit", versprach das Etikett auf den Tintenfläschchen, die überall reißenden Absatz fanden.

1863 trat der Chemiker Günther Wagner in das Unternehmen der Familie Hornemann ein, dem er später, nachdem er es erworben hatte, seinen Namen gab. Er hatte den Wert der noch jungen Erfindung erkannt und ergänzte das Lieferprogramm um Tinten und Tuschen. Bald schon weitete sich das Geschäft ins benachbarte Ausland aus. Als umsichtiger Unternehmer suchte Günther Wagner nun nach einem Symbol, um die hohe Qualität seiner Produkte zu garantieren und sie von seinen Mitbewerbern abzuheben. Er entschied sich für das alte Wappen der Familie: ein Pelikan, der in seinem Nest stehend seine vier Jungen mit seinem Blut füttert. 1878 wurde das Pelikan-Warenzeichen als eine der ersten Schutzmarken überhaupt eingetragen.

1901 hatte der Jahresumsatz eine Million Reichsmark erreicht. 35 % der Produktion wurde exportiert. Damit waren die Günther Wagner GmbH Pelikan Werke weltweit führend im Bereich Büro- und Künstlerbedarf.

Einer der bekanntesten Artikel war bereits zu jener Zeit die Pelikan-Tinte, deren Bezeichnung *4001* noch heute Weltgeltung hat. Mit einem Anteil von 90 % ist dabei die Farbstofftinte „Königsblau" die mit Abstand beliebteste auf dem Markt. Doch auch die schwarze Alizerintinte (Pelikan-Urkundentinte) hat sich behaupten können und ist weiterhin fester Bestandteil im Programm des Hauses Pelikan.

Pelikan-Tinte
4001
Füllhaltertinte
GÜNTHER WAGNER
Pelikan
KÖNIGSBLAU auswaschbar · ROYAL BLUE washable
BLEU ROYAL lavable · AZUL REAL lavable
30 ml
4001
1 fl. oz.
Pelikan AG · D-3000 Hannover 1
Made in Germany

rotring rapidograph

Jede Konstruktion steht und fällt mit der Zeichnung. Dabei kommt es buchstäblich auf Millimeter an, ja meist sogar auf Bruchteile von Millimetern. Ingenieure, Architekten und technische Zeichner sind sich dieser Verantwortung bewußt. Millionen von ihnen vertrauen darum in aller Welt auf den Tuschefüller rotring *rapidograph.*

Im Jahre 1928 entwickelte der Hamburger Kaufmann Wilhelm Riepe den „Tintenkuli", der bereits 1935 in 34 Länder der Erde exportiert wurde. Charakteristisches Merkmal dieses Röhrchenschreibgeräts war der rote Ring.

25 Jahre nach Einführung des Tintenkulis kam aus den USA die Anregung, diesen Füllhalter so zu verbessern, daß er auch mit Tusche gefüllt werden konnte. Unter der Bezeichnung *rapidograph* brachten die Riepe-Werke 1954 den ersten Röhrchentuschefüller der Welt auf den Deutschen Markt. Mit diesem Zeichengerät konnte leichter, sauberer und schneller gearbeitet werden. Der „Rapido" wurde schon bald zum Gattungsbegriff und leitete weltweit eine neue Zeichenära ein. Die Nachfrage war so groß, daß der *rapidograph* bald die gesamten Kapazitäten des Unternehmens in Anspruch nahm.

Wie der Tintenkuli war der *rapidograph* ein Kolbenfüller; doch unterschied er sich von seinem Vorläufer durch den Zeichenkegel. Er war zunächst in drei Linienbreiten zu erhalten. Besondere Präzision und Sorgfalt erforderte die Bearbeitung des Zeichenröhrchens. Das Ausgangsmaterial war gezogener, nicht rostender Spezialstahl mit einer Innenbohrung, wie er auch für Injektionsnadeln verwendet wird. Um daraus Zeichenröhrchen herzustellen, mußten im vorderen Bereich eine Tuschestufe, eine Verrundung und eine Senkung unter Lupen und Mikroskopen angedreht und poliert werden. Insgesamt umfaßte der Fertigungsablauf eines *rapidograph* damals nicht weniger als 147 Arbeits- und Montagevorgänge.

Die nachfolgende Tuschefüller-Generation war bereits mit dem wirtschaftlicheren System der austauschbaren Linienbreiten ausgerüstet: Der „Variant" zum sauberen Zeichnen und der „Varioscript" zum sauberen Beschriften.

Als jüngste Neuentwicklung und Sensation für die Welt des technischen Zeichnens stellte rotring 1981 einen Tuschefüller vor, bei dem Tank und Tuscheleitsystem ein Teil bilden, das beim Patronenwechsel zusammen ausgetauscht wird. Das bedeutet in der Praxis, daß eine Reinigung des Tuscheleitsystems entfällt.

Anknüpfend an die legendäre Marktbedeutung des „alten" *rapidograph* erhielt auch das jüngste Modell der Tuschefüller-Familie wieder den Namen *rapidograph.*

Mit dem *rapidograph* hat rotring vor nunmehr 35 Jahren eine neue Ära des Zeichnens eingeleitet. Im Laufe der Zeit wurde das Zeichengeräteprogramm rund um den Tuschefüller ständig erweitert – bis hin zu Digitizern und Präzisionsplottern für die graphische Datenverarbeitung. Nach wie vor ist der *rapidograph,* trotz der breit gefächerten Produktpalette der rotring-Unternehmensgruppe, Marktführer unter den Tuschefüllern.

rotring
rotring rapidograph

Carl Zeiss

Ob im Labor oder im Operationssaal, auf dem Flugplatz oder im Weltraum: fast überall, wo es um besseres Sehen und Erkennen, um genaueres Messen und verläßlichere Dokumentation geht, findet sich ein schlichtes blaues Quadrat mit der Aufschrift „Zeiss – West Germany". Dahinter verbirgt sich ein traditionsreiches Unternehmen, das auf dem Gebiet der Optik, der Feinmechanik und der Elektronik Weltruf genießt.

Es waren vor allem die Mikroskope, die den guten Klang des Namens Carl Zeiss begründeten, und bis heute ist ihre Leistungsstärke der Stolz des international operierenden Konzerns. Für Carl Zeiss, den Gründungsvater, gab es bereits 1847 drei wesentliche Argumente, seine optischen Vergrößerungsgeräte in höchstmöglicher Perfektion zu bauen: Beim Blick durch ein Mikroskop wird die Qualität sichtbar, beim Arbeiten damit wird sie fühlbar und am Ergebnis der Arbeit wird sie meßbar. Dieses Prinzip hat Carl Zeiss fortan auf alle anderen Produkte seines Betriebs übertragen.

Begonnen hatte der Universitätsmechaniker Carl Zeiss 1846 in einer kleinen Werkstatt, in der er ein Jahr später die Herstellung von Mikroskopen aufnahm. Mit der von Professor Ernst Abbe erarbeiteten Theorie der Abbildung im Mikroskop konnten erstmals Mikroskope in allen Einzelheiten berechnet und in ihrer Leistung gesteigert werden. Da es Carl Zeiss zugleich gelang, die Fertigung zu rationalisieren, mauserte sich die Werkstätte bald zum erfolgreichen Unternehmen. Die Partnerschaft zwischen den beiden Männern – Abbe wurde 1875 Teilhaber des Zeiss-Werks – war von entscheidender Bedeutung für die zukünftige Entwicklung. Die enge Verbindung von wissenschaftlicher Forschung und industrieller Produktion blieb charakteristisch für das Unternehmen und bildete die Grundlage für zahlreiche bedeutende Pionierleistungen auf optischem Gebiet.

Heute werden rund 10% des Umsatzes bei Carl Zeiss für Forschung und Entwicklung aufgewendet, und 10% der Beschäftigten arbeiten an neuen Technologien, Produkten und Anwendungen. So gelang es in jüngster Zeit, eine neue Generation sehr vielseitiger Mikroskope auf den Markt zu bringen, die sämtliche Mikroskopierverfahren noch einfacher als bisher machen. Dies gilt vor allem für das Universalmikroskop Axioplan, das vor allem der Forschungsarbeit auf allen Gebieten der Biologie und Medizin sowie der täglichen Laborarbeit bei der Materialprüfung eine höchst aussichtsreiche Zukunft eröffnet.

Wann immer Carl Zeiss der Mikroskopie auf den Grund gegangen ist, haben die Ergebnisse für Aufsehen gesorgt. Das neue Universalmikroskop Axioplan ist ein herausragendes Beispiel dieser Tradition. Neben Mikroskopen und Elektronenmikroskopen stellt Carl Zeiss auch 3-D-Koordinatenmeßgeräte, optisch-medizinische und geodätische Instrumente, Ferngläser, Photoobjektive, Brillengläser, Brillenfassungen, Planetarien und Großteleskope her. So gilt für den Makrokosmos wie für den Mikrokosmos:
Carl Zeiss rückt die Dinge schärfer in den Blick.

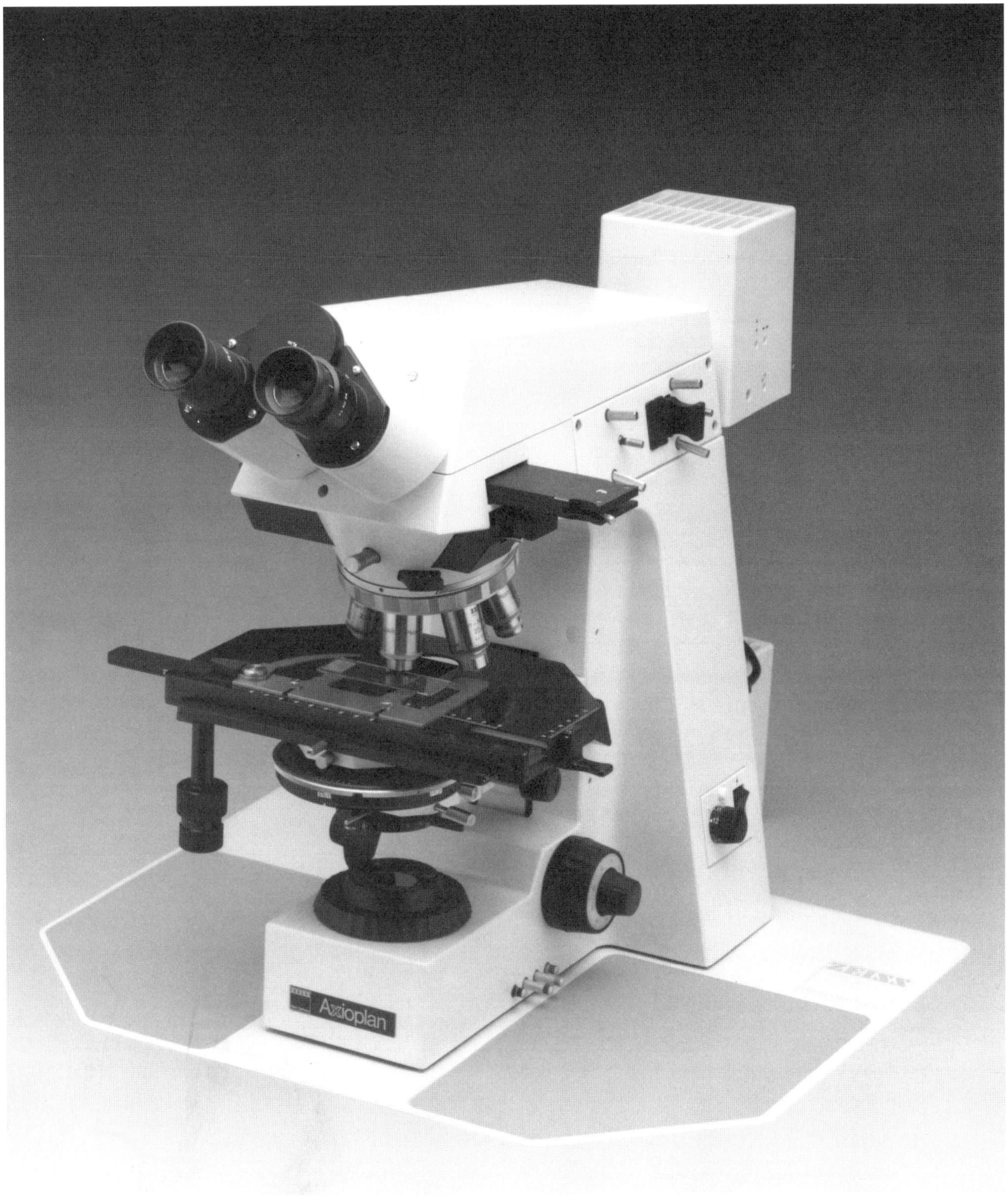
Axioplan

AEG Lavamat

„Die Besorgung der Wäsche ist für jede Hausfrau eine der wichtigsten Arbeiten, aber auch diejenige, welche am meisten zeitraubend ist und selbst ein ruhiges, geordnetes Hauswesen leicht stören kann", steht in einem „Hülfsbuch" für die Frau aus der „guten, alten Zeit" zu lesen. „Der Mann findet bei der Heimkehr von der Arbeit noch Bütten, Wäsche, Seifengeruch überall im Wege, findet das Essen nicht zeitig oder schlecht zubereitet und wird mißmuthig und bös gelaunt."

Der gefürchtete Waschtag ist heute zum Glück Vergangenheit. Doch bis es soweit war, daß die Hausfrau für die Besorgung der Wäsche nur noch ein Programm zu wählen brauchte, vergingen fast 100 Jahre. Die ersten Waschmaschinen waren noch umgebaute Buttermaschinen. Erst in den 50er Jahren gelang es der Industrie, Waschmaschinen für die Wohnung und schließlich Waschvollautomaten zu entwickeln. Zu den ersten vollautomatischen Waschmaschinen gehörte damals der *AEG Lavamat,* der in diesem Jahr seinen 30. Geburtstag feiert.

Der Veteran von 1958 unterschied sich noch beträchtlich von den Waschautomaten unserer Tage. Er mußte mit kräftigen Schrauben am Boden verankert werden und war auf Drehstrom angewiesen. Dennoch konnte AEG bereits in jenen Jahren mit gezielten Maßnahmen den Verbraucher von den Vorzügen des automatischen Waschens überzeugen. Um die Wirkungsweise des *Lavamat* zu demonstrieren, veranstaltete das Werk allerorten praktische Waschvorführungen; in ländlichen Gebieten wurden dafür sogar umgerüstete Kleinbusse auf die Reise geschickt. Heute gilt der *AEG Lavamat* als Inbegriff moderner Waschtechnik. Bei einer 1986 vorgenommenen Prämierung innovativer Industrieprodukte wählte die Jury der Verbraucherzeitschrift „DM" den *Öko-Lavamat 575* zur „Waschmaschine des Jahres". Seine Wahl verdankte das Gerät neben hervorragenden Wasch- und Schleuderleistungen seiner verlustfreien Nutzung des zugegebenen Waschmittels. Gleichwohl wird dieses Modell inzwischen von seinen Nachfolgern noch übertroffen. Der *Öko-Lavamat* der jüngsten Generation hilft nicht nur Waschmittel, sondern auch noch deutlich Wasser sparen. Für das Waschen von 5 kg Kochwäsche bei 95° C benötigt er nur 75 l Wasser und nur 2,1 kWh. Der äußerst niedrige Verbrauch wird durch sensorgesteuerte Schaumüberwachung während des Spülens und Schleuderns erzielt. Damit leistet der *Öko-Lavamat* einen wichtigen Beitrag zum aktiven Umweltschutz: Er nutzt das zugegebene Waschmittel 100prozentig aus und braucht nicht einmal halb soviel Strom und Wasser wie Waschvollautomaten aus den 50er Jahren.

Die fortschrittliche Technik verbirgt sich hinter zukunftweisendem Design. Ein ganz in Weiß gehaltenes *Lavamat*-Modell hat dafür bereits mehrere Auszeichnungen erhalten. Die permanenten Innovationen wurden vom Verbraucher entsprechend honoriert. AEG hat von 1958 bis 1988 die stolze Zahl von über 11 Millionen Waschautomaten gefertigt.

AEG
ÖKO_LAVAMAT 680
ÖKO_SYSTEM
AEG
MADE IN GERMANY

Um die Jahrhundertwende waren viele Wiesen hierzulande auch im Sommer weiß. Wäsche lag dort ausgebreitet, um in der Sonne zu bleichen. Daß diese Wiesen wieder grün wurden, ist einem Waschmittel zu verdanken: *Persil.*

Jahrhundertelang hatten Seifensieder die Hausfrauen mit Waschmitteln versorgt. Erst um 1880 erwuchs der Seife durch Waschpulver Konkurrenz. Diese bestanden ursprünglich aber nur aus pulverisierter Seife. Ein wirklicher Fortschritt war dagegen die Kombination von Wasch- und Bleichmitteln in Pulverform. Die erste Firma in Deutschland, die ein solches echtes Waschpulver auf den Markt brachte, war die 1876 gegründete Firma Henkel & Cie aus Düsseldorf mit dem Produkt *Persil.* Henkel hatte diesem Waschmittel als Bleichstoff Perborat beigemischt. Der dadurch beim Waschen fein aufperlende Sauerstoff übernahm in schonender Weise die harte Arbeit von Waschrumpel, Scheuerbrett und Bürste und machte die Sonnenbleiche überflüssig. Das „selbsttätige" Waschmittel war geboren.

Am 6. Juni 1907 kündigte eine Anzeige in der „Düsseldorfer Zeitung" das neue Waschmittel *Persil* an. Der Name leitete sich von den zwei wichtigsten chemischen Grundstoffen des Produktes ab, Perborat und Silicat. Das Kaiserliche Patentamt zögerte jedoch, den Namen *Persil* als Warenzeichen einzutragen, da man ihn mit dem französischen Wort für „Petersilie" verwechseln könne. Die Eintragung erfolgte schließlich 1917. In nur zehn Jahren hatte *Persil* seinen Namen am Markt durchgesetzt.

Der Erfolg war so groß, daß eine Konkurrenzfirma einen Herrn namens „Persiehl" zu ihrem Gesellschafter machte, um von dem Markennamen zu profitieren. Henkel distanzierte sich von solchen unlauteren Wettbewerbern frühzeitig, indem man *Persil* mit einer Herstellergarantie ausstattete und in der Werbung die gleichbleibend hohe Qualität betonte: „Persil bleibt Persil".

1922 gestaltete der Berliner Künstler Kurt Heiligenstaedt die wohl berühmteste *Persil*-Werbefigur: die „Weiße Dame". Sie warb von Plakaten, Blechschildern, Hausgiebeln und Normaluhren bis Anfang der 60er Jahre. Als sie 1950 erstmals nach dem Krieg wieder für Persil lächelte, vermittelte sie vielen Deutschen das Gefühl, daß nun der Friede dauerhaft eingekehrt sei.

In den 50er und frühen 60er Jahren wurde der Waschmittelmarkt durch das Aufkommen etagenfähiger Waschmaschinen revolutioniert. Hinzu kamen Veränderungen in den Textilien. Die Chemiefasern Nylon und Perlon zwangen die Waschmittelhersteller, mit ihren Produkten zu reagieren. Am 1. Januar 1965 präsentierte Henkel ein neues Persil: *Persil 65,* ein echtes Vollwaschmittel mit temperaturabhängiger Schaumsteuerung, das somit geeignet war für alle waschbaren Textilien bei allen Waschverfahren.

Rund die Hälfte aller Bundesbürger bekennt sich heute zum Umweltschutz. 1986 bewies Henkel einmal mehr seine Schrittmacherfunktion als Marktführer und brachte *Persil* Phosphatfrei in den Handel. Die große Nachfrage hat inzwischen gezeigt, daß Henkel damit bei den Verbrauchern auf ein echtes Bedürfnis stieß. *Persil* Phosphatfrei – „das beste *Persil* für Wäsche und Umwelt" – sorgt heute nicht nur dafür, daß die Wäsche strahlend weiß und sauber wird, sondern trägt auch dazu bei, daß unsere Wiesen satt und grün bleiben.

Persil
REINHEIT UND PFLEGE
bei 30°C | 60°C | 95°C
PHOSPHATFREI
Henkel
Das beste Persil für Wäsche und Umwelt.
Henkel
Deutsche Originalware
Persil

Das wichtigste Lebensmittel des Menschen ist das Trinkwasser. Dies ist keineswegs verwunderlich, da unser Körper ja zum größten Teil aus H_2O besteht. Doch gibt es kein anderes Lebensmittel, dessen Zusammensetzung von Ort zu Ort so großen Unterschieden unterworfen ist. Die Aufbereitung des Trinkwassers ist deshalb ein Gebot der Hygiene, der Ästhetik und des Aromas. Der ungetrübte Genuß von Wasser aber ist vor allem mit einem Namen verbunden: BRITA.

Die Wasseraufbereitung hat bereits eine lange Vorgeschichte. Der entscheidende Fortschritt wurde vor über 100 Jahren erzielt, als ein Apotheker aus York in Südengland das Prinzip des Ionenaustauschs entdeckte. Er schichtete in einer Glassäule Ackerboden auf und versetzte ihn mit Ammoniumsulfat. Als er Wasser durchlaufen ließ, konnte er beobachten, wie unter Verbrauch des Ammoniumsulfats die Stoffe, die das Wasser härteten, als Gips ausfielen.

Die Hauptarbeit der Wasseraufbereitung haben seit Jahrzehnten die Wasserwerke zu leisten. Neu sind dagegen Filtersysteme, die das Wasser unmittelbar vor seinem Gebrauch nachaufbereiten. BRITA hatte sich bereits bei der Firmengründung zur Aufgabe gemacht, einen Haushaltswasserfilter zu konstruieren, der die im täglichen Gebrauch am meisten störenden Eigenschaften des Leitungswassers beseitigt: den Geruch von Chlor und die nachteiligen Effekte der Karbonathärte, die besonders beim Kochen und Frieren in Erscheinung treten.

20jährige Erfahrung und moderne Technologie finden sich vereint in dem wohl ausgereiftesten Haushaltsfilter von BRITA, dem System *AquaLux.* Sein Herzstück ist die Original BRITA Filterkartusche. Ihr Inhalt besteht aus einer für die Trinkwasserreinigung besonders geeigneten Mischung von Ionenaustauscher und Aktivkohle. Der Ionenaustauscher entnimmt dem Wasser den größten Teil der an Kohlensäure gebundenen Härte, ohne daß dabei Natrium abgegeben wird. Darüber hinaus werden bestimmte Schwermetallionen aufgenommen, unter anderen das schädliche Blei. Die Aktivkohle reinigt das Wasser durch ihre hohen adsorptiven Eigenschaften. Sie beseitigt organische Verunreinigungen, geruchs- und geschmacksstörende Stoffe sowie unappetitliche Trübungen und Verfärbungen. Durch die spezielle Behandlung der Aktivkohle mit Silber wird das Wasser in der Kanne zudem vor Nachverkeimungen und Abstehen geschützt. Wertvolle Mineralien und Spurenelemente bleiben dagegen erhalten.

Teeliebhaber erkennen sofort an Farbe und Geschmack, ob ihr Tee mit BRITA gefiltertem Wasser aufgegossen wurde. Auch das Aroma von Kaffee entfaltet sich in BRITA feinem Wasser intensiver. Diese Qualitätsverbesserung ist bei allen Speisen und Getränken zu spüren, die mit Wasser zubereitet werden. So behält Gemüse seine natürliche Farbe und gart außerdem in BRITA gefiltertem Wasser schneller.

Bereits 3 Millionen Haushalte filtern mit BRITA ihr Wasser. Gingen anfangs nur vereinzelt Lieferungen ins Ausland, wird heute ein beachtlicher Teil der Produktion außerhalb der BRD vertrieben. In 25 Ländern der Erde, verteilt über alle Kontinente, sind BRITA Wasserfilter im Handel. Um die hohe Nachfrage zu befriedigen, sind in Kanada und Korea zusätzliche Produktionsstätten errichtet worden. Sie sorgen dafür, daß BRITA weltweit die Nr. 1 bleibt.

Der Wasserfilter

Wer hat in jungen Jahren nicht an einem Regennachmittag vor seinem Atlas gesessen und geträumt: über die Pflanzenwelt ferner Länder, ihre Bewohner, ihr Klima – mit brennendem Fernweh, während man beim Weiterblättern mit dem Finger nach der eigenen Heimatstadt suchte. Und wenn man den Atlas zuschlug, dann stand auf dem Einband meist der Name, der in Deutschland seit nun über einhundert Jahren die Welt bedeutet: Diercke.

1883 erschien im Westermann-Verlag der „Schul-Atlas über alle Teile der Erde" von C. Diercke und E. Gaebler. *Der Diercke,* wie das Werk bald kurz genannt wurde, war keineswegs der erste Atlas in Deutschland. Gerade der Westermann-Verlag, 1838 von dem 28jährigen George Westermann in Braunschweig gegründet, hatte auf diesem Gebiet bereits große Erfahrungen und Erfolge gesammelt. Was war nun das Besondere am *Diercke,* daß er bis zur Jahrhundertwende in Deutschland zum führenden Gymnasialatlas wurde?

Im 19. Jahrhundert hatte die Geographie Eingang an Universitäten und Schulen gefunden – vor allem aus praktischen Gründen, etwa der weltweiten Ausdehnung des Handels und der verbesserten Reise-Möglichkeiten. Westermanns Ziel war es, einen ganz neuen Atlas vorzubereiten, der diesen veränderten Ansprüchen der Schule wirklich entsprach und der – nach Westermanns eigenen Ausführungen – „fürs Leben genügte und billig sein mußte, daß er jedem zu kaufen möglich war".

Daß *Diercke* eigentlich kein Atlas, sondern eine Person war, ist über den Erfolg fast in Vergessenheit geraten. Als Leiter des Lehrer-Seminars in Stade war Carl Diercke vom preußischen Kultusministerium beauftragt, Atlanten auf ihre Eignung im Schulunterricht zu begutachten. Nach ersten Gesprächen wußte Westermann, daß er in diesem Mann den Pädagogen gefunden hatte, den er brauchte; einen Schulmeister im besten Sinn des Wortes.

„Eine Karte muß richtig, zweckmäßig und schön sein." Das war der Kern von Dierckes Richtlinien. Heute mag man sich wundern, wieso diese Forderungen vor einem Jahrhundert so revolutionär anmuteten. Doch beweist gerade diese Frage, wie nachhaltig Dierckes Ansichten gewirkt haben. Die nach ihnen gearbeiteten Karten sind heute zur Selbstverständlichkeit geworden. Mit ihren Farbabstufungen lassen sie die physischen Verhältnisse der Erdoberfläche mit einem Blick erkennen: von den Blautönen für die Meerestiefen über das Grün der Niederungen, das helle Gelb der höheren Lagen bis zu den Braunfärbungen der Gebirge, deren Täler und herausragende Spitzen überdies durch Schraffierungen verdeutlicht werden. So entstehen plastische Bilder, in die sich selbst Kinder mühelos hineinsehen können.

Mit einer Gesamtauflage von weit über 12 Millionen Exemplaren prägte der *Diercke* für Generationen von Schülern das Bild von der Erde. Die jüngste Ausgabe mit ihren 235 Kartenseiten und Hunderten von Spezialkarten bietet aber eine derartige Fülle an Information, daß der *Diercke* seinen Besitzer nicht nur während der Schuljahre, sondern auch noch während des Studiums und darüber hinaus als ein wertvolles Nachschlagewerk begleitet. So ist er wirklich das geworden, was George Westermann und Carl Diercke vor gut einem Jahrhundert geplant hatten: der Atlas fürs Leben.

DIERCKE
WELTATLAS
westermann

Am Anfang war das Wort – doch wie wird es geschrieben? Das war vor hundert Jahren hierzulande keine leicht zu beantwortende Frage. Anders als in Frankreich oder Italien, wo die Sprachpflege bis in die Renaissance zurückreichte, war die Rechtschreibung in Deutschland bis ins späte 19. Jahrhundert hinein ohne verbindliche Regelung gewachsen. Buchverlage hatten ihre eigene Hausorthographie, und bezeichnend für die damalige Situation an den Schulen war ein Erlaß von 1862, in dem gefordert wurde, man solle wenigstens an derselben Schule die gleiche Rechtschreibung lehren. Um diesem Mißstand zu begegnen, gab 1880 ein Hersfelder Schulmann namens Konrad Duden im Bibliographischen Institut zu Leipzig ein „Vollständiges Orthographisches Wörterbuch der deutschen Sprache" heraus. Ohne daß der Autor es wissen konnte, war damit eine Institution geboren.

Konrad Duden war kein genialer Sprachforscher, der eine neue Rechtschreibung erfand, sondern ein Praktiker, der einheitliche Normen verankern wollte. Sein Anliegen war es, die Regeln der preußischen Orthographie für den gesamten deutschen Sprachraum durchzusetzen: auf die politische Einigung Deutschlands sollte die orthographische folgen. Dieses Ziel, das zahllose Konferenzen auf Landes- und Reichsebene vergeblich anstrebten, erreichte er in nur zwei Jahrzehnten. 1901 diente das „Orthographische Wörterbuch" bereits als Arbeitsgrundlage der nach Berlin einberufenen staatlichen Rechtschreibkonferenz. Um die Einheitsschreibung, ohne die eine moderne Massengesellschaft kaum auskommen kann, nicht mehr zu gefährden, stellten die Teilnehmer alle individuellen Reformwünsche zurück. Wodurch sich Dudens Werk als Standard der deutschen Sprache etablieren konnte.

Nach diesem Durchbruch setzte der Verlag zur Unterstützung Konrad Dudens Redakteure im eigenen Haus ein und schuf damit die Keimzelle der Dudenredaktion. Ihre Arbeit im Bibliographischen Institut fußt heute auf zwei Grundlagen: der Sprachkartei und der Sprachberatungsstelle. Allein in der Sprachkartei sind über 3 Millionen Belege gesammelt. Tag für Tag werden Bücher, Zeitungen, Zeitschriften, Funk- und Fernsehsendungen ausgewertet, um sprachliche Entwicklungen an ihren Quellen zu verfolgen. Diese mühevolle Sichtung des Sprachmaterials ist der Garant, daß der *Duden* stets der maßgebende und zuverlässige Wegweiser für richtiges und zeitgemäßes Schreiben bleibt. So umfaßt der *Duden* von 1986 über 15.000 Wörter mehr – von „Aids" bis „Technologiepark" –, als die Ausgabe von 1961. Ein Zuwachs an nachschlagbaren Wörtern von ca. 10 %.

Längst ist das Buch, dessen Namen unlöslich mit dem Vater der deutschen Einheitsschreibung verbunden ist, mehr als nur eine Rechtschreibung oder ein Wörterbuch: Durch die Jahrzehnte hindurch spiegelt es technischen und wissenschaftlichen Fortschritt, die kulturelle Entwicklung und alle politischen und gesellschaftlichen Wandlungen wider und zeigt wie ein Seismograph jede sprachliche Veränderung an.

Dabei ist der Verlag stets dem Grundgedanken Konrad Dudens treu geblieben, ein Werk für die Praxis zu schaffen – nicht nur für Wissenschaftler, Professoren und Schriftsteller, sondern für alle Menschen, die mit unserer Sprache leben und arbeiten.

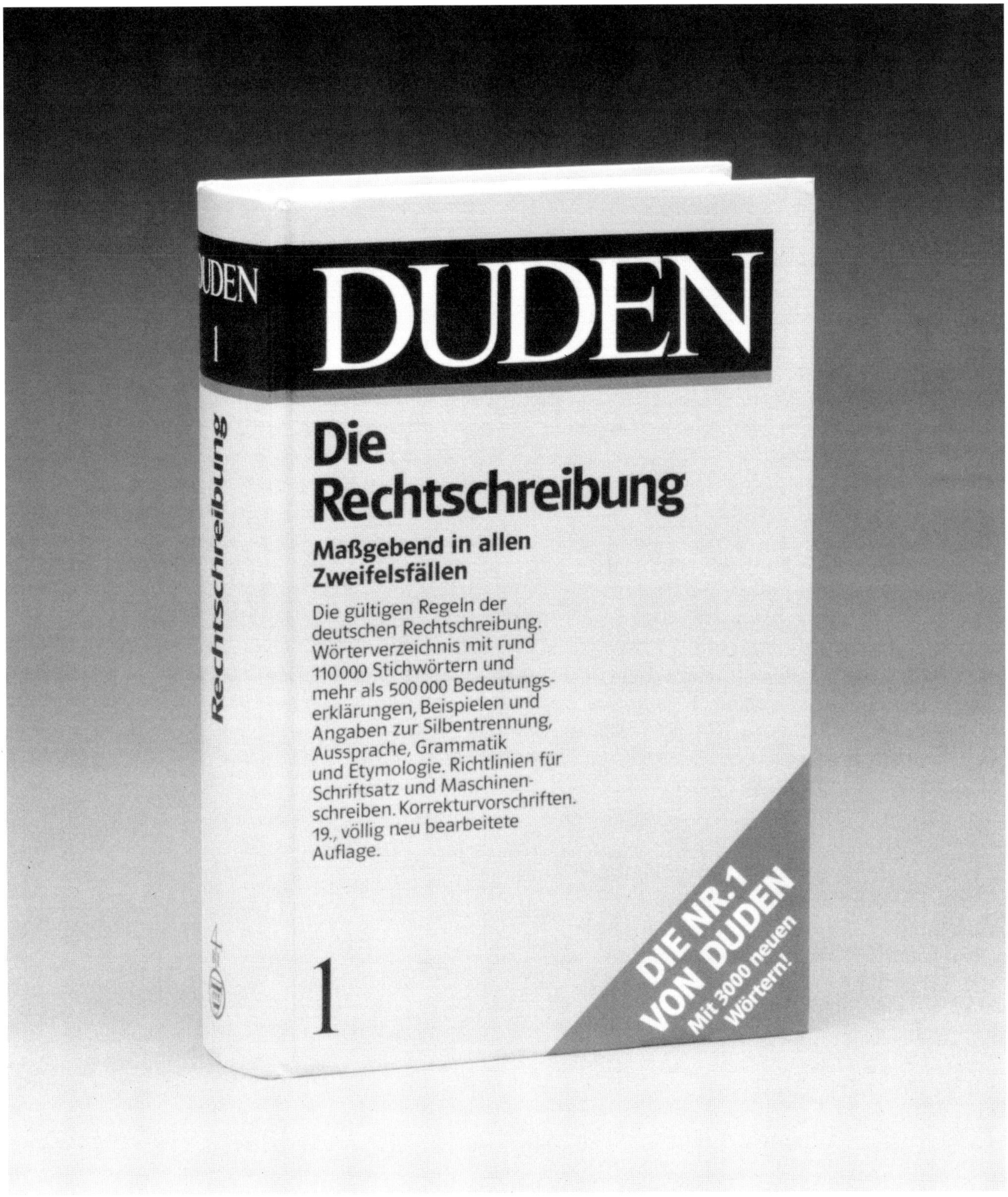

DUDEN
Die Rechtschreibung
Maßgebend in allen Zweifelsfällen
Die gültigen Regeln der deutschen Rechtschreibung. Wörterverzeichnis mit rund 110 000 Stichwörtern und mehr als 500 000 Bedeutungserklärungen, Beispielen und Angaben zur Silbentrennung, Aussprache, Grammatik und Etymologie. Richtlinien für Schriftsatz und Maschinenschreiben. Korrekturvorschriften. 19., völlig neu bearbeitete Auflage.
1
DIE NR. 1 VON DUDEN
Mit 3000 neuen Wörtern!
Rechtschreibung

Karies und Parodontose sind die verbreitetesten Volksseuchen der Welt. Allein hierzulande mußten 1980 die Krankenkassen für die Zahnbehandlung ihrer Versicherten rund 14 Milliarden DM ausgegeben. Im selben Jahr wurden nicht weniger als 25 Tonnen Gold in deutschen Mündern zu Kronen verarbeitet. Dabei stellen Zahnkrankheiten keineswegs ein unabwendbares Übel dar, sondern lassen sich durch rechtzeitige, regelmäßige und richtige Zahnpflege vermeiden. Wenn heute in der Bundesrepublik zahnmedizinische Prophylaxe kein Fremdwort mehr ist, so ist dies vor allem der Firma Blendax und ihrer *blend-a-med* Forschung zu verdanken.

1932 gründeten die Brüder Rudolf und Hermann Schneider in Mainz die Blendax-Werke mit dem Entschluß, eine neue Zahncreme herzustellen. Zwar gab es schon Zahnpasten im Handel, doch wurden sie ausschließlich über Apotheken und Drogerien verkauft und waren für den Großteil der Bevölkerung zu teuer. Die Brüder Schneider wollten nun eine Zahncreme anbieten, die in bester Qualität für jedermann erschwinglich war. Um die Kosten zu senken, produzierten sie von der Aufbereitung der Grundstoffe bis zur Verpackung alles in eigener Regie. Als noch erfolgsträchtiger aber erwies sich die Entscheidung, den Lebensmittelhandel in den Vertrieb einzubeziehen: Bereits 1939 war Blendax mit 43 Millionen verkaufter Tuben der größte Zahncreme-Hersteller Europas.

Ein Meilenstein in der Firmengeschichte war 1952 die Gründung der *blend-a-med* Forschung, in der Zahnmediziner, Chemiker, Mikro-Biologen, Physiker und Anwendungstechniker zusammenarbeiten sollten. Ihre wichtigste Aufgabe war es, die Forschung auf dem Gebiet der Karies-und Parodontalerkrankungen voranzutreiben, Methoden und Materialien zur Vorbeugung zu entwickeln und die Mundhygiene-Produkte in Testreihen ständig zu überprüfen.

Die Zielvorgabe der *blend-a-med* Forschung – Eindämmung der Zahnbetterkrankungen und Hemmung kariöser Prozesse – wurde vor allem mit der Entwicklung und Herstellung von Zahncremes realisiert. Die bekannteste unter ihnen ist *blend-a-med.* Diese medizinische Zahncreme schützt Zähne und Zahnfleisch, indem sie Zahnbeläge nachhaltig beseitigt, die natürliche Schutzschichtbildung des Zahnfleisches unterstützt und seine Durchblutung fördert. Darum wird *blend-a-med* überwiegend auch von Zahnärzten verwendet und empfohlen.

Da bei der Wahl einer Zahncreme neben medizinischen Aspekten auch der Geschmack eine wichtige Rolle spielt, produziert Blendax außer der klassischen *blend-a-med* mit den roten Streifen noch die besonders frische grüne *blend-a-med mint.* Als zusätzliche Geschmacksvariante kam 1986 das blaue *blend-a-med Gel* hinzu. Damit bietet Blendax drei Dimensionen im Schutz vor Karies und Parodontose.

In über einem halben Jahrhundert hat sich Blendax zum kompetenten Spezialisten für Mundhygiene und Prophylaxe entwickelt und ist heute sowohl im Zahncreme- und Zahnbürstenmarkt wie in der elektrischen Mundpflege Marktführer in Mitteleuropa. Basierend auf der *blend-a-med* Forschung stellt das Unternehmen Produkte her, die es jedem ermöglichen, den hartnäckigen Zivilisationskrankheiten Karies und Parodontose wirksam vorzubeugen. Damit wir auch morgen noch kraftvoll zubeißen können.

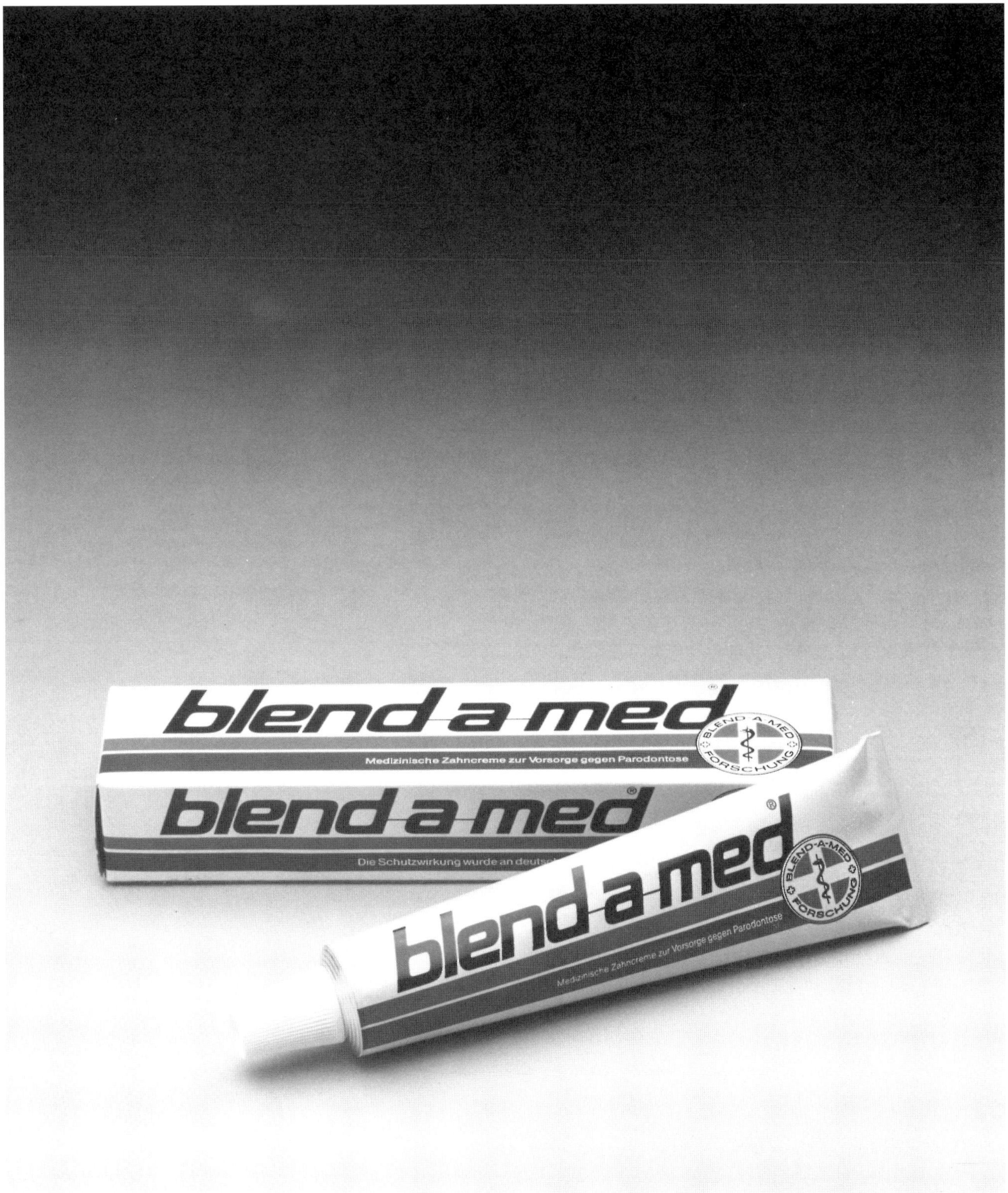
blend-a-med
Medizinische Zahncreme zur Vorsorge gegen Parodontose
BLEND A MED FORSCHUNG
blend-a-med
blend-a-med
BLEND-A-MED FORSCHUNG
Medizinische Zahncreme zur Vorsorge gegen Parodontose

HAFF

„Noli turbare circulos meos – störe meine Kreise nicht", soll Archimedes gesagt haben, als die Römer seine Vaterstadt Syrakus eroberten und ein Soldat bei ihm eindrang. Kaum ein Satz der Weltgeschichte dokumentiert auf eindrucksvollere Weise die Souveränität des menschlichen Geistes. Einen Hauch dieser Größe verspürt jeder Schüler in dem Augenblick, da er seinen ersten Zirkelkasten in Händen hält. Wenn er den Kasten öffnet und die in Samt gebetteten Zirkel vor sich sieht, ahnt er, daß sich nun für ihn eine neue Welt auftut: die Welt der Geometrie und Konstruktion.

Am Anfang aller Technik steht eine gezeichnete Idee. Und am Anfang sauberen Zeichnens stehen präzise Zeicheninstrumente. Seit über 150 Jahren, genau seit 1835, dem Jahr der ersten deutschen Eisenbahn, stellt die Firma HAFF aus dem bayerischen Pfronten Zeicheninstrumente her, die durch Qualität und Präzision einen weltweiten Ruf für deutsche Wertarbeit genießen.

Gegründet wurde das Unternehmen von den drei Brüdern Heinrich, Fritz und Karl Haff. Präzisionsarbeit war ihnen von Kindheit an vertraut, betrieb doch ihr Vater eine Uhrenfabrik. Schon 1840 erhielten ihre Produkte den 1. Preis der Industrieausstellung in Nürnberg. Weitere Preise und Auszeichnungen von nationalen und internationalen wie auch von Weltausstellungen folgten.

Die Gestaltung der Zirkel zeitigte im Laufe der Jahrzehnte viele neue Entwicklungen und Erfindungen. Es gab Zirkel nach dem sogenannten französischen und englischen System oder nach dem Kant-, Rund- und Flachsystem. Neben dem Aussehen, der Verarbeitung und der Genauigkeit ist jedoch vor allem die Funktion des Kopfgelenkes von großer Bedeutung. Vom Kopfgelenk hängt es ab, ob sich die Zirkelschenkel zügig, ohne „toten Gang" und ohne nachzufedern bewegen lassen.

Um eine solche exakte Handhabung des Zirkels zu erreichen, gibt es verschiedene Lösungsmöglichkeiten. Als optimal stellte sich in Theorie und Praxis die sogenannte Vollkopfkonstruktion mit Bogengeradeführung heraus. In der Zeit der Mittelmäßigkeit und des harten Preiswettbewerbs sind andere Hersteller vielfach auf einfachere und billigere Kopfkonstruktionen ausgewichen. HAFF jedoch hat es verstanden, durch Spezialmaschinen eine Fertigung einzurichten, die eine preiswerte Herstellung des Vollkopfs ermöglicht. Es versteht sich von selbst, daß bei der Konstruktion dieser Maschinen HAFF-Zirkel Pate standen.

Heute ist das Unternehmen in der fünften Generation in Familienbesitz. Unter den geschäftsführenden Gesellschaftern Heinrich Haff und Fritz Haff-Winkelmann werden Zeichengeräte, mathematische Instrumente und andere Präzisionsgeräte hergestellt. Qualität, das Markenzeichen der HAFF-Produkte, konnte sich in all den Jahren gegen die jeweiligen Strömungen behaupten, durchsetzen und festigen: Lehrer und Schüler, Professoren und Studenten, Architekten und Ingenieure haben HAFF zum Weltmarktführer gemacht.

Archimedes mußte noch mit einem Stock seine Kreise in den Sand zeichnen. Welche Lichter wären dem berühmten Mathematiker und Philosophen wohl erst aufgegangen, hätten ihm schon damals HAFF-Präzisionszirkel zur Verfügung gestanden …

Der Zirkel

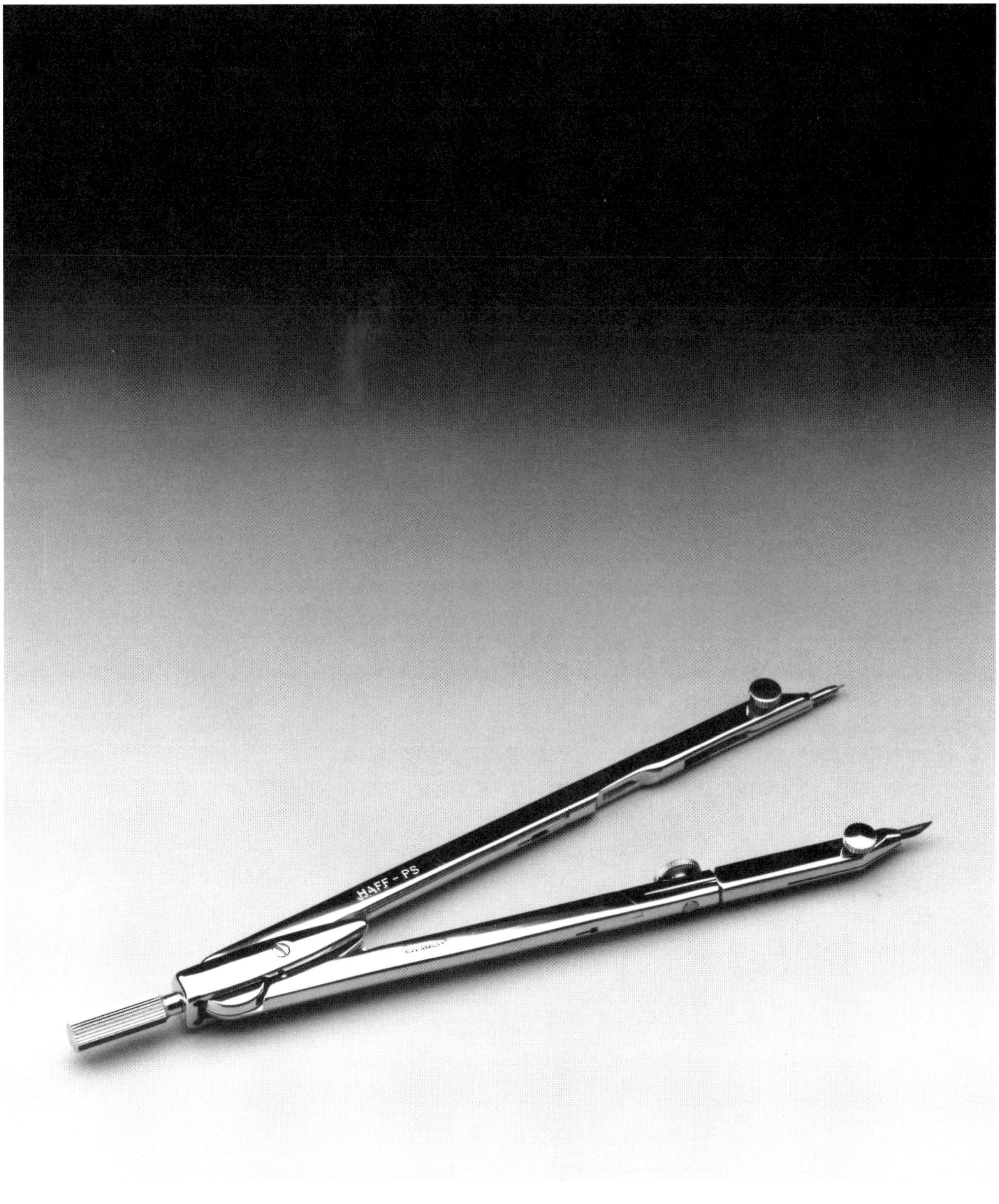

Der Bäckermeister Carl Brandt war ein unternehmungsfreudiger junger Mann. Als er sich 1912 mit sechsundzwanzig Jahren in dem märkischen Ort Haspe selbständig machte, hatte er bereits viel von der Welt gesehen. Siebenmal hatte er als Schiffskonditor den Atlantik überquert, um die großen Städte Amerikas kennenzulernen. Von diesen Fahrten in das Land der unbegrenzten Möglichkeiten kehrte er mit einer Idee in seine westfälische Heimat zurück, die sein weiteres Leben bestimmen sollte: einen Zwieback von gleichbleibend hoher Qualität industriell herzustellen, der die handwerklich produzierten Sorten übertraf, im Geschmack breite Verbraucherschichten befriedigte und für den alltäglichen Konsum erschwinglich war.

Die Tradition gerösteten Dauerbrots reicht zurück bis in die antike Zeit. Der große Vorzug „zweygebackenen Brotes" lag in seiner Haltbarkeit, weshalb der Schiffs- und Feldzwieback fast zwei Jahrtausende lang Matrosen und Soldaten als Grundnahrungsmittel diente. Der Nachteil dieses Dauerbrotes aber war seine mangelhafte Geschmacksqualität. Um den Zwieback als einen Konsumartikel einzuführen, kam es darauf an, seine Haltbarkeit zu bewahren und zugleich sein Aroma zu verfeinern. Nach zahllosen Versuchen fand Carl Brandt schließlich eine Mischung, die diesen beiden Kriterien im höchsten Maße genügte: das Rezept eines Zwiebacks, der sich durch hohe Haltbarkeit und durch ein feines Röstaroma auszeichnet.

Mit diesem Produkt hatte Brandt eine Marktlücke erschlossen. Auf dem Wege zum Markenartikel hatte die Entwicklung des 3-Lagen-Frischhaltebeutels, der die bis dahin übliche Großpackung in Weißblechdosen ablöste, einen entscheidenden Einfluß. Doch als weitblickender Unternehmer behielt er neben dem Produktaspekt stets auch die Frage des Vertriebs im Auge. Bereits im Gründungsjahr weitete er seinen Absatz auf das gesamte märkische Gebiet aus. Der Neuaufbau nach dem Ersten Weltkrieg stand im Zeichen einer fabrikmäßigen Produktion mit Kettenöfen und Schneidemaschinen sowie einer industriellen Distribution mit Lastkraftwagen. Auf diesen zwei Säulen fußte eine Unternehmensentwicklung, die sich auch durch schwierigste ökonomische Rahmenbedingungen nicht aufhalten ließ. 1937 konnte das Silberne Firmenjubiläum bereits im Kreis von 700 Mitarbeitern gefeiert werden. Nach dem Zusammenbruch erfolgte 1945 der dritte Wiederbeginn mit der Versorgung der allierten Truppen und Schulspeisungen. Diese neuerliche Aufbauphase, gekennzeichnet durch Ausbau und Automatisierung der Produktionsanlagen, fand ihren Abschluß 1962 mit dem Goldenen Firmenjubiläum und Carl Brandts 60jährigem Berufsjubiläum. Dieser große Unternehmer, dem der Aufstieg vom Bäckerjungen zum Pionier des industriellen Backens gelungen war, vergaß über seinen eigenen Erfolg jedoch nie die damit verbundene soziale Verantwortung: Bis zum Tage seines Jubiläums hatte er fast 3000 Arbeitsplätze geschaffen, knapp 200 Werkswohnungen erbaut und eine innerbetriebliche Altersversorgung für seine Mitarbeiter eingerichtet. Im Jahre 1984 trat mit Carl-Jürgen Brandt die zweite Generation in die Führungsverantwortung des Unternehmens ein.

Wenn heute die Brandt-Werke mit neuen Produkten wie dem Vollkorn-Zwieback gewandelten Konsumgewohnheiten entsprechen, bleiben sie stets der tragenden Idee des Firmengründers verpflichtet: ein Produkt zu schaffen, das den Ansprüchen von Millionen von Verbrauchern gerecht wird in Qualität, Geschmack und Haltbarkeit – und nicht zuletzt im Preis.

Mindestens haltbar
bis Ende 01./89
Brandt
Inhalt 225 g
Der Markenzwieback

Namensregister

Abbe, Ernst 194
Albrecht, Catharina 110
Archimedes 208
Aristoteles 116
Armato, Galvino d' 32
Armstrong, Neil 20

Bach, Johann Sebastian 80
Baden, Friedrich Großherzog von 138
Bahlsen, Hermann 84
Barnack, Oskar 118
Bauer, Heribert 38
Bécaud, Gilbert 168
Bechstein, Carl 52
Beckenbauer, Franz 170
Beiersdorf 86
Beiersdorf, Carl Paul 140
Bentz, Hugo 80
Bentz, Melitta 80
Beranger, Josef 70
Bernstein, Leonhard 98
Bismarck, Fürst von 78
Bongers, Hans M. 54
Brandt, Carl 210
Brandt, Carl-Jürgen 210
Bremshey, Fritz 146
Brockhaus, Friedrich Arnold 44
Bülow, Hans von 52
Burger, Reinhold 188
Buschmann, Christian Friedrich 126

Cassan 24
Cassiodorus 166
Castell-Rüdeshausen, Alexander Graf von 28
Conté 28

Daimler, Gottlieb 154
Damianus, Petrus 26
Dassler, Adi 170
Debussy, Claude 52
Dewar, James 188
Diercke, Carl 202
Dix, Otto 106
Duden, Konrad 204
Dziambor 56

Edding, Carl-Wilhelm 48
Edison, Thomas A. 62
Eduard VIII. 108
Eltsching 132
Eyck, Georg van 42

Faber, Lothar von 28
Faber, Ottilie 28
Falk, Gerhard 176
Farina, Franz Carl Gereon Maria 94
Fischer, Artur 40
Fischer, August 12
Fischer, Hugo 12
Francke 44
Franz Josef, Kaiser 108
Frenzel, Frieda 162
Frenzel, Otto 162
Frey, Johann Baptist 108
Frey, Johann Georg 108
Friedrich Wilhelm III. 116
Fürstenberg 20
Fugger, Jakob 134

Gaebler, E. 202
Galvani, Luigi 20
Gasset, Ortega y 100
Göbel 44
Gossen, Paul 24
Graef, Hermann 14
Grass, Günter 62
Grohe, Friedrich 200
Gropius, Walter 178
Gütermann, Max 130

Haerlin, Friedrich 72
Haff, Fritz 208
Haff, Heinrich 208
Haff, Karl 208
Haff-Winkelmann, Fritz 208
Hary, Armin 170

Namensregister

Haupt, Hans 146
Heiligenstaedt, Kurt 198
Heinrich der Löwe 166
Henckels, Johann Peter 68
Henkel, Fritz 174
Henkel, Konrad 174
Hildegard von Bingen 116
Hippokrates 100
Hoffman, Heinrich 132
Hoffmann, Felix Dr. 100
Hohner, Matthias 126
Horadam, Josef 106
Hornemann, Carl 190

Kant, Immanuel 80
Karajan, Herbert von 98
Kern, Johann Caspar 82
Kokoschka, Oskar 106
Kreuzberg, Georg 120
Kropp, Georg 22
Kölln, Hans Hinrich 66
Kölln, Peter 66

Laack, van 132
Langenscheidt, Gustav 182
Lausen 56
Ledermann, Volker D. 48
Leibniz, Gottfried Wilhelm Freiherr von 84
Leitz, Louis 134
Leonardi, August 190
Lichtenberg 68
Liebermann, Max 28
Liebig, Justus von 18
Lilienthal, Otto 54
Linde, Karl von 188
Lindt, Rodolphe 158
Lingner, Karl-August 128
Linné, Carl von 158
Liszt, Franz 52
Loewe, Siegmund Dr. 50

Maggi, Julius 180
Mann, Thomas 100
Martin, Maria Clementine 116
Matzerath, Oskar 62
Mayser, Leonhard 78
Mittermaier, Rosi 164
Morszeck, Dieter 16
Morszeck, Paul 16
Morszeck, Richard 16
Mülhens, Ferdinand 94
Mülhens, Wilhelm 94
Müller, Adolph 20
Müller, August 138
Müller, Johann Nikol 74
Mussini, Cesare 106

Napoleon 94
Niederegger, Johann Georg 112
Nietzsche, Friedrich 134
Nixdorf, Heinz 34
Nolde, Emil 106

Oetker, August Dr. 18
Owens, Jesse 170

Paracelsus 116
Pembroke, Graf 148
Pfeiffer, Prof. 128
Polo, Marco 74
Porsche, Ferdinand 172

Rathenau 20
Rau, Johannes 22
Reagan, Ronald 168
Rempel, Rudolf 42
Riegel, Hans jun. 64
Riegel, Hans sen. 64
Riepe, Wilhelm 192
Ritter, Johann Wilhelm 20
Rodenstock, Josef 32
Rodenstock, Rolf Prof. Dr. 32
Roosevelt, Theodore 184

Sauerbruch, Ferdinand 38
Schmidt, Josef 46

Namensregister

Schmidt-Rottluff 106
Schmincke, Hermann 106
Schmitz 132
Schmückler 84
Schneider, Adam 160
Schneider, Hermann 206
Schneider, Rudolf 206
Schott, Otto 92
Schulze, Karl 52
Schweizer, Gebrüder 26
Seebohm 54
Sennheiser, Fritz Prof. Dr. Ing. 98
Siemens, Werner von 20
Soehnle, Wilhelm 70
Soldan, Dr. Carl 76
Sprüngli 158
Stam, Mart 178
Steiff, Franz 184
Steiff, Margarete 184
Steiff, Richard 184
Stihl, Andreas 124
Straub, Daniel 26
Strauß, Richard 52
Sutor, C. E. 82

Tesmer, Elsa 86
Theodor II., Herzog 166
Theophrastos 116
Thonet, Michael 178
Trenker, Luis 168
Troplowitz, Oskar Dr. 36, 86
Tumor, Henri 20

Underberg, Emil 110
Underberg, Hubert 110
Unna, Paul Gerson 140

Volta, Alessandro 20
Voss 56

Wagner, Günther 190
Wagner, Richard 52
Walter, Fritz 170
Weck, Johann 42
Wedekind, Frank 180
Welsbach, Auer von 62
Westermann, Georg 202
Wilhelm II., Kaiser 104
Winter, Rainer 164
Winters, Philipp M. 164

Zapp, Walter 90
Zeiss, Carl 194
Zeppelin, Graf 12
Zurbriggen, Pirmin 164

Fotonachweis

Die Fotos auf den Seiten 17, 35, 51, 53, 55, 61, 93, 119, 123, 143, 153, 173, 179 und 197 wurden dem Verlag von den beteiligten Firmen zur Verfügung gestellt.

Das Foto auf der Seite 105 wurde von Jörg Krichbaum (Stuttgart) erstellt. Das Foto auf Seite 109 wurde vom NPC-Studio (München) angefertigt.

Alle übrigen Fotos wurden von Udo Klein (Köln) erstellt.

Impressum

CIP-Titelaufnahme der Deutschen Bibliothek

Deutsche Standards: 100 Produkte u. Objekte, d. man kennt u. kennen muss/
hrsg. von Jörg Krichbaum. Fotos von Udo Klein. –
Stuttgart; Wien: Ed. Weitbrecht, 1988
ISBN 3-522-70470-3
NE: Krichbaum, Jörg [Hrsg.]; Klein, Udo [Ill.]

Printed in Germany.
Idee, Konzeption und Gestaltung:
Jörg Krichbaum, Stuttgart.
Gesetzt in der Optima 10,5 Punkt
von Steffen Hahn in Kornwestheim.
Reproduziert von Gölz Repro Service GmbH in Ludwigsburg.
Gedruckt von Aumüller in Regensburg.
Gebunden von Wilhelm Röck in Weinsberg.
5 4 3 2 1